KB107953

사회학의 성립과 역사사회학

- 오귀스트 꽁트의 사회학 창설

신 용 하

서울대학교 문리과대학 사회학과 졸업
서울대학교 대학원 경제학석사 · 사회학박사
서울대학교 사회과학대학 사회학과 교수
서울대학교 사회과학대학 학장
한국사회학회 회장
한국사회사학회 회장
독도연구보전협회 회장
한국영토학회 회장
한양대학교 석좌교수
이화여자대학교 이화학술원 석좌교수 역임
현재 서울대학교 명예교수
울산대학교 석좌교수
독도학회 회장

社會學의 成立과 歷史社會學
The Foundation of General and Historical Sociology
—Sociology of Auguste Comte

초판 1쇄 인쇄 2012. 2. 20.
초판 1쇄 발행 2012. 2. 25.

지은이 신 용 하
펴낸이 김 경 희
펴낸곳 ㈜지식산업사
본사 ◦ 경기도 파주시 교하읍 문발리 520-12
전화 (031)955-4226~7 팩스 (031)955-4228
서울사무소 ◦ 서울시 종로구 통의동 35-18
전화 (02)734-1978 팩스 (02)720-7900
한글문패 지식산업사
영문문패 www.jisik.co.kr
전자우편 jsp@jisik.co.kr
등록번호 1-363
등록날짜 1969. 5. 8.

책값은 뒤표지에 있습니다.

ⓒ 신용하, 2012

ISBN 978-89-423-3091-1 (93330)

이 책을 읽고 지은이에게 문의하고자 하는 이는
지식산업사 전자우편으로 연락 바랍니다.

머리말

모든 학문의 각 분과의 성격은 성립기의 문제의식과 사상·학설을 고찰하면 비교적 이해하기 쉬운 것이 사실이다.

사회학은 상대적으로 최근에 성립된 학문이기 때문에 성립기의 창시자들이 분명하다. 실증과학으로서의 사회학의 첫 창시자는 모두 아는 바와 같이 오귀스트 꽁트이다.

이 책은 오귀스트 꽁트의 사회학 창설의 문제의식과 그의 사상 및 사회학이론을 가능한 한 객관적으로 고찰하기 위하여 쓴 책이다.

저자가 대학시절에 처음 배운 꽁트의 문제의식과 사회학의 창설은 참으로 감동적인 것이었다. 저자의 대학시절에는 1학년 교양학부 때 제2외국어가 필수과목이어서, 저자는 프랑스어를 택했었고, 2학년 진급해서 '사회학 불문강독'을 수강하였다. '사회학 불문강독'의 교수님은 최문환 스승이었고, 교재는 꽁트의 《실증철학강의》 발췌문을 타자해서 등사판으로 밀어 만든 프린트본이었다. 스승도 열강이셨고, 내용도 감동적이어서, 대사상의 향기가 교실에 가득했었다. 스승의 열강하시던 모습이 지금도 눈에 선하다.

그때 배운 꽁트는 프랑스의 애국자였고 인류에 대한 사랑이 지극한 위대한 사상가였다. 사회학은 일반이론으로서만 창립된 것이 아니라, 프랑스혁명과 나폴레옹 전쟁으로 수십 년간 폐허처럼 되어버린 조국과 프랑스사회를 구출하여 새로운 프랑스사회를 다시 건설하기 위한 새로운 과학으로 정년 꽁트가 빈곤 속에서 노년까지 온 생애를 다 바쳐 창시한 과학이었다. 많은 유럽 사상가들이 유럽 제국주의 식민주의자들의 아프리카, 남·북 아메리카, 아시아 침략을 환영하고 식민지에 새 노예제도를 묵인할 때, 오직 꽁트만은 선구적으로 이를 강렬하게 비판하고 보편적 인류애와 세계평화와 평화적 유럽공화국을 주창하였다.

그런데 저자는 정작 교수가 되어 강단에 서서 '사회사상사'(사회학적 사상과 학설의 발전사) 강의를 담당하게 되자, 적당한 교재를 찾기가 어려웠다. 한국어나 영어판 교재를 택할 수밖에 없었는데, 모든 관련 교과서들이 우선 꽁트를 상당히 왜소하게 폄하하거나 인류애를 왜곡시켜 서술하고 있었다.

꽁트의 고귀한 문제의식에 대한 설명도 없었다. 그의 공적은 '사회학'이라는 학문 명칭만 지었을 뿐이지 종합사회학이어서 사회학이론은 창조한 것이 별로 없는 학자로 묘사되어 있었다. 꽁트가 제국주의·식민주의·흑인노예제도에 대한 선구적 비판자였다는 사실이나 유럽공화국의 주창자였다는 사실에 대해서는 언급도 없었다. 저자는 꽁트가 당시 교과서들에서 부당하게 서술되어 있음을 알고 교재선택에 방황했었다.

결국 당시 차선의 교재로서 1977년부터 코저(Lewis A. Coser) 교수의 《사회학적 사상사》(*Masters of Sociological Thought*, 1975, International Edition)를 택하여 사용하였다. 이 책이 전세계 각국에서 가장 널리 교재로 사용되고 있었고 편견이 적은 교과서였기 때문에, 우리 학생들을 전 세계 학생들과 함께 가도록 학습시키기 위해서였다.

코저의 이 저서의 장점은 지식사회학의 방법을 택하여 꽁트부터 만하임까지 역대 12 사회학대가들의 개인적 배경, 지적 배경, 사회적 배경을 상세히 밝힌 것이었다. 이 책의 문제점은 '사상'에 대한 설명이 매우 소략한 것이었다. 또한 12 사회학대가들에 대한 지면을 균등 배당했기 때문에 꽁트와 베버같은 큰 업적을 낸 학자와 작은 업적을 낸 학자가 균등 분량으로 설명되어 불공정하게 되어버린 것이었다. 뿐만 아니라 코저 교수의 꽁트에 대한 해설은 문제의식이 거의 설명되어 있지 않고, 꽁트의 인류교 창립에 대한 비판적 편견 때문에 꽁트의 인류애가 조롱하는 투로 서술되어 있었다. 꽁트의 유럽 제국주의·식민주의·신노예제도에 대한 선구적 비판에 대해서는 언급조차 하지 않았다.

저자는 강의 도중에 꽁트와 베버는 상당한 양을 별도로 보충하여 강의하였다. 1990년에는 저자 자신의 교과서를 준비하다가 중단하면서, 학생들에게 미안한 생각을 간직해 왔다.

이제 나이가 들어 석좌교수가 되고 보니, 이러다가는 학생들에게 미안한 생각을 가진 채 사라지게 되지 않을까 염려되었다. 한국에서도 막스 베버에 대한 책들은 여러 권 나왔지만, 꽁트에 대한 책은 한 권도 나온 바가 없으므로, 꽁트에 대한 오해가 누적되지 않을까 염려되었다.

이에 저자는 꽁트에 대해 쓸 공부가 부족함을 스스로 잘 알면서도 감히 용기를 내어 강의노트를 보완해서 작은 책을 쓰게 되었다.

저자는 사회학의 창시자 꽁트에 대한 존경심을 간직하고 있지만, 책은 가능한 한 객관적으로 공정하게 서술하려고 노력하였다. 저자의 견해를 붙이지 않고 꽁트의 저술의 내용을 요약만 하여 전달하려고 노력하였다.

이 책의 부족한 점은 동학들의 질정을 받고 다음 기회에 고치려고 한다.

이 책의 출판을 맡아주신 외우 지식산업사 김경희 사장과 정성껏 교정을 보아주신 담당 직원께도 깊이 감사드린다. 또한 이 책의 타자와 교정, 사진 선정 등 모든 관련 작업에 온 정성을 쏟아준 박영대 조교에게도 특별히 깊이 감사하는 바이다.

이 작은 책이 사회학의 성립과 꽁트에 대해 알고 싶어 하는 독자들에게 조금이라도 도움이 되기를 간절히 바란다.

2012년 1월

저자 삼가 씀

차 례

제1장

꽁트의 생애와 지적 사회적 배경

1. 꽁트의 수학시절

오귀스트 꽁트(Auguste Comte)는 1798년 1월 19일 남부프랑스 에로주의 주청 소재지 몽뻬리에(Montpellier)시에서 태어났다. 이 해는 프랑스혁명이 일어난 지 9년 후였다. 꽁트의 정식 이름은 '이시돌 오귀스트 마리 프랑소아 자비에 꽁트'(Isidore Auguste Marie François Xavier Comte)인데, 약칭하여 오귀스트 꽁트라고 불렀다.

오귀스트 꽁트의 아버지 루이 꽁트(Louis Comte, 1776~1859)는 시청 세무과 경리서기로서, 매우 꼼꼼한 회계사였고, 정치성향은 완강한 왕당파였다. 어머니 펠리시떼 로잘리 브와예르(Félicité Rosalie Boyer, 1764~1837)는 열정적(어떤 전기에는 광신적) 카톨릭 신자였다. 꽁트는 4남매의 장남이었다.

꽁트는 1807년 9세 때에 고향 몽뻬리에의 국립 중학교(lycée)에 입학하자 양친을 떠나 기숙사생활을 하게 되었다. '리세'라고 호칭하는 국립중·고등학교 제도는 나폴레옹의 교육개혁정책으로 시행된 엄격한 군대식 규율의 중·고등학교였다.

꽁트는 체구가 작고 위병으로 몸이 쇠약한 편이었으나, 학업에는 열심이었고, 성적도 우수하여 특히 수학에는 탁월했으며, 지적으로 상당히 조숙하였다. 수학교사 앙꽁트르(Daniel Encontre)가 꽁트의 수학성적과 재능에 감탄하여 평생 사제지간의 친우가 되었다. 1814년 봄 꽁트가 16세 때 수학교사 앙꽁트르가 병환으로 사임하게 되자, 다음 수학교사가 부임할 때까지 중학생 꽁트가 수개월간 이 중학교의 수학교사를 대행하기도 하였다.

꽁트는 중학생 시절에도 지식욕이 왕성하여 독서를 많이 했으며, 계몽사상가들의 저작을 많이 읽고 큰 감명을 받아 공화주의자가 되었다. 그는 이 시기에 자연히 프랑스혁명을 지지하게 되었고, 신의 존재를 믿지 않게 되었다고 한다. 비상한 두뇌를 가진 장남이 독실한 카톨릭 신도가 되기를 기대했던 양친과는 이 때문에 정신적 긴장이 꽁트의 중학생 시절부터 나타나게 되었다고 기술되어 있다.[1)]

---

1) 꽁트의 전기는 프랑스를 비롯하여 각국에서 다수 간행되어 있는데, 꽁트의 생애가 단순하고 투명하여 내용은 비슷하다. 주요 전기를 들면 다음과 같다.

① Emile Littré, *Auguste Comte et la philosophie*, Paris, 1863.
② F. J. Gould, *Auguste Comte*, London, Watts, 1920.
③ E. Seillière, *Auguste Comte*, Paris, Vrin, 1924.
④ Andre Cresson, *Auguste Comte: Sa vie, son œuvre, avec un exposé de sa philosophie*, Paris, Presses universitaire de France, 1941.
⑤ Henri Gouhier, *La jeunesse d'Auguste Comte et la formation du positivisme*, 3 tomes, Paris, Vrin, 1933~1941.
⑥ Henri Gouhier, *La vie d'Auguste Comte*, Paris, Vrin,1956.
⑦ J. Lacroix, *La sociologie d'Auguste Comte*, Presses universitaires de France, 1967.
⑧ Paul Arbouss-Bastide, *Auguste Comte*, Presses universitaire de France, 1968.
⑨ G. Simpson, *Auguste Comte, Sire of Sociology*, New York, Crowell, 1969.
⑩ Angèle Kremer-Marietti, *Auguste Comte et la theorie du positivisme*, Paris, Séghers, 1970.
⑪ Kenneth Thompson, *Auguste Comte-The foundation of Sociology*, London, Nelson,

꽁트는 1814년 16세 때 빠리의 국립공과대학인 에꼴 폴리테크니크(l'Ecole Polytechnique)에 우수한 성적으로 합격하였다. 당시 이 공과대학은 입학시험을 중부의 빠리 수도권, 북부 프랑스, 남부 프랑스 3개 지역으로 나누어 시험관을 파견해서, 구술고사 등으로 실시했는데, 꽁트는 남부지역에서 1등으로 합격하였다. 꽁트는 1814년 10월 말에 상경하여 11월부터 이 대학의 대학생이 되었다.

꽁트가 대학생활을 시작한 에꼴 폴레테크니크는 프랑스혁명의 국민공회(Convention nationale)가 1794년에 신설한 국립공과대학이었다. 당시 유명한 소르본느 대학이 있었으나 신학과 고전을 중심으로 한 전통적 인문대학이었다. 프랑스혁명정부는 프랑스공화

1976.

⑫ Arliné Reilein Standley, *Auguste Comte*, Boston, Twayne Publishers, 1981.

⑬ J. P. Frick, *Auguste Comte, ou La République positive*, Presses universitaire Nancy, 1990.

⑭ André Sermin, *Auguste Comte*, Paris, Albatros, 1993.

⑮ Mary Pickering, *Auguste Comte; an intellectual biography*, Cambridge University Press, 1993.

⑯ Jacques Muglioni, *Auguste Comte; un philosophie pour notre temps*, Paris, Ed.Kimé, 1995.

⑰ J. Grange, *Auguste Comte; science, politique, religion*, Presses universitaire de France, 2000.

⑱ A. Wernick, *Auguste Comte and the Religion of Humanity*, Cambridge University Press, 2001

⑲ Michel Bourdeau, *Auguste Comte et l'Idée de science de l'homme*, Paris, l'Harmattan, 2003.

⑳ Joliber Bernard, *Auguste Comte; l'éducation positive*, Paris, L'Harmattan, 2004.

㉑ B. Karsenti, *Politique de l'esprit; Auguste Comte et la naissance de la science*, Paris, Hermann, 2006.

㉒ Mike Gane, *Auguste Comte*, London, New York, Routledge, 2006.

㉓ Wolf Lepenies, *Auguste Comte*, München, Carl Hanser Verlag, 2010.

빠리 소르본느대학 정문 앞에 세워진 꽁트 흉상 (왼쪽은 한 팔에 인류애를 상징하는 아기를 안고 다른 한손에 평화를 상징하는 감람나무 잎을 든 여인상. 오른쪽은 인류지성을 상징하는 독서하는 여인상)

국에서 미래에 절실히 요청되는 공업·광업·종합과학기술을 연구 교육하는 복합이공대학으로서 프랑스 최고의 과학자들을 모아 서둘러 에꼴 폴레테크니크를 설립해서 내무부 관리 아래 두었다. 명성 높은 훌륭한 과학자 교수들 때문에 에꼴 폴리테크니크는 설립되자마자 프랑스와 유럽의 최고 명문대학이 되었다.[2] 이러한

2) A. Comte, *Cour de philosophie positive*, vol.(tome)6(이하 tome는 영문책과의 통일을 위해 volume으로 표시함), Paris, Bachelier, Imprimeur-libraire, 1842, p.371 참조.

성격의 대학은 아직 영국에도 없던 세계 최초의 복합과학기술대학이었다.[3]

1804년 나폴레옹이 황제로 등극하자, 나폴레옹은 에꼴 폴리테크니크의 관리를 육군부 산하로 옮기고, 군사목적의 공과대학으로 개편하였다. 학생들도 사관학교 규율을 적용하여, 과학과 함께 군사교육도 받았다. 에꼴 폴리테크니크는 마치 이공과의 사관학교처럼 되었다.

나폴레옹이 1812년 러시아 침공작전에서 참패하여 돌아온 후 1814년 3월 30일 왕당파 각국 연합군이 파리침공작전을 감행했을 때에는, 에꼴 폴리테크니크 재학생들은 빠리 방어전투에 지원병으로 참가하여 다수가 전사하였다.

1814년 3월 30일 나폴레옹이 각국 왕당파 연합군과의 빠리성문 전투에서 패전하여 1814년 5월 3일 퇴위 후 엘바섬으로 유배되고, 루이 18세의 왕정복고가 이루어지자, 에꼴 폴리테크니크는 루이 18세의 지배 아래 들어갔다.

꽁트는 루이 18세의 '제1차 왕정복고' 직후인 1814년 11월에 에꼴 폴리테크니크의 대학생이 된 것이었다.

그러나 당시 이 대학의 교수들은 프랑스혁명의 공화정부가 임명한 유럽 최고의 자연과학자들이었고, 학생들도 전국의 수재들이 모여 이미 10여 년간 공화주의 교육을 받았으므로, 대학의 분위기는 학문의 자유와 공화주의·과학정신이 여전히 충만되어 있

3) J. H. Clapham, *Economic Development of France and Germany, 1815~1914*, Cambridge University Press, 1966, p.54 참조.

었다.

꽁트는 에꼴 폴리테크니크의 대학생활에 '만족'하였다. 그는 기숙사생활에서 군대식 규칙 위반으로 몇 번 벌칙을 받기도 했지만, 학교 수업에는 우수한 성적을 내었으며, 과외활동도 활발히 하였다. 그는 대학시절에 책벌레였다. 고전철학은 대학의 교과과목이므로 당연히 통독하였고, 계몽사상과 프랑스혁명 및 미국독립혁명에 관한 서적들을 모조리 읽어내었다. 그는 이미 열렬한 공화주의 대학생이었고, 반(反)왕당파였으며, 나폴레옹 독재와 나폴레옹전쟁에 대해서도 왕정복고에 버금가게 비판적이었다.

꽁트가 대학 2학년이었던 1815년에 나폴레옹이 엘바섬을 탈출하여 3월 20일 빠리에 입성해서 다시 황제가 되고, 루이 18세는 벨지움으로 망명하였다. 그러나 나폴레옹은 6월 18일 월터루 전투에서 패전하여 6월 22일 퇴위에 동의하였다. 나폴레옹의 '백일천하'가 끝난 것이다.

꽁트 등 에꼴 폴리테크니크 대학생들은 자원하여 무장을 하고 왕당파 각국 동맹군의 빠리 입성에 항전하려고 준비했으나, 나폴레옹이 먼저 퇴위에 동의해버려서 전투가 없게 되어 해산하였다.

루이 18세는 1815년 7월 8일 빠리에 돌아와 '제2차 왕정복고'가 이루어졌다. 꽁트를 포함한 에꼴 폴리테크니크의 대학생들은 왕정복고에 저항적이었다.

1816년 4월 꽁트가 3학년이었을 때, 꽁트와 학우들이 이 대학 복습교사의 구두시험에 불응한 시험거부를 감행하였다. 루이 18세의 왕당파 정부는 이 기회에 에꼴 폴리테크니크 학생들의 친혁명적 친공화적 분위기를 잡아보려고 꽁트 등 15명의 학생들을 퇴학처분하고, 이 사건을 구실로 에꼴 폴리테크니크를 폐교하였다. 학생들의 구두시험 불응에 대한 처벌로서는 물론 너무 가혹한 정치적 탄압 처벌이었다.

루이 18세 정부는 퇴학당한 학생들을 정부 감독 아래 모두 강제귀향시키도록 명령했으므로, 꽁트는 몽뻬리에의 집으로 돌아와서 몇 달을 보내다가 다시 상경하였다.

꽁트는 귀향 중(1816년 6월)에 그의 최초의 소논문 〈나의 성찰; 인류, 정의, 진리, 자유, 조국 : 프랑스 민중에게 바치는 1793년 체제와 1816년 체제의 비교〉(Mes Réflexions; Humanité, Justice, Vérité, Liberté, Patrie : Rapprochements entre le régime de 1793 et celui de 1816 adressés au peuple français)를 썼는데, 루이 18세의 왕정복구와 왕정체제를 신랄하게 비판한 내용이었다(이 논문은 생전에 발표되지 않고 꽁트 사후에 발표되었다).

꽁트가 퇴학당한 후 다시 상경하여 빠리에서 '수학' 사강사를 하며 겨우 생계를 유지하고 있던 불우한 시기에, 에꼴 폴리테크니크의 선배인 베르나르(Bernard) 장군이 미국 와싱톤DC에 에꼴 폴리테크니크의 분교를 개설하러 가면서, 미국에 분교가 설치되면 꽁트에게 수학(기하학) 교수로 오라고 권고하여 약속이 이루어졌다.

루이 18세의 왕당파정부는 1817년 1월 17일 에꼴 폴리테크니크의 재개교를 허가하였다. 퇴학당한 학생들에게도 잘못을 반성하고 신청서를 내면 심사를 거쳐 복교시키도록 조치하였다.

꽁트는 심사 신청서를 제출하지 않았다. 그 이유로서는 두 가지가 추론된다.

우선 꽁트는 루이 18세의 왕정복고에 매우 비판적이었으므로, 별 잘못도 없는데 잘못을 반성하고 그들의 심사를 받는 것을 그의 자존심이 허락하지 않았을 것이다. 당시 그는 머지않아 브르봉왕조 루이 18세의 왕정복고는 붕괴되고 다시 공화국이 수립될 것이며, 그 때에는 굴욕적 심사를 받지 않아도 복교할 수 있을 것이라고 생각한 것으로 보인다.

또한 꽁트에게는 신대륙에 건너가서 에꼴 폴리테크니크 분교의 교수가 되는 대안의 꿈이 있기도 하였다. 계몽사상을 추종하고 프랑스혁명을 지지한 모든 프랑스인들은 1776년 미국 독립혁명을 프랑스 계몽사상을 먼저 실천한 세계 최초의 공화국 수립이라고 상찬하고, 미국을 '자유의 신세계'로 생각하였다. 꽁트도 자유의 신대륙에 건너가서 모교의 분교에서 교수로 일하다가 조국에 공화국이 다시 수립되면 돌아올 대안의 꿈을 갖고 있었다.

그러나 재입학 심사신청 마감이 훨씬 지난 후에 도착한 기다리고 기다리던 선배 베르나르 장군의 편지는 매우 실망스러운 것이었다. 에꼴 폴리테크니크의 미국 분교 설치가 왕당파 정부와 의회의 명령으로 무기연기되었다는 것이었다.[4]

또한 꽁트가 기다리던 왕정복고의 붕괴와 공화정의 재건은 빨리 오지 않았다. (그것은 무려 32년 후인 1848년에야 찾아왔다)

---

4) Auguste Comte, *Lettre d'Auguste Comte à M. Valat, 1815~1844*, 1870, Paris, p.33 참조.

에꼴 폴리테크니크

꽁트는 이제 에꼴 폴리테크니크의 3학년 중퇴생이 되어버린 것이다.

꽁트의 대학시절의 꿈은 모교인 에꼴 폴리테크니크의 교수가 되는 것이었다. 대학중퇴의 경력이 꽁트의 꿈의 실현에 어떠한 영향을 끼칠지 그 때는 아무도 알지 못하였다.

2. 계몽사상과 과학주의의 영향

꽁트는 에꼴 폴리테크니크 대학시절에 어떠한 사상을 형성했을까? 꽁트는 대학생 때 독서광이었고, 토론을 좋아했으며, 달변이었다. 그는 교과목 이외에도 독서와 토론 과정에서 계몽사상과 과학주의 및 합리주의 사상의 영향을 가장 많이 받았다.

볼테르

룻소

꽁트 자신의 기록에서 가장 감명을 받은 계몽사상가들의 이름을 들면, 록크(John Locke, 1632~1704), 흄(David Hume, 1711~1776), 볼테르(Voltaire; François Marie Arouet, 1694~1778), 몽테스키외(Charles Louis de Secondat Montesquieu, 1689~1755), 룻소(Jean Jacques Rousseau, 1712~1778), 콩디약(Etienne Bonnot de Mably de Condillac, 1715~1780), 튀르고(Annc Robert Jacques Turgot, 1727~1781), 로버트슨(William Robertson, 1721~1793), 콩도르세(Marie Jean Antonie Nicolas Condorcet, 1743~1794) 등을 들 수 있다.

계몽사상가들 가운데서도 꽁트는 볼테르와 룻소를 '2인의 위대한 인물'[5]이라고 가장 존경하고 탐독했으며 학우들에게도 읽기를 권하였다.

그는 계몽사상의 영향으로 대학시절에 프랑스혁명의 열렬한 지지자였으며, 열렬한 공화주의자였다. 그는 군주제와 부르봉왕조에는 학생시절부터 반대하였다. 그는 나폴레옹 보나파르트에 대해서도 프랑스혁명군의 지휘자였을 때의 그는 지지했으나, 집정관이 되고 황제가 된 후의 그에는 매우 비판적이었다.

꽁트는 대학시절에 계몽사상을 탐닉하듯이 섭취한 계몽사상의

5) A. Comte, *Lettre d'Auguste Comte à M. Valat* (le 25 février 1817), p.31.

아들이었고, 열렬한 공화주의 청년이었다. 그는 계몽사상·프랑스혁명·공화주의에 대한 열렬한 지지는 있었으나, 아직 그에 대한 비판의식은 대학시절에는 보이지 않았다.

로크

꽁트는 대학의 자연과학 교과목 외에도, 대학시절에 베이콘(Francis Bacon, 1561~1626), 데카르트(René Descartes, 1596~1650), 파스칼(Blaise Pascal, 1623~1662), 뉴톤(Isaac Newton, 1642~1727), 카바니스(Pierre Jean George Cabanis, 1757~1808) 등의 과학주의와 과학정신의 영향을 매우 많이 받았다. 그는 이미 대학시절에 인류문명은 과학정신과 과학의 발전으로 성취된 것이라는 생각을 형성하고 있었다. 에꼴 폴리테크니크의 교육환경이 이러한 사상형성에 결정적 영향을 끼쳤을 것임은 더 설명을 요하지 않는다.

흄

여기에서 반드시 주목해야 할 것으로 에꼴르 폴리테크니크의 '토목공학'의 영향이 있다.[6] 이 대학의 교수들은 유럽 최고의 각 부문의 이론적 자연과학자들이었으나, 나폴레옹 집권 후 정부와 대학당국의 정책은 이 대학을 이공과 사관학교처럼 규율있는 군

6) Lewis A. Coser, *Masters of Sociological Thought*, Harcourt Brace Jovanovich, Inc. New York, 1977, p.33 참조.

콩디약

로버트슨

사용 공과대학으로 발전시키고자 했으며, 당시 나폴레옹 등의 군사활동으로 수요가 격증한 '토목공학'을 적극 장려하였다. 에꼴 폴리테크니크의 학생들도 졸업 후의 진로와 관련하여 '토목공학'을 자연히 중시하였다.

이 대학의 '토목공학'은 자연히 이론과 결합될 수밖에 없었다. 먼저 과학적 원리에 기초한 '개선된 설계도'를 작성하고 그에 따라 이를 실행하는 것이 토목공학의 원칙이었고, 이 대학의 토목공학은 자연히 세계 최고수준이었다.

꽁트의 대학시절의 꿈은 졸업 후 모교 '에꼴 폴리테크니크'의 '교수'가 되는 것이었다. 꽁트의 사회적 이상은 룻소 등의 사회계약설과 몽테스키외의 삼권분립론 등 계몽사상의 원리에 입각하여 프랑스를 공화국으로 건설하여 행복한 사회로 발전시키는 것이었다. 그리고 전 유럽이 프랑스의 공화국사회를 본받아서 진보하는 것이었다.

꽁트는 에꼴 폴리테크니크를 중퇴하여 그의 모교 교수의 꿈의 실현은 어렵게 되었지만, 그가 혁명 후 거듭되는 혼란 속에서 고통받는 프랑스 국민들을 구제하기 위해 프랑스사회의 재조직을 추구하게 되었을 때, 먼저 해야 할 일은 무엇인가? '토목공학'의 원리에서 유추하면 당연히 먼저 '원리'를 발견하고, 이에 기초한 '설계'를 하고, '원리'와 '설계'에 합치한 '실천'을 하는 순서를 따르는 것이 당연한 일이었다.

프란시스 베이컨

꽁트가 대학시절에 받은 '계몽사상'과 '과학주의'에 의거하여 프랑스사회 재조직의 문제의식을 가졌을 때, 프랑스의 사회 상태는 어떠했는가?

1789~1819년의 30년간 프랑스사회는 '프랑스혁명' '나폴레옹전쟁' '왕정복고'를 겪는 동안에 '폐허'처럼 되어버렸다.

파스칼

프랑스혁명은 1789년~1799년 10년 동안 진전되면서 꽁트가 태어났던 1798년에는 구체제(앙시앙 레짐)와 모든 귀족의 봉건적 특권들을 폐지하고 국민들에게 자유와 인권과 평등을 주었다. 집권한 국민의회는 '봉건적 제특권 폐지' 결정(1789), '인간 및 시민의 권리 선언'(1789), '교회재산의 국유화' 결의(1789), '세습 귀족제 폐지'(1790), '유태인에 대한 시민적 자유' 승인(1790), '국내 소비세 폐지'(1791), '길드제도 폐지'(1791) 등을 단행하였다.

국민의회를 해산시키고 이어서 계속 집권한 '입헌의회'는 '1791년 헌법' 제정(1791), '망명귀족 처벌법' 제정(1791) 등을 단행하였다. 이 때까지 지롱드파 혁명정부는 입헌군주제를 채택 유지할

뉴턴

계획이었다.[7)]

그러나 왕당파는 1891년 6월 국왕 루이 16세를 국외의 안전지대에 망명시킨 다음, 프러시아 군대를 끌어들여서 빠리에 진격하여 혁명을 분쇄하려는 음모를 꾸몄다. 루이 16세는 탈주 도중에 민중에 발견되어 빠리에 호송되었다. 왕비 마리 앙뜨와네트(Marie Antoinette)를 의장으로 한 '오스트리아 위원회'는 외국의 궁정과 내통하여 외국의 간섭을 독촉하였다.

시민들은 국왕과 왕비의 반역적 배신에 분노하여 왕정 폐지와 공화정 수립, 봉건적 부담의 완전철폐, 자유권 확대, 토지균등분배 등 더욱 철저한 개혁을 요구하였다.

유럽의 왕국들은 프랑스가 공화국화할 것을 두려워하여, 1792년 4월 19일 간섭의 전위인 프러시아군과 오스트리아군의 연합군이 국경을 넘어 프랑스 국내에 침입하였다.

입헌의회는 "조국은 위기에 처했다"는 선언을 채택하고 국민들에게 자발적 지원병 편성을 호소했으며, 프러시아와 오스트리아에 선전포고를 하고 항전을 시작하였다. 외국의 침입과 국왕의 배신에 격노한 빠리 시민들은 1792년 8월 10일 빠리 시청을 점령하여 파리 콤뮨을 설치하였다. 민중들은 국왕의 거처인 츄이루이

7) Norman Hampson, *A Social History of the French Revolution*, University of Toronto Press, 1982, pp.110~131 참조.

궁을 습격 점령하였다.

카바니스

루이 16세는 가족과 함께 도망하여 입헌의회에 몸을 숨겼다. 그러나, "배반이다, 국왕을 타도하라"는 민중의 추격과 절규에 굴복하여 입헌의회는 국왕과 그 가족을 담블탑에 유폐시켰다.

1792년 9월 20일 국민공회(Convention nationale)가 소집되었다. 국민공회는 9월 21일 '왕정 폐지'를 결의하고, 이튿날에는 '공화정 채택'을 선언하였다. 1792년 9월 22일 프랑스에서 '제1공화국'이 수립된 것이다.

공화국 국민공회와 혁명정부는 '상업·산업의 자유' 재선언(1792), '루이 16세 처형'(1793), '30만 명의 징병' 결정(1793), '곡물 최고가격법' 제정(1793), '부유시민에 대한 10억 리블 공채' 결정 등을 감행하였다.

1793년 5월 31일 빠리 민중들이 봉기하여 국민공회를 포위하고 더욱 급진적 개혁을 요구하였다. 이에 응하여 지롱드파 의원 29명이 체포되고 '자코뱅파의 독재' 정치가 시작되었다.

자코뱅파는 '망명귀족재산의 매각법' 제정(1793), '공유지의 분할'(1793), '1793년 헌법' 제정(1793), '영주적 제권리의 완전무상 폐기'(1793), '도량형 통일·미터법 채용'(1793), '반혁명 용의자에 대한 법령' 제정(1793), '국민총동원령' 포고(1793), '왕비 마리·앙뜨와네트 처형'(1793), '지롱드파 지도자 처형'(1793), '반혁명 용의자의 재산몰수와 빈민에의 무상분배'(1794), '혁명의 적' 처형 규

정(1794) 등을 감행하였다.[8]

특히 쟈코뱅(Jacobin)파의 로베스삐에르(Maximilien Robespierre, 1758~1794)는 당통(G. J. Danton)파, 에베르(J. R. Hébert)파 등 정적들을 수십 명씩 체포 처형해서 공포정치를 실시하였다. 로베스피에르는 1794년 6월 '최고존재의 제전'을 개최하고 혁명재판소의 권한을 강화하여 공포정치를 더욱 강화하였다. 로베스피에르가 1794년 9월 물가등귀 대책으로 '임금표'를 제정하여 실질임금을 인하시키자, 생·퀴로트(sans-culottes)층이 격렬하게 반발하였다. 이 기회를 포착한 반대파들은 작은 정변을 일으켜 7월 27일 로베스피에르, 생·쥐스트(L. A. L. de Saint Just) 등 22명의 쟈코뱅파 지도자를 체포하고(데르미도르 반동), 이튿날 모두 처형해 버렸다. 국민공회는 1794년 8월 공안위원회의 권한을 제한 축소시키고, 9월에는 혁명재판소를 폐지시켰다.[9]

혁명정부의 구체제 해체를 위한 혁명이 진행되는 동안 전국 각지에서 왕당파의 저항과 반란이 끊임없이 일어났다. 프랑스 공화국은 1792년부터 간섭해 들어오는 주변 왕국들의 연합군에 항전해 가면서 혁명을 진전시켰다.

나폴레옹 보나파르트는 1794년 혁명군에 들어가서 포병대장·여단장이 되어, 1795년에는 왕당파의 반란을 진압하는 데 큰 공을 세웠다. 나폴레옹은 1796년 공화국 정부에 의해 이태리원정군

8) Thomas Carlyle, *The French Revolution*, Everyman's Library edition, 1961, Vol.2, pp.269~328 참조.

9) Norman Hampson, *A Social History of the French Revolution*, pp.182~248 참조.

사령관에 임명되어 원정에 크게 성공하고, 국민적 영웅이 되어 1797년 12월 귀국하였다. 정부는 영국을 견제하기 위해 1798년 나폴레옹을 이집트에 파견하였다. 이집트 원정 도중에 본국에서는 1799년 4월 선거에서 반정부파가 대승하여 동요가 일어났다. 나폴레옹은 급거 귀국하여 1799년 11월 18일 정변(브뤼메르 18일 정변)을 일으켜서 정권을 장악하였다.

나폴레옹은 3인의 '집정관 정부'를 구성하고 제1집정관이 되었다. 1800년 왕당파의 나폴레옹 암살음모가 발각되자, 나폴레옹은 왕당파를 탄압함과 함께, 공화주의자 탄압도 강화하였다. 나폴레옹은 정부에서 쟈코뱅파를 추방했으며, 1802년 1월에는 호민원(하원)에서 공화주의자들을 추방하였다. 나폴레옹은 1802년 8월 종신 제1집정관이 되고 후계자 지명권을 획득하였다. 그는 1803년 노동자의 단결과 노동운동을 금지하고, 출판물 검열제를 강화하였다.

나폴레옹은 1804년 왕당파의 나폴레옹 암살계획이 군대 장군들 속에서 발각되자, 왕당파를 대대적으로 숙청하고 주모자를 처형하였다. 그리고 '프랑스 인민법전'(나폴레옹법전)을 공포하였다.

나폴레옹은 1804년 5월 18일 '황제'에 즉위하여 '나폴레옹1세'가 되고 '제국'(帝國)의 성립을 선포하였다. 이에 프랑스혁명의 '제1공화국'은 명목상으로도 종언을 고하고, '제1제정'이 성립된 것이다. 프랑스혁명의 권력은 나폴레옹에게 찬탈당한 것이다.[10]

10) A. Comte, *Cour de philosophie positive*, vol.6, pp.390~393 참조.

프랑스혁명은 아래로부터의 자발적 시민혁명이었기 때문에, 프랑스의 구체제(ancien régime)를 근저에서 흔들어 놓고 붕괴시켰으며 해체시켰다. 그것은 다른 혁명들처럼 상층권력의 혁명이 아니라 사회 최저변까지 변혁시킨 심층의 혁명이었다. 프랑스혁명은 사회학적으로는 인류사회에서 전근대사회를 붕괴 해체시키고, 인간의 자유·인권·평등·우애를 보장한 새로운 근대사회를 시작한 획기적 혁명이었다.

그러나 프랑스혁명의 큰 문제는 새로운 근대사회를 건설할 합의된 사전 설계가 없었다는 사실에 있었다. 이 때문에 집권혁명파들 사이에 끊임없는 의견갈등과 충돌이 일어났다. 혁명파들은 좌·우·중간파를 비롯하여 온갖 정파로 세분되어 서로 처단하고 암살하고 테러하며, 유혈 권력투쟁이 연속되었다. 이와 함께 일부 민중들도 유혈투쟁에 동참하였다.

프랑스혁명은 심층혁명이었고 군주제를 해체시켜 공화국을 건설하는 획기적 혁명이었으므로, 왕당파 세력과의 유혈충돌은 전제되고 각오되어 있었다. 그러나 혁명파 내부 지도층 및 민중들의 극심한 분열과 상호유혈충돌은 예기치 못한 혼란이었다.

프랑스혁명은 구체제 해체에는 성공적이었다. 그러나, 그 이후의 프랑스사회는 혼란·무질서·테러·공포·물가등귀·빈궁·무정부상태가 만연하다가, 나폴레옹 장군에게 혁명의 성과를 찬탈당한 것이었다.

꽁트는 이 사실에 대해, "프랑스혁명은 계몽사상의 정치적 승리로서 기존의 억압적 권위와 권력을 해체시켜 개인과 피압박계급을 해방시켰다"고 높이 평가하면서도, 그들이 수행한 "혁명은 파괴할 대상을 찾아 파괴는 했으나 다음에 무엇을 어떻게 건설해야 할지를 알지 못하여 사회는 불필요한 혼란·무질서·지적 무정부상태에 떨어지게 되었다"고 후에 비판하였다.[11]

한편 나폴레옹이 집권한 1799~1814년의 기간은 연속된 '전쟁의 기간'이었다.

황제 나폴레옹은 안으로는 '보나파르트체제'라고 통칭하는 조정체제를 만들고, 밖으로는 원정을 강화하여 그가 구상하는 프랑스 패권 아래의 유럽(세계)평화를 추구하였다. 나폴레옹의 이 정책은 1810년에는 절정에 도달하여, 프랑스 본국 이외에도 프랑스는 라인강 좌안의 독일 전역, 벨지움, 네덜란드, 동으로는 뤼벡에 이르는 북부 독일, 사보이, 피에몬테, 아펜니노 산맥 서쪽으로 나폴리 국경에 이르는 리구리아와 이탈리아, 카린티아 아래로부터 달마티아를 포함한 이탈리아의 여러 주들을 직접 통치하였다. 프랑스의 동쪽 왕국, 위성 왕국과 공국들은 스페인 및 이탈리아의 나머지 지역과 라인란트-베스트팔렌의 나머지 지역과 홀랜드의 대부분을 지배하고 있었다.[12] 나폴레옹에게 적대적인 영국과 러시아, 그리고 작은 포르투갈 이외에는 1810년경에는 전 유럽이 나폴레옹의 직접·간접의 패권 아래 들어가 있게 되었다.

오귀스트 꽁트는 이러한 황제 나폴레옹 체제 아래서 1807년에

11) Auguste Comte, *La sociologie*, Résumé par Émile Rigoage, Paris, Ancienne librarie germer ballière, 1897(이하 *La sociologie*로 약함), pp.2~16 참조.

12) Eric J. Hobsbawm, *The Age of Revolution, 1789~1848*, New American Library, A Mentor Book, 1962, pp.115~116 참조.

나폴레옹의 교육개혁으로 제정된 새로운 중학교 제도인 리세에 들어가 중학교 교육을 받게 된 것이다.

나폴레옹의 성공한 것처럼 보이는 활동에 수반하여, 프랑스 국내에는 크게, 왕당파(브루봉왕조 군주제 지지자 등), 공화파, 황제파(나폴레옹파)의 3대 세력이 형성되고, 각 정파 아래 또 소정파들이 세분되었다.

꽁트의 아버지는 왕당파를 지지했으나 정치활동에는 참가하지 않았다. 꽁트는 중학생 시절에는 볼테르, 룻소 등의 저작들을 탐독하고 프랑스혁명을 지지하는 공화파의 사상을 배양하고 있었다.

나폴레옹의 전성기는 그다지 오래 지속되지 못하였다. 영국 해군에 비해 해군력이 열세인 나폴레옹은 1806년 칙령으로 '대륙봉쇄'를 선언해서 영국에 대한 경제봉쇄를 추진했는데, 이것은 영국에게 타격을 주었지만 프랑스 산업에도 타격을 주었다. 나폴레옹의 육군은 세계최강이었지만 보급부대가 취약한 약점이 있었다. 나폴레옹의 육군은 봉건구체제에 불만이 누적되어 개혁을 요구하는 서유럽과 중부유럽 농업지역에서는 현지 개혁세력의 환영을 받으면서 속전속결로 구체제세력을 제압하고, 식량 등 보급을 현지조달하면서 대승전을 연속할 수 있었다. 승전한 지역에서는 구체제가 해체되고 나폴레옹 법전 체제를 표방하면서 왕국·공국·공화국의 각종 형태로 프랑스 패권체제가 형성되었다.

그러나 나폴레옹이 1812년 6월 61만의 대군으로 러시아에 침공했을 때에는 사정이 달랐다. 프랑스군은 크고 작은 전투들에는 승리하여 10월 14일 모스크바에 입성하였다. 러시아군은 장기전을 택하여 모스코바와 인접지역의 식량 등 보급물자를 모두 불태워버렸다. 대군이 굶주리게 되어 견딜 수 없게 된 나폴레옹군은 10월 19일 모스코바에서 철수하기 시작하였다. 나폴레옹군이 굶고 병들어 기진맥진한 상태에서 겨울이 오자 러시아 군대가 공세를 시작하였다. 나폴레옹군은 굶주려서 싸울 수가 없었다. 나폴레옹군은 1812년 11월 26~28일 베레지나 강을 도하할 때 러시아군의 공격까지 받고 완전히 궤멸상태가 되었다. 러시아 침공 때 러시아국경을 넘어 들어간 61만 명의 나폴레옹군이 다시 러시아 국경을 넘어 살아 돌아온 군대 장병 수는 10만여 명에 불과하였다.[13] 나폴레옹은 완패한 것이다. 나폴레옹에 반대하는 각국 왕당파의 군대가 연합군을 편성하여 나폴레옹 군대를 추격하였다.

프랑스 본국에서는 나폴레옹 패전의 소식을 듣고 공화파의 쿠데타 시도가 있었다. 노르만디 지방에서는 폭동도 일어났다. 나폴레옹은 원정군의 본대를 떠나 앞서서 1812년 12월 18일 빠리에 도착하여 사태를 수습하게 되었다.

나폴레옹은 1813년 30만 명의 강제징병을 실시하고 각종 조세를 대폭 증세하여 전열을 재정비하였다. 그러나 이미 대세는 기울어, 1814년 3월 30일 빠리 성문전투에서 패전하였다. 이 빠리 방어전투에는 꽁트가 입학한 에꼴 폴리테크니크 재학생들도 지원병으로 무장하여 참가해서 다수가 전사하였다. 3월 31일에는

13) Eric J. Hobsbawm, *The Age of Revolution, 1789~1848*, pp.112~113 참조.

왕당파 외국연합군이 빠리에 입성하였다.

나폴레옹은 아들에게 양위하고 퇴위를 선언했으나, 연합군은 무조건 퇴위를 요구하였다. 나폴레옹은 1814년 4월 6일 무조건 퇴위에 동의하고, 5월 3일 엘바섬에 유배되었다.

루이 18세(루이 16세의 동생)가 국왕에 즉위하여 1814년 5월 3일 빠리에 도착하였다. 다시 부르봉 왕조의 왕정복구가 이루어진 것이다. 이른바 '제1차 왕정복고'가 이것이다. 국왕은 연합군과 평화조약을 체결하고, 프랑스의 국경을 1792년 현재의 국경으로 축소복구하기로 협정하였다. 나폴레옹 보나파르트의 패권체제는 붕괴된 것이다.

이 기간에 프랑스의 산업은 상대적으로 정체되었다. 혁명 전에는 프랑스는 갓 시작되는 영국의 산업혁명을 거의 비등하게 따라가고 있었다. 영국의 새 발명 기계들도 바로 프랑스에 도입되었다. 제니의 방적추와 아크라이트의 방직기도 비슷한 시기에 프랑스에 도입되었다.[14] 그러나 혁명(1789~)은 프랑스의 산업발전을 일시 정체시켰다. 예컨대 세느강 하류(루앙)에서 제조업의 총거래액은 1790년의 4,100만 프랑에서 1795년에는 1,400만으로 감소되었고, 그 곳에서 일하는 노동자 수는 24만 6,000명에서 8만 6,000명으로 감소되었다.[15]

혁명정부가 산업발전을 소홀히 한 것은 아니었다. 혁명은 산업

---

14) J. H. Clapham, *Economic Development of France and Germany, 1815~1914.* pp.53~81 참조.

15) Eric Hobsbawm, *The Age of Revolution, 1789~1848*, p.124 참조.

발전을 위한 모든 봉건적 속박과 장애를 철폐해 주었고, 혁명정부는 자유로운 산업발전을 위한 적극적 지원정책을 실시하였다.[16] 예컨대 로베스삐에르의 공포정치 시대까지도 빠리 산업박람회를 기획하였고(실행은 1798년), 영국보다 훨씬 앞서서 공업과 광업 등 산업발전을 위한 지원책의 하나로 연구분야에서 1794년 에꼴 폴리테크니크라는 복합공과대학을 설립하였다. 나폴레옹 정부도 군사목적이기는 하지만 국가는 산업발전에 최선의 지원정책을 실시해야 한다는 확고한 입장을 취하였다. 그러나 '혁명'의 기간에는 그에 수반한 극도의 혼란과 무질서가 산업 발전에 필요한 자본을 공급해 주지 않았다. '나폴레옹전쟁 기간'에는 자본의 부족 위에 대량징집으로 말미암은 숙련노동자와 원료의 부족으로 산업발전이 이루어지지 못하였다. '왕정복고' 기간에는 왕당파 정부는 산업발전에는 별로 관심도 정책도 없었다.

시민들, 도시 노동자들, 농민들의 실생활은 오히려 궁핍하게 되어 폭동까지 일어났다. 예컨대 1792~1800년의 방데의 반혁명 농민반란, 1792년과 1795년의 각지 식량폭동, 1811년의 흉작으로 인한 곡물가격폭등과 산업위기, 1812년의 노르만디와 칸느의 식량폭동, 1813년의 빠리·리용·마르세이유의 노동자 소요, 1816년의 식량위기와 각지 소요, 1817년의 각지 식량폭동 등은 그 대표적인 것들이었다.

프랑스혁명과 나폴레옹전쟁은 프랑스뿐만 아니라 전서유럽에

16) L. C. A. Knowles, *Economic Development in the Ninteenth Century*, London, Routledge and Kegan Paul, 1958 pp.103~152 참조.

서 구체제를 해체시키고 자유와 인권과 평등의 시대를 열리게 했으나, 프랑스 국민이 치른 희생은 실로 막대하였다. 혁명과 나폴레옹전쟁에서 사망한 프랑스인이 100만 명이 넘었다고 추산되었다. 이 시기 모든 서유럽국가들에서 인구증가가 있었는데, 오직 프랑스(당시 2,500만 명)에서는 인구가 감소되었다. 프랑스 시민들의 소득도 감소되었다. 더구나 1814년의 '왕정복고'로 프랑스는 1792년의 국경 안으로 다시 좁혀졌으니 나폴레옹과 황제파의 허망한 꿈도 물거품임이 증명되었다.

프랑스 국민들은 이제 '혁명'으로 자유와 인권과 신분평등을 쟁취했으니, 이제는 혁명과 전쟁에 수반한 무질서와 혼란과 무정부 상태를 극복하는 새로운 안정과 평화 위에서 새로운 프랑스사회의 건설을 갈구하게 되었다.

홉스봄은 프랑스혁명과 나폴레옹전쟁 종료 후의 프랑스사회를 '폐허'라고 표현하였다.

오귀스트 꽁트는 대학중퇴의 19세 청년으로 이 '폐허' 위에 서서, 프랑스 국민들과 유럽사람들이 갈망하는 새로운 사회의 건설 원리를 탐구하려고 한 것이다.

3. 생·시몽의 영향

1817년 8월 꽁트가 19세의 대학 중퇴생으로 불우한 처지에 있을 때 생·시몽(Claude Henri de Rouvroy Saint-Simon, 1760~1825)을 만

난 것은 생애 최대의 행운이었다.

생·시몽

생·시몽은 지기 포럼(당시 프랑스 용어로는 살롱)을 조직하여 유럽 석학들을 초빙해 발표와 토론의 성과를 축적하면서, 이미 유럽에서 명성 높은 57세의 예언자적 대사상가로 되어있었다. 생·시몽 백작은 유산으로 받은 재산을 지적 활동에 이미 다 써버리고, 1817년 당시에는 《산업》(*L'industrie*)이라는 저서를 집필하면서 새 '비서'(조수)를 구하고 있었다. 생계비에 시달리고 있던 꽁트는 월 300프랑의 봉급을 약속받고 생·시몽의 비서가 되었다. 꽁트의 선임 비서는 뒤에 유명한 역사학자가 된 티에리(Augustin Thierry, 1795~1856)였다.

꽁트

꽁트는 생·시몽의 비서로 일하면서 생·시몽의 사상에 감탄하고, 새로운 사상세계에 눈을 뜨게 되었다.[17] 생·시몽은 계몽사상과 프랑스혁명을 18세기의 과도기적 사건이라고 비판하고, 앞으로 19세기는 과학적 '실증주의' 시대이므로 모든 학문과 지식이 '실증적'으로 되어야 하며, 사회과학도 실증과학으로서 '사회생리학'(physiologie sociale)이 되어야 한다고

17) Auguste Comte, *Lettre d'Auguste Comte à M. Valat, 1815~1844* (le 17 avril, 1818), pp.36~38 참조.

주장하고 있었다. 계몽사상과 프랑스혁명의 숭배자였던 꽁트가 받은 충격은 참으로 컸다. 뿐만 아니라 생·시몽의 설득력있는 18세기 계몽사상 비판과 19세기의 과학적 실증주의의 전망은 꽁트에게는 미래에 대한 감탄스러운 과학적 전망이었다.

꽁트는 생·시몽의 저술 일을 도우면서 생·시몽의 저작을 열심히 공부하여 '실증주의 사상'을 갖게 되었다. 꽁트가 비서로 취직한 지 3개월 뒤에 생·시몽은 궁핍에 떨어져 꽁트에게 봉급을 지불할 수 없게 되었으나, 꽁트는 생·시몽의 사상에 감복하여 봉급 없이 비서 일을 계속하였다. 그 자신의 생계는 별도로 수학 사강사 일을 다시 하면서 충당하였다. 꽁트는 이 시기 생·시몽을 자기의 정신적 '아버지'라고 말하였다.[18]

학구적인 꽁트는 생·시몽과 함께 일하면서 생·시몽의 사상을 정리하여 성실하게 협력했으며, 때로는 자기 이름으로도 평론을 써서 발표하였다. 이 시기의 두 사람의 평론들은 내용이 거의 동일해서 어느 것이 생·시몽의 것인지, 어느 부분이 꽁트의 것인지 구분하기 어렵게 되어 있을 만큼 두 사람은 비슷한 '실증주의의 선구자'였다.

그러나 주목할 것은 '실증주의'의 첫 주창자가 생·시몽이라는 사실이다. 1814년 이전에 생·시몽은 이미 '실증철학' '실증주의'의 용어를 사용하면서 실증주의의 개요와 기본내용을 이미 발표하였다. 그러므로 뒤르켐이 '실증철학 및 실증주의'와 '사회학'을 구

18) Auguste Comte, *Lettre d'Auguste Comte a M. Valat, 1815~1844* (le 17 avril, 1818), p.40 참조.

분하여 실증주의 창립자로서의 영예는 생·시몽이 가져야 하고, 사회학의 창립의 영예를 꽁트가 가져야 한다고 본 것은 일리가 있는 견해라고 할 수 있다.[19)]

이것만이 아니다. 생시몽은 이미 실증과학에 대해 천문학·화학·생물학 등 3개 과학의 '과학의 위계'를 논하고, 앞서 쓴 바와 같이 혁명 후 유럽사회의 재조직을 위한 '사회생리학'의 건설을 주장하고 있었다. 또한 인간정신의 진보에 대해서는 다신교적, 신학적, 실증적 이데올로기의 3단계설의 소박한 구상을 제기하고 있었다. 단지 사회적 물질적 진보 측면의 진보의 단계인 군사적·법률적·산업적 단계의 3단계를 설정하여 통합시키지 못했고, 그에 대한 과학적 설명의 상세한 논문을 쓰지 못하고 있었다.

생·시몽은 박식하고 행동적이었지만, 자기의 구상을 장시간 책상에 파묻혀 몇 달이고 치밀하게 논리적으로 정리해서 연구논문이나 연구저서를 쓰는 데는 인내력이 부족한 행동주의자였다. 그는 번뜩이는 빛나는 사상들을 매우 많이 발표했지만, 그것을 과학으로 체계화할 학자적 성품은 갖고 있지 못하였다.

꽁트는 처음 실증주의의 거대한 구상과 사상은 생·시몽에게서 배워 알게 되었지만, 그 다음 책 속에 파묻혀서 치밀한 과학적 수학적 논리와 창조적 생각을 결합하여 이론화하는 연구 작업을 즐겨하는 데에는 더 적합한 학자적 성품의 소유자였다.

생·시몽은 프랑스혁명을 꽁트처럼 높이 평가하지는 않았지만

---

19) Emile Durkheim, *Socialism and Saint-Simon*, London, Routledge and Kegan Paul, 1958. p.104 참조.

구체제를 해체시키는 데 불가피한 과도적 '위기'의 과정이라고 보았다. 그는 19세기 신질서를 건설하기 위해 미래의 엘리뜨인 산업가·은행가들에게 실증주의를 전파하려고 그들과 빈번히 접촉하면서 실천 활동을 하였다.

꽁트는 생·시몽과는 약간 달리 자연과학자·사회공학자처럼 새로운 질서, 새로운 사회를 건설하기 위해서는 먼저 새 사회, 새 질서의 원리를 발견하여 이를 응용해서 설계도를 작성하고 그에 따라 실천해야 한다고 생각하였다.

꽁트는 생·시몽의 영향 아래서 새로운 사회의 재조직은 '질서'와 '진보'가 하나로 통합된 새 원리에 의거하여 건설되어야 한다고 생각하게 되었다.[20]

꽁트는 생·시몽의 사상적 영향 아래서 그의 비서로 일하면서 드디어 1822년에 《사회재조직을 위하여 필요한 과학적 작업계획》(*Plan des travaux scientifique nécessaires pour réorganiser la société*)이라는 제목의 소책자를 집필하였다. 이 책은 두 사람의 긴밀한 관계로 보아 생·시몽과 꽁트, 또는 꽁트와 생·시몽의 공저로 출간되어도 무방한 책이었다.

《사회재조직을 위하여 필요한 과학적 작업계획》

그러나 두 사람의 의견은 합치되지 않았다. 자존심이 매우 강한 꽁트는 이것을

20) 李相佰, 〈질서와 진보〉, 《이상백저작집》 제3권, 을유문화사, 1978, pp.450~481 참조.

자기의 단독 저서로 간행하고 싶었다. 꽁트는 이 책의 사상의 큰 구도보다 그 상세한 내용 집필을 중시하였다.

한편 생·시몽은 이 책의 사상의 큰 구도는 자기의 사상에 콩트가 상세한 내용을 넣어 발전시킨 것이므로 공동저서로 하거나 '생·시몽의 제자 꽁트'로 표시하기를 희망하였다. 당시 62세의 노대가 생·시몽은 24세의 꽁트를 아직도 나이 어린 조수로 생각하고 있었다. 그러나 꽁트는 이미 생·시몽의 사상은 모두 배워 섭취했으니 이 책부터 단독저서로 표기하여 독립하고 싶었다.

처음으로 두 사람 사이에 의견충돌이 일어났다. 결국 합의되어 나온 것을 보면, 초판 100부는 '오귀스트 꽁트'의 단독저서로 발간되었고, 재판 1,100부 가운데서 100책은 '오귀스트 꽁트'의 단독이름의 저서로, 나머지 1,000책은 '생·시몽의 제자 오귀스트 꽁트'의 이름으로 간행되었다.

이 작은 책자《사회재조직을 위하여 필요한 과학적 작업계획》은 인류문명과 인간사회 진보의 '3단계 법칙'을 정립하여 발표한 것이었다.[21] 이 책은 인간정신이 ① 신학적 군사적 단계 ② 형이상학적 법률적 단계 ③ 과학적 산업적 단계의 3단계를 거쳐 발전했음을 논증하면서, 당시 유럽 지성계를 휩쓸었던 버크(Edmund Burke), 보날(Louis de Bonald), 메스트르(Joseph de Maistre) 등의 룻소, 몽테스키외 등 계몽사상 비판논쟁을 전향적으로 해결하였다.

---

21) Auguste Comte, *Plan des travaux scientifique nécessaires pour réorganiser a société*, 1822 (이하 *Plan des travaux scientifique*으로 약함. 이 글에서 사용한 책은 L'Harmattan, 2001년판임) pp.136~170 참조.

즉 버크, 보날, 메스트르 등 보수주의 사상의 계몽사상 비판은 본질적으로 제1단계인 '신학적 군사적 단계'로 퇴행하자는 '복고파'(l'ecole retrograde)의 주장에 불과하다는 것이었다.

또한 룻소, 몽테스키외 등 계몽사상은 고대·중세의 구체제에 대한 '비판이론'으로서, 프랑스혁명의 사상이 되어 구체제를 해체했지만, 혁명 후의 새로운 사회의 건설을 위해서는 사상도 과학적 방안도 없는 형이상학적 과도기적 사상에 불과하다는 것이었다.

제3단계인 19세기의 실증적 산업적 단계에 들어와서 과학적 정신과 실증주의가 대두하여 비로소 인간정신은 새로운 사회의 재조직에 필요한 새로운 과학의 정립 작업을 할 수 있게 되었다고 설명하였다.

이 책의 3단계 법칙은 주로 인간정신 진보의 3단계 발전에 대한 것이 중심이고 이에 상응하는 물질적 사회적 진보의 3단계인 ① 군사적 단계 ② 법률적 단계 ③ 산업적 단계에 대해서는 설명이 약간 부족하지만 실증적 산업적 단계가 지금 시작되고 있는 미래의 단계임을 설득력 있게 설명하였다.

꽁트의 이 책에 의하면, 보날, 메스트르 등의 보수주의의 주장도 낡은 퇴행적 사상이고, 룻소 몽테스키외 등의 계몽사상도 과학적 실증성이 없는 낡은 과도적 사상이다. 오직 실증주의와 과학과 산업에 의거해야만 프랑스혁명과 나폴레옹전쟁 후의 혼란과 지적 무정부 상태를 극복할 수 있다. 실증주의가 19세기 지금부터의 미래의 사상이며, 새로운 사회를 재조직하여 평화와 질서와 계속적 진보를 가져올 수 있는 사상이라고 논증하였다.

이 작은 책은 간행되자 프랑스는 물론이요, 전유럽에서 경탄스러운 반향을 불러일으켰다. 생·시몽은 훌륭한 제자를 가진 더욱 중요한 실증주의 사상가가 되었고, 꽁트는 생·시몽의 조수로서가 아니라 탁월한 창의력을 가진 독립된 신진 학자로 주목받기 시작하였다. 꽁트는 짧은 기간에 다수의 프랑스 지식인들과 교류를 넓히게 되었다.

만일 생·시몽과 꽁트가 온 생애에 걸쳐 처음처럼 완벽한 협력을 했으면, 실증주의와 사회학은 좀더 일찍 더 행복한 형태로 건설되었을 것이다.

그러나 이 책의 저자 표기 언쟁 이후 두 사람은 화합하지 못하였다. 생·시몽의 저서 《산업자의 교리문답》(*Cathechisme des industriels*) 안에 생·시몽이 꽁트의 《사회재조직을 위하여 필요한 과학적 작업계획》을 꽁트의 허락없이 삽입한 일을 계기로, 1824년 생·시몽이 64세, 꽁트가 26세일 때 '실증주의의 두 메시아'는 영구히 결별하고 말았다.[22] 이 결별은 생·시몽과 꽁트의 인생 최대의 큰 실수였다. 그것은 두 사람 모두에게 큰 고통과 시련이었음이 그 후 증명되었다.

생·시몽은 이 시기 극도의 경제적 궁핍의 시련 위에 이 고통이 첨가되어서인지 우울증에 걸려서 병세가 악화되었다.[23]

---

22) George Dumas, *Psychologie de deux messies positivistes, Saint-Simon et Auguste Comte*, Paris, Félix Alcan, 1905 참조.

23) Frank E. Manuel, *The New World of Henri Saint-Simon,* Harvard University Press, 1956, pp.325~367에 의하면, 생시몽은 극도의 궁핍과 우울증으로 1823년 3

꽁트도 더욱 고독한 청년학도가 되어 정서적 방황이 보이기 시작하였다. 꽁트는 1824년 생·시몽과 결별한 무렵에 캬로린느 마쌩(Caroline Massin)이라는 21세의 여성이 수학을 가르쳐 달라고 꽁트의 아파트에 찾아오자 '동거생활'에 들어갔다. 꽁트는 뒤에 유서에서 이것을 "내 생애 참으로 유일한 중대 과오"라고 썼다. 마쌩은 당시 빠리에서 작은 서점을 경영하고 있었지만 매춘행위의 경력으로 경찰의 블랙리스트에 올라 감시 아래 있는 여성이었다. 이듬해 꽁트가 마쌩과 외식 도중에 사복형사가 마쌩을 연행하려 하자 꽁트는 마쌩이 블랙 리스트에 올라있다는 사실을 알게 되었고, 이 위험에서 마쌩을 구제하는 방법이 '결혼'임을 알게 되자, 1825년 2월 19일 정식으로 결혼하였다. 꽁트가 27세, 마쌩이 22세 때였다.

그러나 꽁트는 1년 후부터 이 결혼을 매우 후회하게 되었다. 왜냐하면 다음 해 1826년 마쌩이 가출하는 사건이 있었고, 그 후에도 몇 번 가출했는데, 이것은 꽁트의 신경쇠약의 큰 요인의 하나가 되었기 때문이다. 캬로린느 마쌩은 1844년 영원히 헤어질 때까지 꽁트에게 평생 감당하기 어려운 큰 짐이 되었다.

꽁트는 생·시몽과 결별한 후 생·시몽의 영향을 부인한 것 같은 언급도 했지만, 이것은 그의 감정적 반응이었고, 꽁트의 모든 학문체계는 어떠한 사상과 학문의 영향보다도 생·시몽의 영향이 가장 큰 것이 객관적 사실이었다. 뒤르켐이 사회학의 건설을 생·

월 자살을 기도했다가 한쪽 눈을 실명하였고, 1825년 5월 19일 우울증으로 별세하였다.

시몽과 꽁트의 공동의 성과라고 생각한 것도 꽁트에 대한 생·시몽의 압도적인 큰 영향에 근거한 것으로 해석된다.

4. 진보사상의 영향과 계몽사상의 평가 수정

꽁트는 생·시몽의 영향 아래 그 이전의 그가 숭배했던 계몽사상을 재검토하고 성찰하게 되었다. 그 결과 꽁트는 진보사상을 정립한 콩도르세와 몽테스키외를 높이 평가한 반면에, 그가 위대한 사상가로 평가했던 룻소의 '자연주의' '자연상태론'은 복고주의로 해석되어 이를 비판하면서 버리고 '사회계약설'의 일부만 수정하여 일반사회의 정학 이론에서 수용하게 되었다.[24]

프랑스의 근대적 진보사상은 튀르고(Anne Robert Jacques Turgot, 1727~1781)를 거쳐서 콩도르세(Marie Jean Antonie Nicolas Caritat de Condorcet, 1743~1794)에 이르러 정신세계의 진보사상으로 성립되었다.

튀르고는 계몽사상 계통의 경제학자로서 《부의 형성과 분배에 대한 성찰》(*Reflextions sur la formation et distribution des richesses*, 1769)에서 인류가 수렵·목축·농경의 3단계를 거쳐 농업사회에 진보했음을 밝히고, 케네(François Quesnay, 1694~1774)를 계승한 최후의 중농(重農)학파 거장이 되었다. 그는 루이 16세 아래서 재무장관

---

24) A. Comte, *Plan de travaux scientifiques*, p.103 참조.

튀르고

이 되자 봉건적 길드제도와 부역제도 철폐의 대개혁을 단행했다가 봉건적 반동에 부딪혀 실각하였다. 그러나 그의 정책은 그 후 프랑스혁명의 목표의 하나가 되었다. 그는 복고주의적 관점을 비판하고 인간의 정신세계도 언어와 문자에 의해 축적되면서 꾸준히 진보해왔다고 설파하였다.

콩도르세는 튀르고의 개혁정책에도 동참했었고 튀르고의 진보사상을 계승하였다. 콩도르세는 프랑스혁명에 적극 참가하여, 최초의 공화주의 주창, 부인 참정권 요구, 근대적 교육제도 개혁, 공화국 헌법초안 작성을 주도하였다. 그러나 지롱드파에 접근했다가 로베스삐에르파에 의해 체포 투옥되었다. 콩도르세는 옥중에서 쓴 유고 《인간정신 진보의 역사적 일람 소묘》(*Esquisse d'un tableau historique des progrès de l'esprit humaine*, 1795)에서 인간정신이 10단계를 거쳐 진보해 왔으며, 프랑스혁명 때까지가 9단계까지이고, 혁명 후 미래가 제10단계가 되어 진보의 속도는 더욱 빨라질 것이라고 설파하였다. 그는 진보의 원동력을 '과학'이라고 보았으며, 과학자집단을 매우 중시하였다. 그는 이 소책자의 서문에서 앞으로 사회의 진보에 대해서도 구명할 생각임을 밝혔으나, 옥중에서 자살하였다.

생·시몽은 콩도르세의 사후 발간된 《인간정신 진보의 역사적 일람 소묘》를 읽고 큰 감명과 충동을 받아, 이를 수정해서 인간정신의 진보를 ① 다신교적 단계 ② 신학적 단계 ③ 실증적 단계로 3분해서 간소화하였다. 콩도르세의 9단계를 2개 단계로 간소화하고, 제10단계를 실증적 단계로 설정한 것이었다. 그러나 생·시몽 역시 정신세계의 3단계 진보에 조응하는 사회의 진보에 대해서 이론을 정립하지 못하고 의욕만 밝히고 있었다.

콩도르세

꽁트는 튀르고—콩도르세—생·시몽으로 이어지는 진보사상을 계승 발전시켜 자기의 독자적 진보사사상을 정립하였다.[25]

꽁트는 실증사상을 갖게 된 이후에는 계몽사상 가운데서 몽테스키외(Charles Louis de Secondat Montesquieu, 1689~1755)의 계몽주의를 높이 평가하였다.

꽁트는 몽테스키외가 정치를 형이상학에서 벗어나 실증과학으로 정립하려고 시도한 최초의 계몽사상가라고 지적하였다.[26] 몽테스키외는 《법의 정신》(*De l'esprit des lois*)에서 인간의 자유는 '자연법'(natural law)이 보장하는 것이 아니라, 권력남용을 방지하는 제도와 법률, 중간 사회세력, 이익집단, 전통, 관습 등이 존재해야 한다는 사회학적 견해를 처음으로 제시하였다. 그는 정치체제를 공화제, 군주제, 전제제로 3분하고, 공화제를 인간의 자유를 위해

25) A. Comte, *Plan de travaux scientifiques*, p.135 참조.
26) A. Comte, *Plan de travaux scientifiques*, pp.131~136 참조.

몽테스키외

가장 바람직한 정치체제라고 시사하였다.

몽테스키외는 인간의 자유를 위한 권력남용 방지의 제도론으로서 ① 입법권 ② 행정권 ③ 사법권의 삼권분립론을 제창하였다. 그러나 정치의 실증과학은 '풍토론'이라는 모호한 이름으로 그 필요를 제기했을 뿐이지, 인간의 자유를 지키기 위한 공화제와 3권분립 이외에 중간 시회세력, 이익집단, 전통, 관습에 대한 연구를 진전시키지 못했다고 꽁트는 지적하였다.

꽁트에 의하면, 몽테스키외에는 2개의 문제점이 있는데, 첫째는 정치에 대해 역사적 고찰을 하지 않은 점이고, 둘째는 통치형태에 대한 형이상학적 분류에 매몰되어 혁명 후 다음 단계의 정치현상에 대한 실증과학적 정치이론을 제시하지 못한 점이었다. 그러나 꽁트는 몽테스키외가 실증과학에 가장 접근한 계몽사상가라고 높게 평가하였다.[27]

즉, 꽁트는 실증주의자가 된 이후에는 계몽사상가들 가운데서 비실증적으로 자연상태를 설정해서 이상화한 이유 때문에 룻소를 이전보다 낮게 평가하였다. 한편 인간정신의 진보의 단계를 설정한 콩도르세와 정치와 법률에 대해 사회학적 실증적 고찰을

27) Raymond Aron, *Les étapes de la pensée sociologique,* Gallimard, 1967, pp.24~74에서는 꽁트의 이 견해를 찬성하여, Montesquieu를 사회학 창건자의 하나로 설명하였다.

시도한 몽테스키외를 이전보다 높게 평가하는 수정의견을 갖게 된 것이다.

꽁트는 튀르고, 콩도르세, 몽테스키외 외에 칸트(Immanuel Kant, 1724~1804)를 "실증철학에 가장 근접한 형이상학자"라고 평가하였다.[28]

칸트

5. 고전학파 정치경제학의 영향

꽁트는 생·시몽의 비서 시절부터 생·시몽의 영향 아래 고전학파 정치경제학의 저서를 읽고 많은 영향을 받았다.

고전학파 정치경제학 가운데서 아담 스미드(Adam Smith, 1723~ 1790)의 《국부론》(*An inquiry into the nature and causes of the wealth of nations*, 1776)의 큰 영향을 받았다. 특히 그는 스미드의 '분업'이론이 가장 탁월한 부분이라고 이해하였다.

아담 스미스

꽁트는 스미드의 분업과 협업의 이론을 매뉴팩쳐 생산과정에서의 능률(생산성) 향상 이론에 그칠 것이

28) Lewis A. Coser, *Master of Sociological Thought*, p.21 참조.

아니라, 이것을 크게 일반화하여 그의 사회정학에서의 일반사회의 직책의 배분과 협력의 이론으로 대폭 발전시켜서 활용하였다.[29]

그러나 꽁트는 스미드의 '보이지 않는 손'(invisible hand)에 의한 시장의 자동조절 기능과 자유방임주의는 채용하지 않았다. 특히 1825년 영국경제에 첫 '공황'이 찾아오자, 꽁트는 1828년 짧은 평론 〈정치경제〉(economie politique)에서 영국 경제공황이 시장의 자동조절 기능을 전제로 한 자유방임정책의 귀결이라고 보고, 영국이 앞으로 자유방임정책을 계속하는 한 '공황'이 몇 번이고 도래할 것이라고 지적하면서, 도리어 시장에 간섭하는 사회공학적 정책이 필요하다고 설명하였다.

세이

꽁트가 스미드의 저서에서 상찬한 것은 '분업'의 이론 이외에도 스미드의 《도덕감정론》(*The Theory of Moral Sentiments*, 1759) 및 유고집인 《철학적 주제에 관한 논문집》(*Essays on Philosophical Subjects*, 1795)에서 강조한 '동정심'(sympathy)의 긍정적 설명이었다.

아담 스미드의 고전적 정치경제학을 프랑스에 도입하여 해석하고 보급한 것은 쟝 바티스트 세이(Jean Baptiste Say, 1767~1832)였다. 그는 1803년 《정치경제학 개설》(*Traite*

29) A. Comte, *La sociologie*, pp.101~104 참조.

d'économie politique, 1803)을 간행하여 아담 스미드를 비롯한 영국의 정치경제학을 해설 소개하면서 스미드의 '자본가'를 '기업가'(산업가)와 '자본가'로 나누어 해설하였다. 그는 공황을 염려하는 말더스의 과소소비설을 비판하여 "생산하는 것은 모두 판매된다"는 이른바 '세이의 법칙'을 발표해서 일반적 공황가능성을 부정하였다.

꽁트는 스승 생·시몽과 함께 세이의 고전학파 정치경제학에서 '기업가'의 역할에 관한 이론을 채택하여 발전시켰다. 그는 기업가가 조직하여 발전시키는 '산업'(l'industrie)을 실증주의 시대의 경제적 특징으로 설정하고, '기업가'를 '산업자'(les industriels)로 명명하면서 미래의 인류사회의 엘리뜨를 '과학자'와 '산업자'의 집단이라고 생각하였다.

꽁트는 영국 및 프랑스의 고전학파 정치경제학의 영향을 받아 산업적 단계, 산업사회의 생산과 분배에 대해 낙관주의적 견해를 갖게 되었다.

6. 보수주의의 계몽사상 비판의 취사선택

꽁트는 프랑스혁명 직후 영국에서 버크(Edmund Burke, 1729~1797)에 의해 프랑스혁명 비판과 보수주의가 창도되고, 그것이 프랑스에도 도입되어 드·보날(Louis de Bonald, 1754~1850)과 드·메스트르(Goseph de Maistre, 1754~1821) 등에 의해 프랑스 보수주의가

버크

창도되면서 계몽사상에 대한 혹독한 비판이 전개되자, 처음에는 이에 격렬하게 반발하였다.

그러나 꽁트가 생·시몽의 영향 아래서 실증사상을 갖게 된 시기부터는 보수주의의 계몽사상 비판들도 실증적으로 검증하여, 그 가운데서 버릴 것은 버리되 진실을 정확하게 지적한 것은 실증적으로 검토하고 취하여 자기의 학문체계 안에 소화해서 섭취하려 하였다.

프랑스 보수주의 사상의 계몽사상 비판은, 왕정복고의 이론이 되기에 충분할 만큼 매우 예리하였다. 보날은《추론과 역사에 의해 설명한, 문명사회의 정치적 종교적 권력의 이론》(*Théorie du pouvoir politique et religieuse dans la société civile, démonstrée par de raisonnment et l'histoire*, 3tomes, 1796),《자연법 분석론》(*Essai analytique sur les lois naturélles*, 1800) 등에서 '신'과 '사회유기체'를 기본개념으로 하여 계몽사상을 비판하고, 특히 룻소와 몽테스키외를 집중 공격하였다. 보날은 "모든 형태의 지식과 사상은 '사회'의 산물로서 계몽사상의 자유·평등도 영구불변의 진리가 아니라 18세기 프랑스 사회의 산물에 불과하다, 룻소를 보라, 룻소의 '자연인' '자연적 권리'란 존재하지 않는 허구이고, 실제로 존재하는 것은 '사회인' '사회적 권리'이다, '권리'는 오직 구체적 '사회관계' 안에서 특정한 '사회질서'와 관련하여 사회적으로 허용하는 것이 존재하는 것이다, 룻소 등 계몽사상가들은 실재하지 않는 '천부인권' '자연적 권리' 등 추상적 용어를 만들어서 사회비판과 혁명의 무기로 삼았을 뿐이다"라고 신랄하게 룻소와 계몽사상을 비판하였다.

드 보날

보날은 기원적으로 사회는 신(神)이 창조한 것이며, 사회제도 가운데서 '가족' '교회' '국가'는 신의 질서인 '전통'을 가장 잘 보전하고 사회안정과 융합을 가장 잘 유지하는 제도이므로 신의 율법에 기초하고 있는 것이라고 설명하였다.[30]

보날은 룻소의 사회계약을 비판하여, 실제의 사회관계에는 '계약의 증거'가 없다고 공격하였다. 신과 인간 사이에, 아버지와 아들 사이에, 군주와 신하 사이에 도대체 어떠한 '계약'이 존재했단 말인가, 룻소의 주장과 같은 사회계약은 없었다, 존재한 것은 '사회계약'이 아니라 '사회관계'였다고, 보날은 룻소의 사회계약설을 신랄하게 비판하였다.

보날은 사회의 질서를 위해서는 사회가 기본적으로 '군주'와 '신하'와 양자에 봉사하는 세습적 '귀족'으로 구성되는 것이 최선의 것이라고 주장하였다. 그는 군주제 이외에 민주제와 공화제를 비롯한 모든 다른 정치체제는 결정적 구심점이 결여되어 있으므

30) Irving M. Zeitlin, *Ideology and the Development of Sociological Theory*, 1968, Prentice-Hall, pp.43~49 참조.

드 메스트르

로 만성적 갈등과 무질서의 고통을 받게 되어 있다고 몽테스키외의 공화제 선호론과 삼권분립론을 신랄하게 공격하였다.

보날은 가부장적 가족제도와 카톨릭교회와 군주제 국가를 해치거나 파괴하는 것은 모두 '무정부상태'(anarchie)를 결과한다고 주장하였다.[31]

보날은 '종교개혁'과 '프랑스혁명'이 교회공동체와 봉건적 사회체제를 파괴했기 때문에 신의 의지에 어긋난 행위였다고 비판하고, 중세사회질서로 돌아가는 것이 이상적이지만 이미 해체되었으므로, 차선책으로서 나폴레옹 보나파르트 체제를 지지한다고 설파하였다.

메스트르는 《프랑스에 대한 성찰》(*Considerations sur la France*, 1796), 《정치적 구성의 형성원리론》(*Essai sur le principe générateur des constitutions politiques*, 1814), 《교황론》(*Du Pape*, 1819) 등에서 보날에 이어 룻소와 계몽사상을 집중적으로 비판하였다. 룻소가 인류사회 최초에 문명사회보다 우월한 '자연상태'가 있었고 '자연인'이 있었다고 설명한 것은 허구의 가정이다, 인간은 처음부터 '사회인'으로 창조되었으며, '자연인'은 처음부터 없었다고, 메스트르는 룻소를 날카롭게 비판하였다.

메스트르는 가장 미개한 야만인도 '자연상태'로부터 훨씬 벗어

31) Harry Elamer Barnes and Howard Becker, *Social Thought from Lore to Science*, vol.1, Harren Press, Washington D.C. 1952, pp.494~499 참조.

난 '사회상태'에 있는데, 룻소는 발전된 유럽 기독교문명을 '사악한 사회상태'라고 부정하면서 오히려 존재하지도 않는 원시야만상태의 이전으로 돌아가자고 주장했다고 룻소를 신랄하게 비판하였다.

메스트르는 신의 의지로 창조된 일부일처제 '가족'은 서양기독교 문명의 신성한 기본적 제도인데, 룻소가 부인을 남편과 평등하게 만들고, 어린애를 부모로부터 독립시켜서 신성한 가족제도를 해치려 했다고 비판하였다.

메스트르는 가족과 국가와 민족은 하나의 공동의 정신과 공동의 언어로 융합된 유기적 '단위체'(unité)로서 신의 의지에 따라서 형성된 것이라고 설파하였다. 여기에 사회의 평화로운 존속을 위해서는 전원일치의 '도덕적 통일'이 필요한데, 신의 설계에 의해 이를 담당하는 것이 '교회'이다. 그러므로 가족·국가·민족·군주·교회는 신성성을 가진 것으로서 잘 보호되어야 한다고 메스트르는 주장하였다.[32)]

메스트르에 의하면 프랑스혁명은 이 신성한 제도를 파괴하려 했기 때문에 큰 과오를 범한 것이다. 혁명은 물론이요 '개혁'도 위험한 것이다. 인간은 불완전한 지식을 갖고 있기 때문에 '개혁'은 불가피하게 예측하지 않은 결과를 가져오며, 원래의 상태보다도 더 나쁜 상태를 가져온다, '개혁'은 작업의 과정에 대한 '완전한 지식'을 가져야 하는데 인간에게는 이것이 불가능하고 신만이

32) Irving M. Zeitlin, *Ideology and the Development of Sociological Theory*, pp.50~55 참조.

이것이 가능하다, 그러므로 '사회상태'를 보다 완전하게 할 수 있는 방법은 유일한 힘인 '신(神)의 손'에 맡기는 것이 최선의 방법이라고 메스트르는 주장하였다.[33]

꽁트는 그의 사회정학에서 보수주의자들이 애용한 용어인 '질서' '가족' '유기체' '도덕' 등을 다루면서 보수주의자들의 견해와 주장을 냉정하게 실증적으로 재검토하였다. 일부 사회학자들과 사회사상 연구가들이 이 사실을 놓고 꽁트가 보수주의자들과 타협했다거나 보수주의 사상을 수용한 것처럼 설명하는 것은 큰 오해이다.

꽁트는 사회정학의 정립 과정에서 보수주의자들이 제기한 주제인 사회인, 사회적 권리, 사회상태, 사회관계, 도덕, 개인, 가족, 유기체, 교회, 국가, 민족…… 등 사회현상에서 사회학적 원리를 발견하여 사회정학을 체계화해서 그러한 사회현상에 대한 비실증적 신학적 설명을 극복하려고 하였다.

꽁트는 보날과 메스트르 등 보수주의자들이 애용한 사회·가족·유기체·국가 등의 용어가 중요한 실체와 개념이라 할지라도 그 설명 내용은 신학적 비실증적 설명에 불과하며, 혁명 이전의 구체제를 이상화하는 '복고파'(lécole rétrograde)라고 비판하였다.[34] 꽁트는 보날과 메스트르의 보수주의를 그의 3단계 법칙에서 '신학적 군사적 단계'로 돌아가자는 '복고주의'에 불과한 것이라고

33) Harry Elamer Barnes and Howard Becker, *Social Thought from Lore to Science*, vol.1, pp.490~494 참조.

34) A. Comte, *La sociologie*, p.2 참조.

비판한 것이었다.

꽁트가 보수주의로부터 받은 영향은 두 가지로 볼 수 있다. 첫째는 보수주의의 계몽사상 비판에서 계몽사상 가운데 취사선택할 실증적 요소와 허구적 요소를 더욱 명확히 분류하는 데 도움을 얻은 점이다. 둘째는 보수주의가 제시한 설명 가운데 신학적 요소는 버리고 극히 일부 실증적 요소는 취하여 소화해서 섭취한 것이다.

그러므로 꽁트의 사상과 학문의 기본틀은 계몽사상과 실증주의로 이어지는 계보였다고 해석되어야 할 것이다.

꽁트

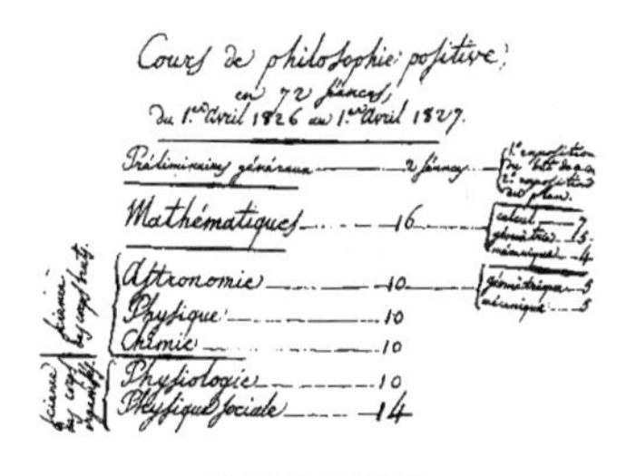

Cours de philosophie positive,
en 72 séances,
Du 1er Avril 1826 au 1er Avril 1827.

Préliminaires généraux — 2 séances
Mathématiques — 16
Astronomie — 10
Physique — 10
Chimie — 10
Physiologie — 10
Physique sociale — 14

꽁트의 글씨체

7. 《실증철학 강의》의 개설

꽁트는 생·시몽과 결별 후 불우한 생활을 하면서 오직 '실증철학', '사회물리학' 건설을 위한 연구에만 몰두하였다.

그는 생계를 위해 마땅한 직장을 구하려고 여러 곳에 문의했

아라고

뽀아쏭

푸리에

으나, 에꼴 폴리테크니크의 졸업생이 아닌 중퇴생으로는 그의 실력과 희망에 맞는 직책은 주어지지 않았다. 그는 극도로 궁핍한 속에서 수학의 사강사를 하면서 약간의 수입을 얻고, 생·시몽 제자들이 경영하는 《생산자》 잡지에 투고하여 원고료를 보태어 간신히 생계를 유지하였다.

꽁트는 이러한 조건 속에서도 연구에 전심전력하였다. 한번 읽고 쓰는 일을 시작하면 책상 앞에서 먹고 자면서 쉬지 않고 계속 연구 작업에 몰두하였다.

그는 어느 정도 준비가 갖추어지자 1826년 4월 1일부터 '실증철학 강의'를 그의 아파트에서 공개 강의하기로 결정하였다.

실증철학 강의는 1826년 4월 1일부터 1년간에 걸쳐 72회를 실시하여 완결하되, 그의 실증과학의 위계(순서)에 따라, 총론과 서론 2회(1회는 강의의 목적 설명, 1회는 강의 계획 설명), 수학 16회, 천문학 10회, 물리학 10회, 화학 10회, 생리학 10회, 사회물리학(사회학) 14회로 나누어 강의한다는 계획이었다. 그는 초청장을 관계 지인들에게 발송하였다.

제1회(1826. 4. 1)의 강의는 대성공이었다. 강의를 들으려 꽁트의 아파트에 출석한 사람들 가운데는 그의 에꼴 폴리테크니크의 동창 친구와 선후배들뿐만 아니라, 꽁트의 대학 은사인 아라고(Dominique François Jean Arago), 은사이며 학술원 회원인 대수학자 뽀아쏭(Siémon Denis Poisson), 수학자 푸리에(Jean-Baptist Joseph Fourier), 생물학자 브랑빌(Henri-Marie de Blanville), 경제학자 뒤느와에(Charles-Barth Dunoyer), 독일의 자연사학자 훔볼트(Friedrich Heinrich Alexander von Humboldt), 몽테벨로(Napoleon de Montebello) 공작, 그 밖에 다수의 명사들이 꽁트의 참신한 강의를 들으려고 아파트를 가득 채웠다. 꽁트는 실증철학 강의의 목적과 프랑스 사회의 재조직에 필요한 새로운 사회물리학 건설의 필요를 논리적으로 명료하게 설명하였다.

브랑빌

뒤느와에

훔볼트

제2회(1826. 4. 5)의 강의도 성공적이었다. 꽁트는 실증과학의 발전되어온 과학사를 개관하고 그의 '과학의 위계'의 학설을 설명하였다.

제3회(1826. 4. 9)는 그가 누구보다도 설득력있게 강의할 수 있

몽테벨로 공작

는 수학의 실증과학적 특징을 계산법을 중심으로 강의하였다. 모두 성공적이었다.

그런데 뜻밖에도 제3회의 강의를 성공적으로 끝낸 직후에 집에서 쓰러져 버렸다. 극심한 신경쇠약으로 병원에 실려가서 더 이상 강의를 계속할 수 없게 되었다.

꽁트의 극심한 신경쇠약에 대해 전기작가들은 두 가지 요인을 들어 설명해 왔다. 하나는 그의 집중연구에 수반한 지나친 과로이다. 다른 하나는 이 무렵 그의 부인 카로린느 마쌩이 가출해 버려 생긴 극도의 정신적 불안정 상태이다.

만일 이 때 꽁트가 '실증철학 강의'를 1년간 72회까지 성공적으로 완결했다면 그의 화려한 학계 등장의 꿈은 아마 실현되었을 것이다.

꽁트는 병원에서 '심한 정신쇠약' '우울증'이라는 진단을 받고 퇴원하여 빈곤 속에서 우울한 생활을 하였다. 1827년 4월 어느날 그는 우울증으로 절망하여 세느강의 투신하였다. 다행히 지나가던 왕궁근위대 장교가 강물에 뛰어들어 그를 구출해 내었다.

꽁트는 방황하다가 어머니의 권고에 따라 1827년 여름 몽빼리에로 귀향하여 휴양하였다.

꽁트는 약 1년의 휴양 후에 서서히 건강을 회복하였다. 1828년 여름부터는 그의 지적 성능이 다시 정상적으로 작동하기 시작하였다.

8. 사회학의 창설(1)

꽁트는 건강이 회복되자 1829년 1월 4일부터 '실증철학 강의'를 다시 시작하였다. '실증철학 강의'를 재개한 처음에는 1826년 첫 강의 때에 버금갈 만큼 저명한 학자들과 지성인들이 출석하였다. 그러나 청중은 점차 줄어갔다.

이 강의는 무려 '12년간' 꾸준히 계속되었다. 이것은 이 불우한 천재에게는 깊고 고난에 찬 '대장정'(大長征)이었다.

꽁트는 강의의 내용과 양이 한 책 분량이 되면 원고를 정리하여 《실증철학강의》(*Cours de philosophie positive*)라는 제목으로 간행하였다.

《실증철학 강의》 제1권은 1830년 7월에 간행되었다. 마지막 권인 제6권은 1842년 7월에 간행되었다. 《실증철학 강의》 제6권의 꽁트의 서문은 1842년 7월 17일~19일자로 되어 있다. 전체 분량은 무려 4,000페이지가 넘는 방대한 것이었다.

꽁트의 《실증철학 강의》 전6권은 크게 다음과 같이 두 부분으로 구성되어 있다고 볼 수 있다. 제1권~제3권의 3책은 실증과학으로서의 수학·천문학·물리학·화학·생물학의 실증철학적 특징을 밝힌 부분이다. 다음 제4권~제6권의 3책은 '사회물리학'(사회학)의 창설에 관한 부분이다.

《실증철학 강의》 제1권 수록 내용

	일반적 예비와 수학적 철학 (이 예비적 제1권 전체를 1830년 제1학기에 집필)
	저자의 머리말
	실증철학 강의 전체의 요약 일람표
제1강	강의의 목적 설명, 또는 실증철학의 성격과 방향에 대한 일반적 고찰
제2강	강의의 계획 설명, 또는 실증적 제과학의 기초적 위계에 대한 일반적 고찰
제3강	수학의 전체에 대한 철학적 고찰
제4강	수학적 분석에 대한 일반적 견해
제5강	직접함수의 계산에 대한 일반적 고찰
제6강	간접함수의 계산을 생각할 수 있는 일반적 관점의 다양성에 대한 비교설명
제7강	간접함수의 계산에 대한 일반적 일람표
제8강	변분법의 계산에 대한 일반적 고찰
제9강	최종편차 계산에 대한 일반적 고찰
제10강	기하학에 대한 일반적 견해
제11강	특수기하학 또는 예비적 기하학에 대한 일반적 고찰
제12강	일반기하학 또는 분석적 기하학의 기초적 개념
제13강	2차원 일반기하학에 대하여
제14강	3차원 일반기하학에 대하여
제15강	유리 역학의 기초적 원리에 대한 철학적 고찰
제16강	정력학에 대한 일반적 견해
제17강	동력학에 대한 일반적 견해
제18강	유리 역학의 일반적 정리에 대한 철학적 고찰

《실증철학 강의》 제2권 수록 내용

	천문학적 철학과 물리학적 철학 (1834년 9월 한 달간 집필, 나머지는 1835년 3개월 학기의 첫 학기에 집필)
제19강	천문학의 전체에 대한 철학적 고찰
제20강	천문학의 관찰방법에 대한 일반적 고찰

제21강	천체의 기초기하학적 현상에 대한 일반적 고찰
제22강	지구의 운동에 대한 일반적 고찰
제23강	케플러의 법칙과 그의 천체 운동의 기하학적 연구에의 응용에 대한 일반적 고찰
제24강	중력의 법칙에 대한 기본적 고찰
제25강	천체정태학에 대한 일반적 고찰
제26강	천체동태학에 대한 일반적 고찰
제27강	항성천문학과 실증적 우주진화론에 대한 일반적 고찰
제28강	물리학의 전체에 대한 철학적 고찰
제29강	중력학에 대한 일반적 고찰
제30강	물리학적 열학에 대한 일반적 고찰
제31강	수학적 열학에 대한 일반적 고찰
제32강	음향학에 대한 일반적 고찰
제33강	광학에 대한 일반적 고찰
제34강	전기학에 대한 일반적 고찰

《실증철학 강의》 제3권 수록 내용

	화학적 철학과 생물학적 철학 (화학적 철학은 1835년 9월 한 달에 집필)
제35강	화학의 전체에 대한 철학적 고찰
제36강	고유의 화학이라고 하는 무기화학에 대한 일반적 고찰
제37강	유한 비율의 화학 학설에 대한 철학적 검토
제38강	전기화학 이론에 대한 철학적 검토
제39강	유기화학에 대한 일반적 고찰
제40강	(1836년 1월 1일~30일 집필) 생물학의 전체에 대한 철학적 고찰
제41강	(1836년 8월 1일~6일 집필) 해부학적 철학에 대한 일반적 고찰
제42강	(1836년 8월 9일~15일 집필) 이산화물의 철학에 대한 일반적 고찰
제43강	(1837년 11월 20일~12월 20일 집필) 식물생활 또는 유기물생활의 일반적 연구에 대한 일반적 고찰
제44강	(1837년 12월 17일~22일 집필) 고유어의 동물생활의 일반적 연구에 대한 일반적 고찰
제45강	(1837년 12월 24일~31일 집필) 지적 도덕적 기능의 대뇌에 대한 실증적 연구의 일반적 고찰

《실증철학 강의》 제4권 수록 내용

	사회물리학(사회학)의 교의 부분 (제4권 전체를 며칠의 중단과 함께 1839년 3월 1일~7월 1일에 집필)
저자의 머리말	
제46강	사회물리학(사회학)의 필요와 기회에 대한 예비적 정치적 고찰, 실제 정치적 상태의 기초적 분석에 의한 고찰
제47강	사회과학 성립을 위한 지금까지 기획의 시험적 철학적 원리의 간략한 음미
제48강	사회현상의 합리적 연구에서 실증적 방법의 기본적 특징
제49강	사회물리학(사회학)과 실증철학의 다른 기초적 분과과학들과의 필요한 관련
제50강	사회정학, 또는 인간사회의 자발적 질서의 일반이론에 대한 예비적 고찰
제51강	사회동학, 또는 인류의 자연적 진보의 일반이론의 기본적 법칙

《실증철학 강의》 제5권 수록 내용

	총체적으로 신학적 상태와 형이상학적 상태에 관한 사회철학의 역사 부분
제52강	(1840년 4월 1일~5월 2일 집필) 역사적 정밀연구의 전체에 대한 선행적 축약—인류의 최초의 신학적 상태에 대한 일반적 고찰, 물신숭배의 시기. 신학적 군사적 체제의 자발적 형태
제53강	(1840년 5월 4일~30일 집필) 인류의 주요한 신학적 상태의 일반적 음미: 다신교의 시기. 신학적 군사적 체제의 점진적 발전
제54강	(1840년 6월 15일~7월 2일 집필) 인류의 최후의 신학적 상태의 일반적 음미: 일신교의 시기. 신학적 군사적 체제의 급격한 수정
제55강	(1841년 1월 10일~2월 26일 집필) 근대사회의 형이상학적 시기의 일반적 음미: 비판의 시대, 또는 혁명적 과도기. 신학적 군사적 체제 전체의 먼저 자발적 다음 체제적 와해의 증대

《실증철학 강의》 제6권 수록 내용

	(사회철학의 역사적 부분의 보완, 일반적 결론)
	저자의 개인적 서문(1842년 7월 17~19일 집필)
제56강	(1841년 5월 20일~6월 17일 집필) 인류의 실증적 상태에 고유한 다양한 제 요

	소의 기본적 발전에 대한 일반적 음미: 전문성의 시대, 또는 종합적 정신보다 세부적 정신의 보편적 우세가 특징인 임시적 시기. 근대사회의 자발적인 주요한 제진화가 하나의 합리적 평화적 체제의 최종조직을 향해 전진적으로 수렴
第57강	(이 강의의 역사부분은 1841년 6월 25일~7월 14일 집필. 그리고 교의 부분은 1841년 12월 23일~1842년 1월 15일 집필) 프랑스혁명 또는 유럽혁명의 기성부분에 대한 일반적 음미—인류과거 전체에 의한 근대사회의 최후의 경향의 합리적 결정. 충분한 실증적 상태 또는 세부적 정신보다 종합적 정신의 새로운 정상적 우세가 특징인 일반성의 시대
第58강	(1842년 5월 17일~6월 16일 집필) 실증적 방법의 총체에 대한 최종적 음미
第59강	(1842년 6월 23일~6월 28일 집필) 실증적 학설의 예비적 노력에 특유한 결과 전체에 대한 철학적 음미
第60강	(1842년 7월 9일~7월 13일 집필) 실증철학에 특유한 최종적 작용에 대한 일반적 음미

꽁트는《실증철학 강의》제6권의 원고 집필을 1842년 7월 13일 마친 후에, 7월 17일~19일 사흘에 걸쳐 특별히 '개인적 서문'(Préface personnelle)을 써서 제6권 책머리에 붙였다. 그 내용은 그의 학문적 소신에 따라 기성학계의 현학적인 신학적 형이상학적 학풍을 날카롭게 비판한 것이었다.

꽁트는《실증철학 강의》의 제4권, 제5권, 제6권에서 새로운 과학으로서의 '사회학'(사회물리학)을 강의하였다. 꽁트는 이 강의와 저서에서 사회재조직에 필요한 새로운 실증과학으로서 그의 '사회학'을 체계적으로 건설한 것이었다.

꽁트가《실증철학 강의》에서 '사회물리학' 강의를 하던 도중인 1835년에, 벨지움의 통계학자 케틀레(Adolphe Quetelet, 1796~1874)가《인간과 인간능력의 발전에 관하여 : 사회물리학에 관한 소론》(*Sur l'homme et le dévelopment de ses facultés : ou Essai de*

케틀레

physique sociale, 1835)이라는 저서를 간행하면서 '사회물리학'이라는 용어를 사용해버렸다. 케틀레는 꽁트가 이미 '사회물리학'의 용어를 사용하고 있는 줄을 알지 못했을 수 있다.

꽁트는 이미 1822년부터 '사회물리학'의 용어를 사용하고 있었으므로 케틀레가 사회통계학의 개념으로 '사회물리학'의 용어를 사용한 것에 분개하였다.

꽁트는 고심 끝에 로마어와 그리스어를 합성하여 '사회학'(Sociologie, Sociology)이라는 새 학문의 명칭을 새로 창조하였다.

9. 사회학의 창설(2)

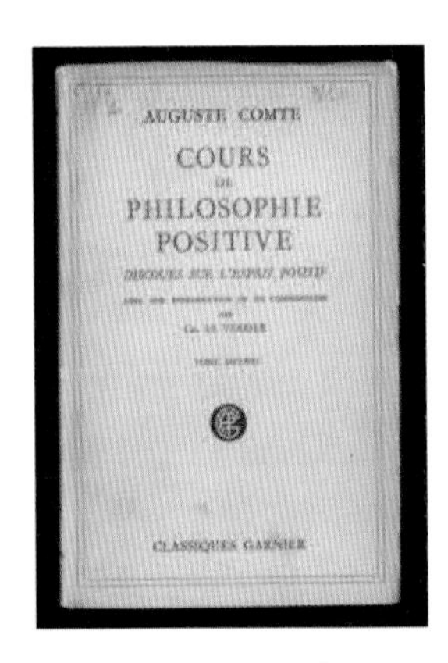

《실증철학강의》

꽁트가 '사회학'(sociologie)의 학명을 처음 창조하여 사용한 것은 1839년에 행한 실증철학 공개강의의 제47강 "사회과학 성립을 위한 지금까지 기획의 시험적 철학적 원리의 간략한 음미"에서부터 이다. 꽁트는 이 강의에서 자기에 선행하여 '사회학의 기본개념을 가졌던 학자로서 몽테스키외와 콩도르세를 들면서, "몽테스키외 이후 이때까지 '사회학의 기본 개념'(la conception fondamentale de sociologie)을 가졌던 중요한 사람은 《인간정신 진보의 역사적 일람 소묘》를 쓴 유명한 그러나 불행했던 콩도르세뿐이다"[35]라고 강의할 때 처음으로 '사회학'(sociologie)이라는 용어를 사용하였다.

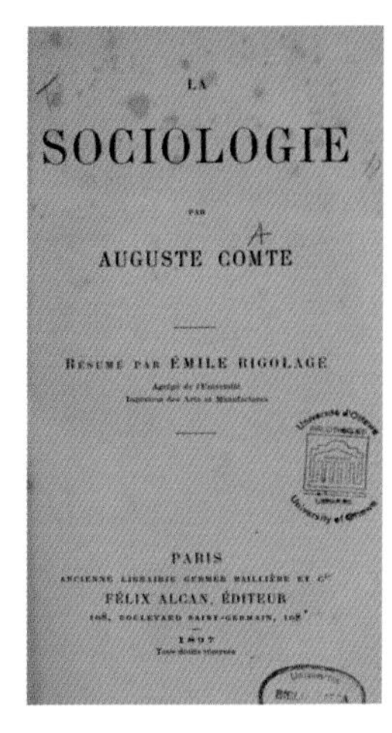
LA

SOCIOLOGIE

PAR

AUGUSTE COMTE

RÉSUMÉ PAR ÉMILE RIGOLAGE

PARIS

FÉLIX ALCAN, ÉDITEUR

1897

《사회학》

리고라지(E. Rigorage)는 프랑스어 요약판에서 위의 구절을 "몽테스키외 이후에 '사회학'(sociologie)에 가장 중요한 것은 《인간정신 진보의 역사적 일람 소묘》를 쓴 콩도르세의 작업뿐이다"[36]라고 요약해서 해설하였다.

마르티노(H. Martineau)는 영어 요약판에서 꽁트의 위의 구절을 풀어서 "몽테스키외 이후, '사회학'(Sociology; 이것은 사회물리학을 가리키기 위해서 내가 발명한 용어이다)에 그 다음의 큰 보탬은 콩도르세에 의해 이루어졌는데, 그것은 그의 유명한 친우 튀르고가 시사한 견해를 발전시킨 것이다"[37]라고 요약해서 설명하였다.

---

35) August Comte, *Cours de philosophie positive*, vol.(tome) 4, p.94, 〈Depuis Montesquie, le seul pas important qu'ait fait jusqu'ici la conception fondamentale de la sociologie est dû à l'illustre et malheureux Condorcet dans son mémorable ouvrage sur *l'Esquisse d'un tableau historique des progrès de l'esprit humain.*〉

36) August Comte, *La sociologie* (Résumé par Émile Rigorage), 1897, p.46 "Depuis Montesquieu, le seul pas important qu'ai fait la sociologie est dû a l'ouvrage de Condorcet sur *l'Esquisse d'un tableau historique des progrès de l'esprit humain.*" 참조.

마르티노

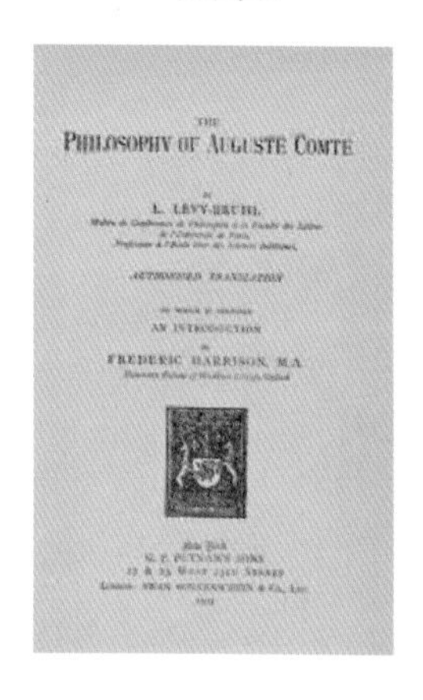

THE
PHILOSOPHY OF AUGUSTE COMTE

L. LEVY-BRUHL

AUTHORISED TRANSLATION

AN INTRODUCTION

FREDERIC HARRISON, M.A.

G. P. PUTNAM'S SONS

마르티노의 영역본은 꽁트의 생전에 영어번역 원고를 직접 읽고 교열한 후 간행한 영역 요약판인데, 그 영역판에 있는 괄호안의 "사회학은 사회물리학을 가리키기 위해서 내가 발명한 용어이다"라는 구절은 꽁트의 글이 틀림없다. 이 글은 리고라지의 프랑스어 요약본에는 없는 부분이다. 꽁트가 생전에 마르티노의 영역판 원고를 교열하면서 꽁트의 이 글을 두 사람이 합의하여 영문판에 넣은 것으로 추정된다.

꽁트의 이 글이 '사회학'(sociologie, sociology)이라는 학명을 꽁트가 발명했음을 스스로 밝힌 증거자료가 되는 부분이다. 원본과 영역본의 대조에서 꽁트의 '사회학'의 학명 사용은 1839년의 제47강의 바로 이 구절부터 시작된 것이 확실하다고 할 것이다.[38)]

---

37) *The positive philosophy of Auguste Comte*, freely translated and condensed by Harriet Martineau, vol. 2, London, 1853(이하 *The positive philosophy of Auguste Comte*로 약함), p.201; "after Montesquieu the next great addition to Sociology(which is the term I may be allowed to invent to designate Social Physics) was made by Condorcet, proceeding on the views suggested by his illustrious friend Turgo." 참조.

38) *The Positive philosophy of August Comte*, freely translated and condensed by Harriet Martineau, vol.1, p.324에는 화학강의 제1장에서 화학과 다른 과학과의 관계를 설명하면서, 화학의 "'사회학'과"의(to sociology) 관계 설명 소항목 명칭에 '사회학'이라는 용어가 나온다. 그러나 꽁트의 원저서 본문에는

《실증철학 강의》 제4권(1839)에서 처음으로 '사회학'이라는 새로운 학명을 사용한 이후부터 그는 이전에 그가 만들어 사용하던 '사회물리학'(physiqye sociale) 용어를 '사회학'으로 대체하였다.

오늘날 사회학도의 관점에서 보면, 이것은 '전화위복'의 행운이었다. '사회학'이 '사회물리학'보다 훨씬 더 매력적이고 학문 내용과 일치하는 '명칭'이라고 생각되기 때문이다.

꽁트는 《실증철학 강의》를 제1강, 제2강…… 등으로 실행하여 제목을 붙이지 않은 채 처음에는 그대로 간행했기 때문에 내용을 모두 읽지 않고는 이 대작의 구성의 개략을 먼저 알기 어렵게 되어 있다. 이 불편을 덜기 위하여 리고라지(Émile Rigorage)가 꽁트의 《실증철학 강의》 전6권 가운데서 '사회학' 부분인 제4·5·6권의 3책을 《사회학》(*La sociologie*)이라는 제목으로 요약 정리한 요약판에서는 다음과 같이 장별 제목을 붙였는데, 그 제목을 보면

이 소항목의 명칭이 없는 것을 보면, 이것은 Martineau가 영역할 때 독자를 위해 추가해 넣은 것이고, 꽁트 자신이 처음 sociologie의 명칭을 사용하기 시작한 것은 1839년 제47강, "사회과학 성립을 위한 지금까지 기획의 시험적 철학적 원리의 간략한 음미"에서 콩도르세에 대한 강의를 시작할 때부터라고 볼 수 있다. Martineau의 영역본에 나오는 이 구절에는 다음과 같이 서술되어 있다.

「사회학(an sociologie)에 대한 화학의 관련.

우리는 이제부터 사회물리학(Physique Sociale)이라는 새로운 과학도 화학에 관련되어 있음을 보게 될 것이다. 그것(사회학)은 생리학과의 직접적 명시적 관련에 의하여 화학에 의존한다. 사회현상은 가장 복잡하고 무엇보다도 특수하다. 그럼에도 불구하고 사회과학(science sociale)의 법칙들도 모든 선행 순서의 (실증과학) 법칙들에 종속되면서 각각 자기의 영향을 발휘한다. 특별히 화학과 관련하여 말하면, 인간의 사회적 조건 가운데 인간과 외적관계 사이에 몇 가지 화학적 조화가 존재한다. 예컨대 기상환경, 물자원, 토양자원의 외적환경과 인간 사이의 화학적 조화가 그것이다. 이 화학적 조화가 붕괴되거나 교란되면 개인은 살아남는 경우가 있을지 모른다고 가정할지라도 사회는 지속되지 못할 것이다」(이하 생략)

《실증철학 강의》의 사회학 부분의 기본구성을 알 수 있다.[39)]

(제1장) 사회학(la sociologie)의 필요와 기회, 현재의 사회상태의 분석에 의한 고찰(Consideration sur la nécessité et l'opportunité de la sociologie, de après l'analyse de l'etat social actuel)

(제2장) 사회과학 성립을 위한 시험적 기획의 음미(Apréciation des tentatives entreprises pour constituer la science sociale)

(제3장) 사회현상 연구에서의 실증적 방법의 특징(Caractères de la methode positive dans létude des phénomènes sociaux)

(제4장) 사회학과 다른 과학들과의 관계(Relations de la socialogie avec les autres sciences)

(제5장) 사회정학 또는 사회의 자발적 질서의 이론(Statique sociale, ou théorie de l'ordre spontané des sociétés)

(제6장) 사회동학 또는 진보의 이론(Dynamique sociale, ou theórie du progrès)

(제7장) 최초의 신학적 상태; 물신숭배의 시기. 신학적 군사적 체제의 자발적 시초(Premier état théologique: âge du régime théologique et militaire)

(제8장) 주요한 신학적 상태: 다신교의 시기. 신학적 군사적 체제의 발전(Principal état théologique: âge du polythéisme. Development du régime théologique et militaire)

---

39) A. Comte, *La sociologie*, pp.471~472.

(제9장) 최후의 신학적 상태: 일신교의 시기. 신학적 군사적 제도의 변화(Dernier état thélologique: âge du monothéisme. Modification du régime théologique et militaire)

(제10장) 근대사회의 형이상학적 상태: 혁명적 과도기. 신학적 군사적 체제의 해체(État métaphysique des sociétés modernes: âge de transition révolutionaire. Désorganization du régime théologique et militaire)

(제11장) 인류의 실증적 상태에 고유한 요소들의 발전: 전문의 시대, 또는 세부정신이 종합정신을 능가하는 특징의 시대. 근대 사회의 주요한 진화들의 합리적 평화적 체제 조직에의 수렴(Development des éléments propres à l'état positif de l'humanité: âge de la spécialité, ou êpoque caractérisée par la prépondérance l'ésprit de détail sur l'ésprit d'ensemble. Convergence des prinicipales évolutions de la société moderne vers l'organization d'un régime rationel et pacifitique)

(제12장) 프랑스혁명의 기성부분의 음미.—과거 전체에 의한 근대사회의 경향의 결정: 실증적 상태, 또는 종합정신이 세부정신을 능가하는 특징의 일반성의 시대(Appréciation de la partie déja accomplie de la révolution française.—Détermination de la tendance des sociétés modernes d'apres l'ensemble du passé: etat positif, ou âge de la géneralité, caractérisé par prépondénrance de l'esprit d'ensemble sur l'esprit de détail)

(제13장) 실증적 방법의 개관(Ensemble de la méthode positive)

(제14장) 실증적 학설의 준비적 노력의 특징적 결과 총관(Ensemble des résultats propre à l'élaboration préliminaire de la doctrine positive)

(제15장) 실증철학의 고유한 최종 작용(Action finale propre à la philosophie positive)

꽁트의 생존시에 마르티노(Harriet Martineau)가 1853년에 영문요약·번역한 《꽁트의 실증철학》(*The Positive Philosophy of August Comte*)을 간행할 때에는 꽁트의 허락을 받고, 각장 마다 세밀한 소제목(동양식으로 표현하면 頭註)을 붙였는데, 이것은 이 책의 구성을 개괄하는 데 도움이 된다.[40)]

---

40) *The Positive Philosophy of August Comte*(3 vols)의 Vol. 2~3에 사회학 부분이 번역되어 있는데, 그 가운데 Vol.2, pp.138~193의 제6책 사회물리학 제1장 〈새로운 과학(사회학)의 필요성과 기회〉의 세부 소제목은 다음과 같다.

제1장. 사회학의 필요성과 기회
(1) 주제의 제기(Proposal of the subject)
(2) 질서와 진보의 조건들(Conditions of Order and Progress)
(3) 신학적 정치체(The theological polity)
(4) 사회적 학설의 기준(Criterion of social doctrine)
(5) 신학적 정치체의 실패(Failure of the Theological polity)
(6) 형이상학적 정치체(The Metaphysical polity)
(7) 방해가 되어진 것(Becomes obstructive)
(8) 양심의 자유의 도그마(Dogma of Liberty of conscience)
(9) 평등의 도그마(Dogma of Equality)
(10) 인민주권의 도그마(Dogma of the Sovereignty of the People)
(11) 민족독립의 도그마(Dogma of National Independence)
(12) 형이상학적 학설의 불일치성(Inconsistency of the Metaphysical doctrine)
(13) 자연상태의 개념(Notion of a state of Nature)
(14) 낡아버린 것에 대한 집착(Adhesion to the worn-out)
(15) 전쟁의 재발(Recurrence of war)
(16) 정치적 중앙집권의 원리(Principle of Political Centralization
(17) 정체된 학설(The Stationary doctrine)
(18) 비판적 시기의 위험들(Dangers of Critical period)
(19) 지적 무정부상태(Intellectual anarchy)
(20) 공중도덕의 붕괴(Destruction of public morality)

꽁트가 《실증철학 강의》에서 건설한 '사회학'은 구조가 웅장하고 참으로 창조적인 것이었다. 그의 풍부한 설명 내용은 그가 얼마나 박식했고 창의적인 학자였는가를 잘 증명해주고 있다. 꽁트의 이름을 인용하지 않는 그 후의 사회학의 대가들도 그들 저서의 다수 아이디어들이 꽁트를 읽고 착상했음을 꽁트의 저서를 읽어보면 바로 알 수 있게 된다.

꽁트가 새로운 사회과학인 '사회학'의 진정한 건설자임을 대작 《실증철학 강의》와 그 밖의 그의 저서들이 잘 증명해주고 있다.

꽁트는 또한 《실증철학강의》에서 사회학을 창립했을 뿐 아니라, 당시 서유럽 5대강국이 아프리카, 남·북 아메리카, 아시아(인도) 등을 침략하여 식민지를 설치하고 그리스·로마시대 보다 더 사악한 노예제도를 부활시키는 중상주의적 제국주의, 식민주의, 노예제도를 선구적으로 신랄하게 비판하였다.

꽁트는 《실증철학 강의》를 진행하고 집필하는 도중에 1830년부터 빠리 시민들과 노동자들을 위하여 '천문학'에 관한 또 하나의 무료강의를 신설하였다. 왜냐하면 《실증철학 강의》는 지식인

---

(22) 정치적 부패(Political corruption)
(23) 정치적 문제의 저위 목적(Low aim of political questions)
(24) 진보에 치명적인 것(Fatal to progress)
(25) 질서에 치명적인 것(Fatal to order)
(26) 정치지도자들의 무능(Incompletence of political leaders)
(27) 실증철학의 대두(Advent of the Positive Philosophy)
(28) 그 학설의 논리적 융합(Logical coherence of the doctrine)
(29) 그의 질서에 대한 영향(Its effects on Order)
(30) 그의 진보에 대한 영향(Its effects on Progress)
(31) 과학계의 무정부적 경향(Anarchical tendencies of the scientific class)
(32) 결론(Conclusion)
(제2장 이하 생략)

들을 대상으로 했기 때문에 일반시민과 노동자들에게는 난해한 강의였기 때문이다. 그는 '천문학'이 매우 명료한 실증과학으로서 대중에게 실증주의 정신을 배양하는데도 가장 적합하고 흥미로운 분야라고 생각하였다.

꽁트의 빠리 시민을 위한 '천문학' 강의는 1830년 12월부터 시작되어 무려 18년간 계속되었다. 이 강의에는 다수의 빠리 시민들과 노동자들이 참석하여 강의 장소를 넓은 곳으로 옮겼음에도 항상 만원이었다.

이 천문학 강의안이 1844년에 《대중천문학의 철학적 고찰》(*Traité philosophique d'astronomie populaire*, 1844)로 출판되었다. 그는 이 강의를 통해서, 노동자들이 가장 편견없이 그의 실증주의를 받아들이는 것을 보고 노동자들과 시민들을 미래의 산업사회 주역으로 매우 중시하였다.

그는 노동자·시민들을 위해 《대중천문학》의 서론 부분을 따로 떼어내서 《실증정신론》(*Discours sur l'esprit positif*)으로 역시 1844년에 간행하여 제공하였다. 꽁트의 노동자들에 대한 이러한 생각과 배려로, 당시 프랑스 노동계에는 '꽁트파'라고 통칭되는 세력이 자발적으로 형성되기도 하였다.

꽁트가 《실증철학강의》를 재개하여 집필하고 강의하고 간행한 12년간(사실은 1826년부터 16년간)은 확고한 문제의식, 사명감, 의지, 인내심이 없으면 감내하기 어려운 길고 긴 '고난의 대장정'이었다.

꽁트는 이 12년을 극빈 속에서 최소한의 생계유지를 위해 수학 사강사를 했고, 그 밖의 시간을 밤낮으로 연구와 강의준비와 집필에 몰두하였다. 그는 과로가 누적되어 1824년의 큰 신경쇠약 외에도 몇 차례의 작은 신경쇠약이 찾아와서 괴로워하였다.

꽁트는 이 고난과 싸워가면서 1830년에《실증철학강의》제1권을 간행하여 학계의 주목을 받게 되자, 좀 더 나은 직장을 구하기 위해 모교 등에 협조를 구하였다. 그러나 꽁트의 실력과 업적에 합당한 교수 직책은 주어지지 않았다. 꽁트는 1831년 에꼴 폴리테크니크의 해석학(수학) 교수를 신청했다가 거절당하였다. 그 대신 1832년 모교 에꼴 폴리테크니크에서 꽁트를 수학 및 물리학의 복습교사로 임명하였다.

꽁트는 1833년 기조(François Guillaume Guizot)에게 꼴레즈 드 프랑스(Collège de France)에 '과학사' 강의 개설과 그 담당교수를 신청했다가 거절당하였다. 그는 또 이 해에 에꼴 폴리테크니크에 기하학 교수를 신청했으나 꽁트가 공화주의적 견해를 가졌다는 이유로 거절당하였다. 꽁트는 1836년 에꼴 폴리테크니크에서 수학교수 나비에(Navier)의 강의를 대행하다가 나비에의 유고로 빈자리가 생기자 교수직을 신청했으나 거절당하였다. 그 대신 꽁트는 에꼴 폴리테크니크의 입학시험관에 임명되었다. 그는《실증철학강의》를 완성하는 데 이 직책의 수당이 도움이 되므로, 자기보다 실력이 부족한 젊은 교수 아래서 이 직책을 감수하였다. 그래도 모자란 생계비는 고향 부친으로부터 차용하여 상환하지 못한 부채가 누적되었다.

《실증철학강의》도 첫해(1826년과 1829년)에는 프랑스 최고학자

에밀 리트레

들 및 은사들과 저명한 지성인들이 출석하여 영광스러웠지만, 강의가 12년간이나 계속되자 지식인 청중은 점차 감소하기 시작하였다. 청중들은 꽁트의 백과사전적 박식과 창의성에 감탄하면서도, 그의 기존 학계와 유명학자들에 대한 거침없는 비판에 꽁트를 걱정하고 두려워하는 지식인들도 생기게 되었다. 꽁트의 비판과 공격을 받은 학자들의 일부는 꽁트의 '적'들처럼 되었다.

《실증철학강의》 제6권을 강의하고 간행할 무렵에는 강의 내용은 가장 창조적인 빛나는 부분이었음에도 불구하고, 청중은 일부 지식인과 에꼴 폴리테크니크의 동창 후배들만 몇 명 남아 있었다. 기성 학자들은 이미 나이가 들고 바빠서 무려 4,000페이지가 넘는 방대한 《실증철학강의》를 다 읽기가 어려웠고, 읽지를 못했으니 그의 '사회학 창설'의 가치를 알 수가 없었다.

그러나 꽁트는 다시 외로워진 《실증철학강의》 후반기에 귀중한 제자 둘을 얻었다.

하나는 프랑스에서 에밀 리트레(Maximilien Paul Émile Littré, 1801~1881)라고 하는 젊은 학도가 《실증철학체계》 전6권을 간행할 때마다 다 읽어내고 그 내용에 감탄하여 꽁트의 제자가 되었다.

다른 하나는 영국에서 죤 스튜어트 밀(John Stuart Mill, 1806~1873)이 꽁트의 《실증철학강의》 전반 부분들의 책을 읽고 감탄하여 《논리학 체계》(*System of Logic*, 1848)에서 꽁트를 "우리 시대 유럽의 제일의 사상가"라고 높이 평가하고 꽁트의 젊은 동료 겸 제자가 되었다. 꽁트와 밀은 1841년부터 편지를 교환해가면서 깊은 학문적 우정과 견해를 나누었다.[41)]

존 스튜어트 밀

이밖에도 후에 대성하지는 못했지만 젊은 학도들 가운데는 꽁트의 방대한 저작을 읽어내고 감탄하여 그를 대사상가로 생각하고 따르는 학도들이 있었다.

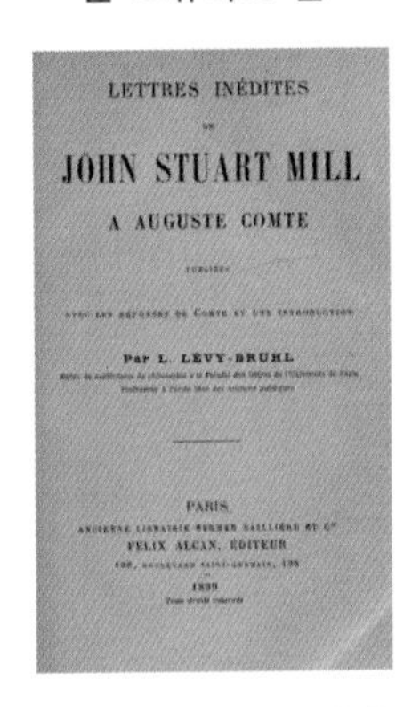

LETTRES INÉDITES

JOHN STUART MILL

A AUGUSTE COMTE

Par L. LÉVY-BRUHL

PARIS

FELIX ALCAN, ÉDITEUR

1899

《존 스튜어트 밀과의 왕복 서한집》

그러나 동년배 학자들은 《실증철학강의》의 방대한 체계와 창의성에 내심 감탄하면서도 꽁트를 기피하였다. 에꼴 폴리테크니크의 동년배 자연과학자·이공학자들은 꽁트가 새로 건설한 '사회학'이라는 새로운 과학의 진가를 그처럼 이해하기 어려웠다.

소르본느의 철학자·인문학자들은 꽁트의 방대한 《실증철학강의》를 다 읽은 것이 아니라 동료들끼리의 전언을 듣고 꽁트의 과학주의·실증주의를 자기들의 신앙에 반대하는 '무신론자'라고 오해하여 기피하였다.

전기작가들의 설명에 의하면 1842~1844년경의 꽁트는 실증철

41) A. Comte, *Lettres d'August Comte à John Stuart Mill, 1841~1846*, Paris, 1877 참조.

학을 체계화하고 새로운 과학인 '사회학'을 창시한 위대한 업적을 내었음에도 불구하고 프랑스 학계와 지식세계에서는 완전히 고립된 상태에 있었다고 한다.

꽁트를 이 시기에 둘러싸고 접촉한 사람들은 학계의 동료들이 아니라 그의 천문학 강의를 듣고 과학적 실증적 정신을 갖게 된 시민들과 노동자들이었다.

10. 실증주의 협회와 인류교

꽁트는 1842년 《실증철학강의》(전6권, 1830~1842)를 완간하여 '사회학'을 창설하고, 1844년 《대중천문학》 및 《실증정신론》을 간행한 때까지는 명백하게 객관적 과학적 실증주의를 강조한 주지(主知)주의적 과학자였다.

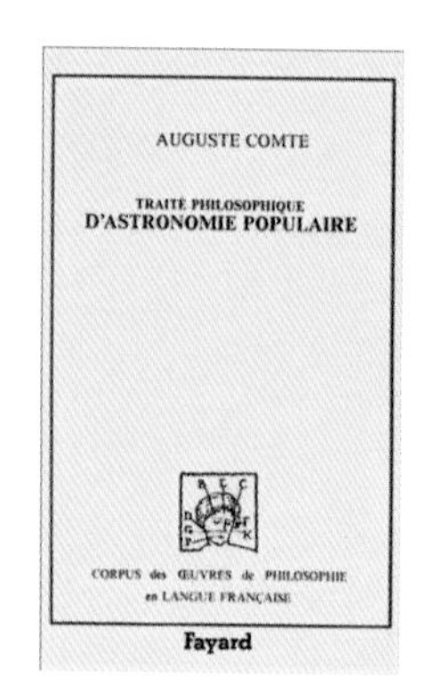

《대중천문학》

그런데 1844년 말 또 한 번 약간의 신경쇠약을 앓고 회복한 후에는 인간행동의 감정·정서·도덕을 중시하는 발언을 하고 주정(主情)주의적 경향을 나타내기 시작하였다. 그는 이어서 종래의 연구생활과는 전혀 달리 '실증주의 협회'와 '인류교'를 창립해서 '교황'이 되어 인류교로써 인간사회를 개조하려고 활동하였다.

전기작가들은 이 사실을 놓고 꽁트를 1844년을 분기점으로 정

확하게 '전기 꽁트'와 '후기 꽁트'의 2시기로 나누어 생애를 설명하고 있다.[42)]

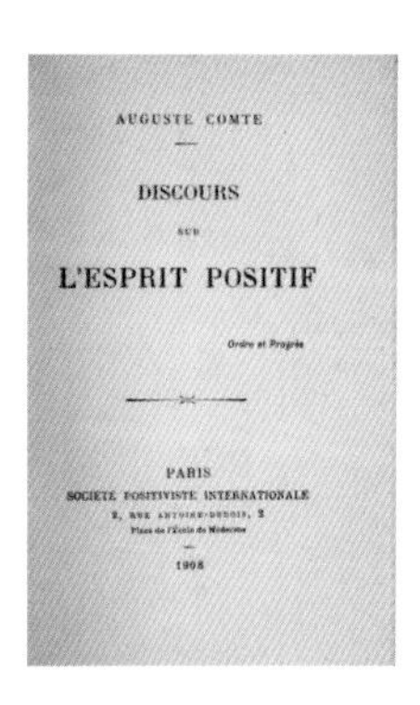

《실증정신론》

주로 사회학자들과 철학자들은 꽁트가 젊은 시절의 생애를 다 바쳐 자신이 건설한 사회학과 과학적 실증주의 연구에 더 몰두하지 않은 것을 아쉬워하면서, 객관적 사회학에 의거한 사회재조직 운동을 하지 않고 주관적 '인류교' 활동에 의거한 것을 비판해왔다.

'전기 꽁트'시기에 꽁트로부터 혹독한 비판을 받았던 사람들은 꽁트의 '적'이 되어 이번에는 꽁트가 '정신이상자' '광인'이 되어 버렸다고 비난하고 다녔다.

한편 전기작가들은 '후기 꽁트'의 변화를 끌로틸드 드·보(Clothilde de Vaux) 부인과의 연애사건과 연결시켜 흥미위주로 설명해 왔다.

꽁트는 1844년 10월 대학 후배이며 제자인 마리(Maximillian Marie)의 누이동생인 드·보 부인을 우연히 알게 되었다. 그녀의 남편은 세무서 공무원이었는데, 도박에 빠져서 공금 1만 5천 프랑을 횡령하여 탕진하고 부인을 버린 채 외국으로 도망하여 (영

42) Raymond Aron, *Les étapes de la pensée sociologique*, p.79에서 '전기 꽁트'를 다시 세분하여, 1820~1826년 《사회철학 소론집》에 수록된 논문들까지의 시기와 1826년~1842년 《실증철학 강의》완간 때까지의 시기로 나누었다. 그는 여기에 다시 《실증정치체계》 간행시기부터 별세(1857년)때까지의 제3기를 더하여 아롱은 꽁트의 생애를 3시기로 구분하였다.

끌로틸드 드·보 부인

구히) 행방불명이 되었다. 20세에 결혼하여 남편에게 버림받은 끌로틸드는 미모와 재주를 겸비하여 문학잡지에 단편소설과 수필도 발표하는 재원이었는데, 꽁트를 만난 29세 때에는 폐결핵으로 각혈을 하고 있었다. 꽁트는 이때 46세였다. 꽁트는 처음에는 끌로틸드의 미모에, 다음에는 그의 높은 교양과 품위에 매료되었고, 끌로틸드는 꽁트의 백과사전적 박식에 감동하여, 두 사람은 깊은 사랑에 빠졌다.

카톨릭 신도인 끌로틸드는 공식적으로 이혼을 잘 허락하지 않는 드·보의 부인이었으므로 꽁트의 청혼을 거절하고, 두 사람은 주로 편지를 교환하면서 순수한 정신적 애정을 표시하였다. 꽁트의 대학후배 마리(끌로틸드의 오빠)가 아기를 낳자 교회 의식에따라 꽁트는 대부(代父), 끌로틸드는 대모(代母)가 되어 주어 마치 부부처럼 되었으나, 이것은 교회의식일 뿐, 끌로틸드의 결정으로 그들은 순결한 정신적 연애를 했을 뿐이다. 꽁트는 편지에서 그녀를 '성(聖) 끌로틸드'라고 부르기도 하였다. 끌로틸드는 꽁트를 만난 지 약 1년 6개월 후에 폐결핵으로 사망하였다. 그 사이에 꽁트와 그녀가 교환한 편지가 181통이나 간행되어 있다.

끌로틸드는 임종이 가까워 오자 꽁트와 함께 대모가 되었던 때 입었던 하얀 드레스를 입고 가족들을 물리친 채 꽁트만 들어오게 하였다. 꽁트가 1846년 4월 5일 오후 2시 끌로틸드의 방에 들어가서 1시간 반 동안 임종을 보고 나왔다고 극적으로 묘사되어 있다. 꽁트와 끌로틸드의 연애와 그 편지들은 그 후 프랑스에서 작품의 소재가 되기도 하였다.

'후기 꽁트'의 변화가 끌로틸드와의 연애로 영향을 받고 계기의 하나가 된 것이 사실이지만, 그러나 이것으로만 그의 후기 저서들이나 '인류교'에서의 '사랑'의 강조를 설명하는 것은 무리가 있다. 왜냐하면 꽁트는 이미 1839년의 사회학 강의에서 인간은 '지적 성능'(facultés intellectulles, intellectual faculty)보다 '정적 성능'(facultés affective, affective faculty)이 훨씬 더 강한데, 정적 성능은 인간의 활동 에너지를 공급하는 불가결의 중요한 성능이라고 강조해 왔기 때문이다.

또한 끌로틸드를 만나기 이전인 1842년 《실증철학강의》 제6권의 끝에는 다음 저서가 《실증정치체계》(1851년 제1권 간행)임을 미리 예고하고 있기 때문이다. 꽁트는 《실증정치체계》의 부제를 "인류교 창설을 위한 사회학론"이라고 붙였다.

그러므로 우리는 베버(Max Weber)의 '이해'(Verstehen) 방법을 도입하여 '감정이입'(empathy)의 방법으로 꽁트가 왜 주관적 감정·정서·도덕을 중시하고 '인류교'를 창시하여 '사랑'을 설교했는가에 대해 꽁트의 내적 동기(underlying motivation)를 사회학적으로 학구적으로 고찰할 필요가 있을 것이다.

우선 주목할 것은 당시 프랑스 학계가 꽁트를 따돌리고 버렸지, 꽁트가 '사회학'을 떠난 적은 없었다는 사실이다.

꽁트가 《실증철학강의》의 대작을 완간하고 '사회학'을 창시한 후, 그가 평생을 교수가 되기를 원해왔던 그의 모교 에꼴 폴리테크니크는 꽁트의 '입학시험관' 자리까지 재임명시켜 주지 않고 해임해 버렸다. 꽁트가 받은 정신적 타격은 매우 컸다. 그 직후 꽁트가 다시 신경쇠약을 앓은 사실을 주목할 필요가 있다. 꽁트는 어디에서 새로운 철학인 실증철학이나 새로운 과학인 사회학을 강의할 것인가? 소르본느는 꽁트의 과학주의를 '유물론자'로 오해하고 '신학'을 비판하는 그를 적대시한지 오래이다. 당시 프랑스학계가 꽁트의 천재적 창의와 새 과학의 창립에 대해 몰이해했음을 먼저 반드시 주목할 필요가 있다.

그러면 꽁트를 받아들이고 따르는 사람들은 없었는가? 많이 있었다. 그의 '천문학'강의를 듣고 눈을 뜬 빠리 시민들과 노동자들이었다.

그들은 난해한 지성적 논리보다 지성과 함께 감성적 정서적 접근을 좋아하는 청중이었다. 꽁트는 이미 문을 닫아버린 대학보다, 자기를 따르는 선량한 시민·노동자들과 인생의 후반을 함께 하면서 그들을 위한 저작 활동을 할 내적 동기를 갖게 되지 않았을까?

또 하나 주목할 것은 1848년의 2월 혁명이다. 1789년 대혁명에서 혁명의 '구체제 해체'는 적극 지지하면서도 그 '유혈'과 그 후의 '무정부적 혼란'은 비판했던 꽁트는, 1848년 2월 혁명이 일어나자 공화국의 재건은 환영했지만 혁명이 '유혈'화하여 국민들을 크게 희생시키지 않을까 매우 염려하였다. 그는 '유혈'을 방지하고 싶었다. '유혈'방지의 처방은 '사랑'이다. 조국과 인류에 대한

‘사랑’은 ‘유혈’을 방지할 수 있을 것이다.

꽁트는 1848년 2월 혁명 직후 ‘실증주의 협회’(Sociéte Positiviste)를 조직하였다. 그리고 《실증정치체계》의 그 때까지 집필한 원고를 1848년 《실증주의총론》(*Discours sur l'ensemble du positivisme*, 1848)으로 간행하였다.

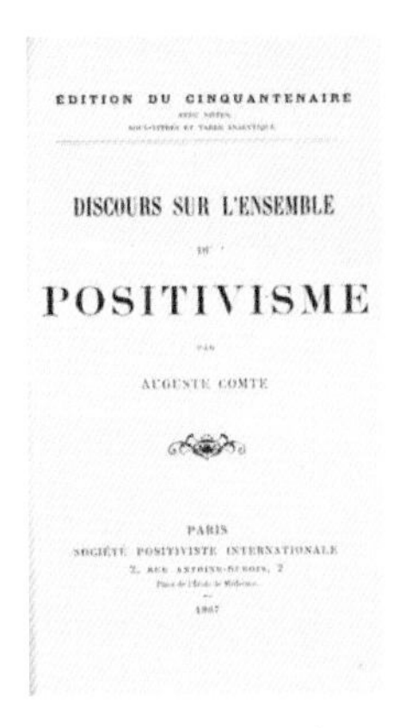
ÉDITION DU CINQUANTENAIRE

DISCOURS SUR L'ENSEMBLE

POSITIVISME

AUGUSTE COMTE

PARIS

SOCIÉTÉ POSITIVISTE INTERNATIONALE

《실증주의 총론》

그는 《실증주의총론》의 결론에서 소제목을 ‘인류교’(Religion d'Humanité)라 붙이고, 새로운 체제의 기본적 특징을 ‘사랑’을 원리로, ‘질서’를 기초로, ‘진보’를 목적으로 한다(Caractère fondamentaux du neuvaut régime l'amour pour principe, l'ordre pour base, et le progrès pour but.)[43]고 선언적으로 기술하였다. 그는 “인류가 진정으로 ‘위대한 존재’이다”(L'Humanité est le véritable Grand-Étre)라고 설명하였다.[44]

꽁트는 여기서 ‘인류교’의 창설을 예고 선언한 것이었다.

1789년 프랑스혁명 직후에는 ‘사회학’을 창립하되 ‘질서’와 ‘진보’의 두 기둥 위에 건설한 것이었다.

1848년 2월 혁명 직후에는 ‘인류교’를 창시하되 ‘사랑’과 ‘질서’와 ‘진보’의 세 기둥 위에 건설하려 한 것이다.

‘질서’와 ‘진보’는 이미 사회학의 창건에 쓰였으니, 인류교의 새

---

43) Auguste Comte, *Discours sur l'ensemble du positivisme,* Paris, Sociéte positiviste internationale, 1907, p.340.

44) A. Comte, *Discours sur l'ensemble du positivisme*, pp.348~351 참조.

기둥은 '사랑'이었다.

이 '사랑의 원리'는 어디에서 기원한 것일까? 그것은 끌로틸드와의 연애에서 나온 것이 아니라 프랑스혁명의 '박애'(fraternité)에서 나온 것이라고 보아야 할 것이다. 왜냐하면 인류교의 사랑의 원리는 개인의 남녀 간 사랑이 아니라 사회학적 철학적 사랑의 원리이기 때문이다.

꽁트에게 사회학적 '사랑의 원리'는 무엇이었을까? 그것은 '도덕'(la Moralité)이었다. 보편적 '도덕'이 바로 '사회학적 실증주의적 사랑'인 것이었다.

꽁트는 1851년에 실증주의협회를 조직의 기초로 하여 '인류교'를 공식 창설하였다. 인류교의 기본 교리는 종래 '신을 위한 사랑'(l'amour pour les Dieux, Love for God)을 '인류를 위한 사랑'(l'amour pour l'Humanié, Love for Humanity)으로 대체한 것이었다.[45)]

인류교의 조직은 카톨릭 조직을 그대로 차용하였다. 꽁트가 교황이 되고, 그의 시민·노동자 출신 측근 제자들이 성직자가 되었다.

꽁트가 창시한 인류교는 '신'이 없고 그 자리에 '인류'를 '위대한 존재'(le Grand-Être)로서 대치한 종교이기 때문에 '실증주의 종교'였다.[46)] 만일 종교의 본질은 '신에 대한 숭배'이므로 '신'이 없는 종교는 '종교'가 아니라고 정의한다면, '인류교'는 종교가 아니라 도덕교육을 위한 '실증주의협회'라고 볼 수 있다.

---

45) A. Comte, *Discours sur l'ensemble du positivisme*, pp.361~364 참조.
46) A. Comte, *Discours sur lénsemble du positivisme*, pp.348~351 참조.

꽁트는 매주 강당에 넘치는 청중들을 향하여 "인류교는 실재하지 않는 '신'을 위한 사랑이 아니라, 우리 이웃에 실재하는 '인류'를 위한 사랑을 실천하는 완성된 유일한 종교이다. 인류를 위한 사랑은 도덕적 사회를 만드는 참으로 모든 인간의 의무이다. 우리는 사랑을 원리로, 질서를 기초로, 진보를 목적으로 생활해야 한다"고 강론하였다.

그러면 꽁트는 무조건 모든 '인류'를 사랑하고 숭배하라고 강론했을까? 인간에는 사회생활에서 여러 가지 부류가 형성되는데, 사회에 혜택과 이익을 준 사람, 혜택은 못 주었지만 해악은 끼치지 않은 사람, 해악을 끼친 사람 등 여러 종류가 있다. 이 가운데서 이익을 주거나 이익은 못 주었지만 해악도 끼치지 않은 인류는 사랑과 숭배의 대상이 된다. 그러나 해악을 끼친 사람은 소수이지만 '인류'에서 제외하였다.

또한 사랑과 숭배의 대상인 '인류'는 현대의 '인류'만을 가리키는 것이 아니라, 과거의 인류도 모두 포함하였다.

그에 의하면 사랑과 숭배의 대상으로서의 '인류'는 부와 권력, 신분과 계급, 신앙과 이념 등으로 차별해서는 안 된다. 예컨대 나폴레옹은 '황제'였고 막강한 '권력'을 가졌었지만, 전쟁을 주로하여 수백만의 사람들을 살상했으므로 인류교의 '인류'에서 제외하였다.

꽁트는 인류교 교회에 모인 청중들에게 '하느님의 말씀' 대신 역사와 현대에서 인류의 '도덕'과 "도덕적으로 훌륭하여 뽑힌 사람들의 실제의 삶과 도덕적 행위"를 설명하여 청중들에게 도덕교

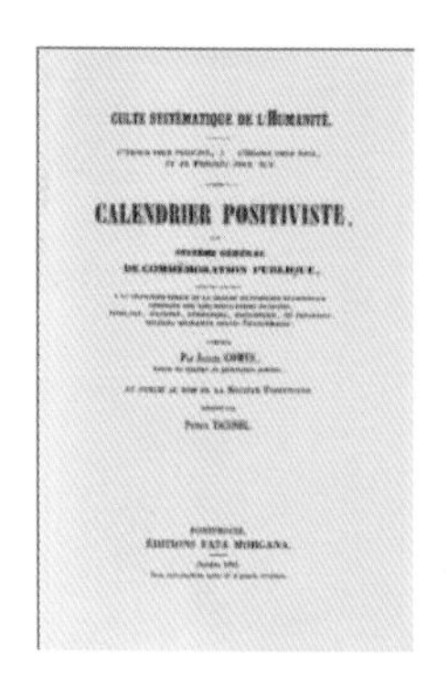
CULTE SYSTÉMATIQUE DE L'HUMANITÉ.

CALENDRIER POSITIVISTE,

DE COMMÉMORATION PUBLIQUE,

ÉDITIONS FATA MORGANA.

《실증주의자 달력》

육 강의를 실행하였다.

꽁트는 천문학과 수학의 탁월한 실력을 응용하여 1849년 《실증주의자 달력》을 창작하였다. 그것은 1년을 13개월로 나누고 매달을 28일(윤달은 29일)로 통일하며, 매달 1일을 〈월요일〉로 시작하는 영구체제의 '만년력'을 창작한 것이었다. 기원 1년은 프랑스혁명이 일어난 1789년으로 하였다. 이해부터 인류역사에 새 시대가 시작되었다고 생각했기 때문이다. 그는 인류교의 도덕교육을 위하여 매달 추상적 도덕 관련항목을 지정하였다. 그는 또한 구체적으로 인류에게 큰 공헌을 했거나 모범적 인물을 월별로 지정하여 그에게 헌정하는 달로 하면서 그에게서 배우도록 설교와 교육을 실행하였다.

예컨대, 월별 추상적 도덕 관련 사항을 들면 다음 표와 같았다.[47]

<table>
<tr><th colspan="3">인류의 추상적 찬양(culte) 항목 또는 최종적 사회성의 체계적 경축 항목</th></tr>
<tr><td rowspan="6">기본적 유대</td><td>1월</td><td>인류(L'Humanité)</td></tr>
<tr><td>2월</td><td>결혼(Le Mariage)</td></tr>
<tr><td>3월</td><td>부친(La Paternité)</td></tr>
<tr><td>4월</td><td>효도(La Filiation)</td></tr>
<tr><td>5월</td><td>우애(La Fraternité)</td></tr>
<tr><td>6월</td><td>가정(La Domesticité)</td></tr>
</table>

47) Auguste Comte, *Calendrier positiviste*, Paris, 1849, p.8 참조.

예비적 상태	7월	물신숭배(Le Fétichisme)
	8월	다신교(Le Polytheisme)
	9월	일신교(Le Monotheisme)
정상적 직무	10월	여성(La Femme) 또는 정서적 생활(la vie affective)
	11월	성직자(Le Sacerdoce) 또는 명상적 생활(la vie contemplative)
	12월	프로레타리아(Le Proletariat) 또는 적극적 생활(la vie active)
	13(최종)월	산업(L'Industrie) 또는 실제적 힘(le pouvoir practique)

또한 그는 구체적으로 위대한 '모범적 인물'[48]을 월별로 지정하여 헌정하는 형식과 내용을 다음과 같이 갖추도록 하였다.[49]

1월 → 모세(Moïse, Moses)

2월 → 호머(Homère, Homer, Homeros)

3월 → 아리스토텔레스(Aristotle, Aristoteles)

4월 → 아르키메데스(Archimède, Archimedes)

5월 → 시저(César, Caesar)

6월 → 성 바울(Saint-Paul)

7월 → 샤르마뉴(Charlemagne)

8월 → 단테(Dante)

9월 → 구템베르그(Guttemberg)

10월 → 셰익스피어(Shakespeare)

11월 → 데카르트(Decartes)

48) A. Comte, *Discours sur l'ensemble du positivisme*, p.365.
49) A. Comte, *Calendrier positiviste*, p.19 참조.

12월 → 프레데릭(Frédéric, Frederik)

13월 → 비샤(Bichat)

또한 매주에도 요일별로 추상적 도덕 관련 항목의 교육과 성찰을 다음과 같이 시행하도록 하였다.[50]

월요일 …… 결혼(Le Mariage)

화요일 …… 부친(La Paternité)

수요일 …… 효도(La Filiation)

목요일 …… 우애(La Fraternité)

금요일 …… 가정(La Domesticité)

토요일 …… 여성(La Femme) 또는 사랑(l'Amour)

일요일 …… 인류(L'Humanité)

또한 매일과 매일요일에도 인류의 행복에 공헌을 많이 한 모범적 인물을 뽑아서 공부하고 음미하도록 하였다. 예컨대 그는 문학예술상의 공헌을 음미하고 배우는 '10월, 셰익스피어의 달'에는 다음과 같이 매일과 매일요일에 모범적 문학예술가들을 선발하여 배정하였다.[51]

50) A. Comte, *Calendrier positiviste*, p.10 참조.

51) A. Comte, *Calendrier positiviste*, p.32 참조.

10월, 셰익스피어(SHAKESPEARE) 헌정의 달

1(월)	베가(Lope de Vega)	
2(화)	모레토(Moreto)	카스트로(Guillen de Castro)
3(수)	로자(Roja)	
4(목)	오트웨이(Otway)	
5(금)	레씽(Ressing)	
6(토)	괴테(Goëthe)	
7(일)	칼데론(CALDERON)	
8(월)	티르소(Tirso)	
9(화)	본델(Vondel)	
10(수)	라신느(Racine)	
11(목)	볼테르(Voltaire)	
12(금)	알피에리(Alfieri)	메타스타스(Métastase)
13(토)	쉴러(Schiller)	
14(일)	꼬르네이유(CORNEILLE)	
15(월)	알라르콘(Alarcon)	
16(화)	모테비유 부인(Madame de Motteville)	로랑 부인(Madame Roland)
17(수)	세비네 부인(Madame de Sévigné)	몽타규 부인(Lady Montague)
18(목)	르사지(Lesage)	스턴(Stern)
19(금)	스탈 부인(Madamme de Staal)	에지워드 양(Miss Edgeworth)
20(토)	필딩(Fielding)	리차드슨(Richardson)
21(일)	몰리에르(MOLIÉRE)	
22(월)	뻬르골레스(Pergolèse)	팔레스트리나(Palestrina)
23(화)	사찌니(Sacchini)	그레트리(Grétry)
24(수)	글룩(Gluck)	룰리(Lully)
25(목)	베토벤(Beethoven)	한델(Handel)
26(금)	로씨니(Rossini)	베버(Weber)
27(토)	베르리니(Bellini)	도니제티(Donizetti)
28(일)	모짤트(MOZART)	

이러한 매일·매일요일의 인물 배정은 1월(28일)부터 13월(28일)

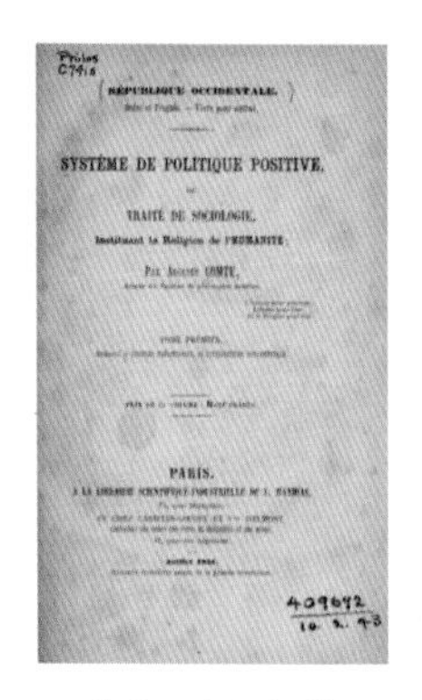
RÉPUBLIQUE OCCIDENTALE.

SYSTÈME DE POLITIQUE POSITIVE,

TRAITÉ DE SOCIOLOGIE,

PAR AUGUSTE COMTE,

PARIS.

《실증정치체계》

까지 매달 다른 모범적 인물이 선발되므로 1년에는 적어도 378(365일+13개월)명의 모범적 인물이 선발되는 것이다.

또한 교역자의 사정과 지역에 따라 월별, 주별, 일별 인물 선정을 교체할 수 있도록 했으므로, 전 세계 인류의 모범적 인물은 빠짐없이 선발할 수 있는 체계가 되어 있었다.

꽁트와 인류교의 교역자들은 매달 매주말에 인류교 교당에 모여 실제로 생존했던 달력의 인물과 같은 인물들의 도덕적 행위와 인류에 끼친 공헌에 대한 강의를 듣고 그들의 공헌에 대한 추모 예배를 하면서 '인류 사랑의 도덕'을 공부하였다.

꽁트는 1851년~1852년에 후기 꽁트의 대표작인 《실증정치체계: 인류교 창설의 사회학론》(*Système de politique positive ou Traité de sociologie instituant la Religion de'Humanité*) 전4권을 매년 1권씩 완간하였다. 그는 이 책에서 미래의 새로운 사회에서는 '도덕'이 더욱 중요하게 되는데, '신'은 인간이 상상에 의해 창조한 대상이므로 교화력을 더욱 상실하게 되기 때문에, '신의 숭배'를 통한 도덕교육은 새로운 '실증주의적 종교'(인류교)의 '사회도덕'교육으로 대체되어야 할 필요가 절실하게 되었다고 지적하였다. 그는 '인류사랑' '인류숭배'의 '인류교'는 새로운 사회의 '도덕'을 위해 창립한 가장 보편적이고 완성된 실증주의 종교라고 설명하였다. 그는 미래의 실증정치는 권력지배의 정치가 아니라 인류사랑의 도덕

정치가 되어야 한다고 강조하였다.

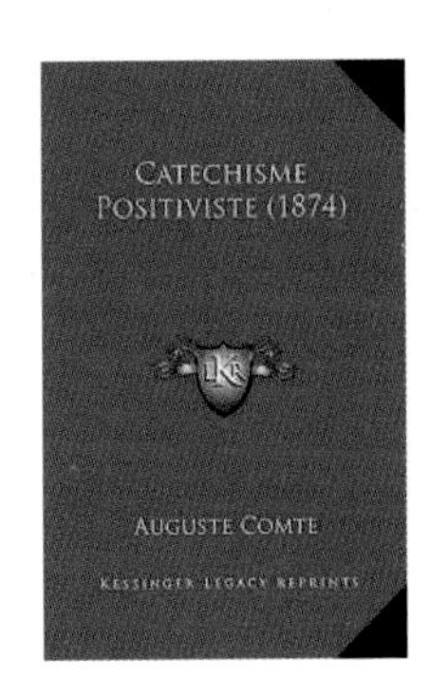

《실증주의자 교리문답》

꽁트는 《실증정치체계》를 알기 쉽게 요약하여 1852년에 《실증주의자 교리문답: 보편적 종교개설》(*Catéchisme positiviste, ou Sommaire exposition de la religion universelle*, 1852)을 간행하여 인류교의 교리문답책으로 사용케 하였다.

꽁트의 인류교 활동을 보면 그는 '정신이상'이나 '광인'이 된 것이 아니라 '도덕교육운동'을 전개했으며, 후기 꽁트는 도덕운동가였음을 알 수 있다.

《주관적 종합》

꽁트는 인류교 교황의 시기에도 매우 검소한 생활을 하였다. 식사도 빵 한 조각과 냉수를 마시고, 화려한 식탁을 거절하면서, 빠리의 시민·노동자들과 동일한 생활을 하겠다고 말하였다.

꽁트의 만년은 개인적으로는 상대적 의미에서 '행복'하였다. 우선 따르는 시민·노동자 교도들이 많고 충실한 교역자 제자들에 둘러싸여서 따돌림과 고독이 사라졌기 때문이다.

그는 주중에는 몇 시간 인류교 교역자들에게 강의를 하고, 일요일에는 빠리 시민 교도들에게 강론을 하였다. 매주 수요일에는 빠리 공동묘지에 가서 끌로틸드를 비롯하여 그가 존경했던 인물들의 묘지에 꽃을 꽂고 돌아왔다.

그는 나머지 시간에는 모두 4권으로 구상한 《주관적 종합》(*Synthèse subjective*)의 집필을 시작하였다. 그는 원래 이 저서의 제1권은 '실증적 논리', 제2권은 '실증적 도덕'의 이론편, 제3권은 '실증적 도덕'의 실천편, 제4권은 '실증적 산업'을 집필하려고 구상하였다. 그는 자기의 《실증철학강의》와 사회학 건설은 객관적 실증주의에 의거한 것인데, '사랑'과 '도덕'은 주관적 정서가 충만한 것이라고 보았다. 그러므로 '실증적 도덕'에 대한 '객관적' 접근은 절반에 불과하고 반드시 '주관적' 접근이 병행되어야 종합적으로 그리고 실증적으로 해명되고 정립될 수 있다고 생각하였다. 즉 주관적 실증주의를 보완하여 실증주의를 '도덕'에서 완성시키려고 시도한 것이었다.

이 책의 첫째권에 해당하는 논리적 부분을 1856년에 《주관적 종합: 인류의 정상상태에 적합한 제개념의 보편적 체계》(*Synthèse subjective, ou Systeme universel des conceptions propres à l'état normal d'Humanité*)의 제목으로 간행하였다. 별세 1년 전의 일이다.

만년의 꽁트는 매우 관대해졌고, '사랑'을 누구에게나 실천하려고 애썼다. 그를 방문하여 고통을 호소하는 사람들에게는 친절하게 최대한의 사랑과 정신적 위로를 말하였다. 어머니와 고향집의 어머니 하녀에게도 사랑과 존경을 전하였다. 심지어 야심적 정치가들이 자기의 권력정치 정당화에 그를 이용하려고 방문해도 자

브라질 국기

기의 지지자인지 착각이 들 정도로 따뜻하고 관대하게 응대하였다.

꽁트는 1857년 9월 5일 68세의 나이에 위병으로 별세하였다. 인류교의 측근 교역자들이 임종을 지키고, 빠리의 뻬르 라셰즈(Père Làchaise) 공원 공동묘지에 묻혔다.

꽁트의 사후에 그가 창시한 사회학과 인류교 가운데서 처음에는 '인류교'가 먼저 널리 받아들여지는 듯하였다.

프랑스의 본부 외에 영국, 스페인, 홀랜드, 미국, 브라질 등 여러 나라에 '실증주의협회'가 설립되고 '인류교' 지부가 설치되었다. 특히 브라질에서는 한 때 '인류교'가 상당히 크게 번성하였다. 레이몽 아롱에 의하면, 현재도 브라질 국기에는 '질서와 진보'라는 실증주의와 인류교의 표어가 쓰여 있으며, 실증주의가 국가의 준공식적 학설로 되어 있다.[52)]

동양에서는 중국에서 북경대학 학장 채원배(蔡元培)가 북경과 천진에 '꽁트학교'(孔德學校)를 설립하여 실증주의 시민 강의를 실행하였다.

채원배

달라진 것은 프랑스 학계였다. 꽁트 사후에 꽁트의 저작을 읽은 유명한 철학자이며 꼴레즈 드 프랑스 교수인 앙리 베르그송(Henri Louis Bergson, 1859~1941)은 "소

52) Raymond Aron, *Les étapes de la pensée sociologique*, p.105 참조.

베르그송

크라테스가 고전철학의 새 시대를 열었다면 꽁트는 근대철학의 새 시대를 열었다. 꽁트는 우리시대의 소크라테스이다"라고 격찬하였다.

꽁트의 사회학 건설의 천재성에 대해서는 마르크스 진영도 감탄하였다. 단지 그가 사유재산제도를 전제로 사회학을 건설하고, 사회주의를 택하지 않은 것과 인류교 창시를 비판했을 뿐이었다. 미르크스(Karl Heinrich Marx, 1818~1883)는 꽁트의 천재성을 인정하면서, "오직 꽁트의 문제점은 빠리의 노동자들에게 카톨릭 교황에 대신해서 새 교황이 되어, 새로운 교리문답을 가지고 계급투쟁을 가르친 것이 아니라 겸손과 근면과 복종을 가르친 곳에 있다"고 그의 인류교 활동을 비평하였다. 엥겔스(Friedrich Engels, 1820~1895)는 "꽁트는 그의 천재적 아이디어를 생·시몽으로부터 차용하였다. 꽁트는 생·시몽을 개작함에 있어서 그의 산업주의를 수정하여 발전시키고, 그의 사회주의는 모두 방기하였다"고 논평하였다.

꽁트의 사회학은 영국과 독일에서는 거부감 없이 수용되기 시작하였다. 영국에서는 스펜서(Herbert Spencer, 1820~1903)가 꽁트의 '사회학' 명칭과 사회정학 및 사회동학 체계를 수용하여, 먼저 《사회정학》(*Social Statics*, 1850)을 저술 간행하고, 이어서 《제1원리》(*The First Principles*, 1862), 《사회학연구》(*The Study of Sociology*, 1873), 《사회학원리》(*Principles of Sociology*, 3vols, 1876~1896)를 저술

간행했으며, 사회동학을 '사회진화론'의 독자적 이론으로 정립하였다.

마르크스

독일에서는 굼플로비치(Ludwig Gumplowicz, 1838~1909)가 《사회학요강》(*Gruntriss der Soziologie*, 1885)을 간행했고, 쉐플레(Albert Schäffle, 1831~1903)가 《사회학개요》(*Abriss der Soziologie*, 1906)를 간행해서 꽁트의 '사회학'을 해설하여 소개하고, 대학에서 강의하였다.

엥겔스

프랑스에서는 르낭(Joshep Ernest Renan, 1823~1892), 떼느(Hippolyte Taine, 1828~1893), 루시앙 레비-브륄(Lucien Lévy-Bruhl, 1857~1939), 뒤르켐 등이 저서를 통해 꽁트의 영향을 가장 많이 받았다.[53] 특히 교육학 전공의 뒤르켐(Emile Durkheim, 1858~1917)이 독일의 라이프치히 대학 분트(Wilhelm Wundt, 1832~1920)의 세계최초 '심리학실험연구소'에 유학갔다가, 독일에서는 꽁트의 '사회학'이 높이 평가되어 '사회학' 명칭과 함께 대학에서도 새로운 과학으로 강의되고 있음을 보고 놀라서 귀국하자 꽁트의 사회학을 연구하였다. 그는 프랑스 학계가 이 경탄할 꽁트의 '사회학'을 배척하는 것에 개탄하였다. 그는 1887년 보르

53) Lewis A. Coser, *Masters of Sociological Thought*, p.40 참조

스펜서

도대학 교수가 되자 프랑스 처음으로 이 대학에 '사회학' 강의를 개설하였다. 빠리 학계에서 박해받던 꽁트의 '사회학'이 프랑스에서도 뒤르켐에 의해 대학의 정식 과목으로 들어와 정립된 것이다.

뒤르켐

뒤르켐은 계속하여 《분업론》(*De la division du travail social*, 1893), 《사회학적 방법의 규준들》(*Les règles de la methode sociologique*, 1895), 《자살론》(*Le suicide*, 1897) 등 명작을 저술 간행하고, 1898년에는 《사회학연보》(*L'Anné sociologique*)를 편집 창간하여 프랑스 학계에 '사회학파'(또는 뒤르켐학파)라는 새로운 경향의 학풍을 일으키기 시작하였다.

굼플로비치

마침내 완강한 폐쇄적 소르본느도 문을 열었다. 1902년 소르본느는 뒤르켐을 이 대학 교수로 초빙하고 꽁트의 '사회학' 과목을 개설하였다. 더욱 놀라운 일은 1902년 소르본느 대학 정문 중앙에 '사회학'의 창립자이며 '실증철학'의 완성자로서 유일하게 꽁트의 흉상을 높이 세워 그의 업적을 기린 것이다.

이제 '사회학'은 거침없이 전 세계에 새로운 사회과학으로 도입되어 발전하게 되었다.

(필자가 사회사상사 교재를 쓸 자료를 수집하려고 1990년 빠리를 방문하여 젊은 박사시절의 이병혁 교수와 함께 꽁트와 뒤르켐의 유적들을 찾아다닐 때, 소르본느 정문 앞 꽁트의 흉상 앞에서 사진을 찍고 그 옆 고서점에서 꽁트의 저작 초판 1책과 19세기판 몇 책을 구입했었다. 꽁트의 모교 에꼴 폴리테크니크에서는 본관 건물의 머리에 크게 새긴 《조국과 과학을 위하여》(Pour la Patrie et la Science)라는 표어가 인상적이었

소르본느 대학 정문 꽁트 동상 앞 저자. 1990.

고, 대학 안에 '꽁트 연구소'(Comte Institut)가 있었는데, 그 내용은 사회학연구소가 아닌 이공계 연구소였다. 빠리 시내 꽁트의 인류교 활동 본부는 아파트였는데, '실증주의협회' 본부였다는 동판이 붙어 있었다.)

11. 꽁트의 주요 저작

(1) 《사회재조직을 위하여 필요한 과학적 작업계획》(*Plan des travaux scientifique necessaire pour reorganiser la société*, 1822)

(2) 《실증철학강의》 전6권(*Cours de philosophie positive*, 6tomes. 1830~1842)

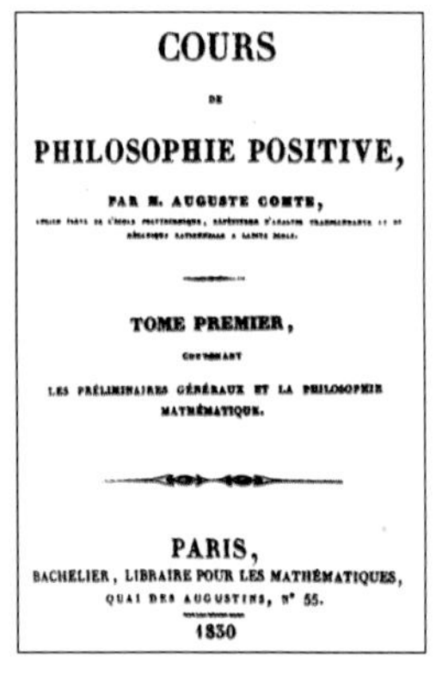
COURS

PHILOSOPHIE POSITIVE,

PAR M. AUGUSTE COMTE,

TOME PREMIER,

LES PRÉLIMINAIRES GÉNÉRAUX ET LA PHILOSOPHIE MATHÉMATIQUE.

PARIS,
BACHELIER, LIBRAIRE POUR LES MATHÉMATIQUES,
QUAI DES AUGUSTINS, N° 55.
1830

《실증철학강의》

〔이 책은 하리에트 마티노(Harriet Martineau)에 의해 《오귀스트 꽁트의 실증철학》(*The Philosophy of Auguste Comte*)이라는 제목으로서, 전3책으로 영어로 요약 번역되어 1853년 런던에서 간행되었다. 당시 생존했던 꽁트가 이 영어요약본의 원고를 읽고 프랑스어 자기 원본보다 이해하기 쉽게 잘 요약되었다고 인정하여 널리 읽히는 번역본이다〕

(3) 《사회학》, 1897 (*La Sociòlogie*, 1897)

〔에밀 리고라지(Émile Rigorage)가 꽁트의 《실증철학 강의》(전6권)에서 '사회학' 부분을 472페이지의 1책으로 뽑아 요약한 저서이다〕

(4) 《대중천문학의 철학적 고찰: 또는 보편적으로 숙지해야 할 과학적 논리적인 천문학적 철학의 모든 개념의 체계적 해설》, 1844(약칭 《대중천문학》)

(*Traité philosophique d'astronomie populaire, ou Exposition systematique de toutes les notions de philosophie astronomie, soit scientifique, soit logique, qui doivent devenir universellenment familières*, 1844)

(5) 《실증정신론》, 1844

(*Discours sur l'esprit positif*, 1844)

(이 책은 뒤에 《실증주의 총론》의 서론으로 수록되었다.)

(6) 《실증주의 총론》, 1848

(*Discour sur l'ensenble du positivisme*, 1848)

〔이 책의 서론은 앞의 《실증정신론》을 수록한 것이다. 이 《실증주의 총론》은 그 후 1851년의 《실증정치체계》의 서설로 재수록되었다. 이 책은 한국어 번역판 《실증주의 서설》(김점석 옮김, 한길사, 2001)이 간행되어 있다〕

(7) 《실증주의자 달력: 또는 공중의 일반적 체계》, 1849(약칭 《실증주의자 달력》)

(*Calendrier positiviste: ou Système général de commémoration publique*, 1849)

(8) 《실증정치체계: 또는 인류교 창설의 사회학론》 전4권, 1851~1854(약칭 《실증정치체계》)

(*Système de politique positive, ou Traité de sociologie instituant la Religion de l'Humanité*, 4tomes. 1851~1854)

(9) 《실증주의자 교리문답: 또는 보편적 종교 개설》, 1852(약칭

AUGUSTE COMTE

APPEL AUX CONSERVATEURS

《보수주의자에게 호소함》

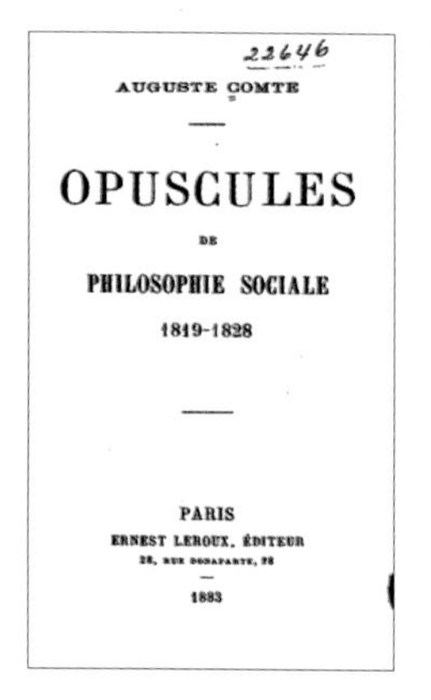
AUGUSTE COMTE

OPUSCULES

DE

PHILOSOPHIE SOCIALE

1819-1828

PARIS

ERNEST LEROUX, ÉDITEUR

1883

《사회철학 소론집》

《실증주의자 교리문답》)

(*Catéchisme positiviste, ou Sommaire exposition de la a religion universelle*, 1852)

(10) 《보수주의자에 호소함》, 1855.

(*Appel aux conservateurs*, 1855)

(11) 《주관적 종합: 또는 인류의 상태에 적합한 개념들의 보편적 체계》, 1856.

(*Synthèse subjective, ou Système universel des conceptions propres à l'état normal de l'Humanite*, 1856)

(12) 《사회철학 소론집, 1819~1828》, 1883.

(*Opuscules de philosophie sociale, 1819~1828*, 1883)

꽁트의 초기논문 6편을 꽁트가 스스로 선정하여 《실증정치체계》 제4권 부록에 수록한 것을 독립된 책으로 발행한 것이다.

(13) 《오귀스트 꽁트의 발라씨에게 보낸 서한집, 1815~1844》, 1870.

(*Lettres d'Auguste Comte à M. Valat, 1815~1844*, 1870)

(14) 《존 스튜어트 밀과 오귀스트 꽁트의 왕복 서한집, 1841~1846》, 1899.

(*Lettres inédites de John Stuart Mill à Auguste Comte, publiées avec les résponses de Comte, 1841~1846*, 1899)

(15) 《오귀스트 꽁트의 미발표 서한집》, 1903.

(*Correspondance Inédités D'Auguste Comte*, 1903)

(16) 《오귀스트 꽁트의 의사 로비네와의 서한집》, 1926.

(*Lettres d'Auguste Comte au doctoeur Robinet*, 1926)

(17) 《오귀스트 꽁트 저작집》 전12권, 1968~1971.

(*Oeuvres d'Auguste Comte*, 12tomes, Paris, Édition Anthropos, 1968~1971)

LETTRES

D'AUGUSTE COMTE

A M. VALAT

1815—1844

PARIS

DUNOD, ÉDITEUR

《발라씨에게 보낸 서한집》

이 저작집은 꽁트의 주요 저서를 실뱅 뻬리뇽(Sylvain Pérignon)이 편집자가 되어 제1권의 머리에 '해설'을 붙이고 빠리의 에디씨옹 안트로포(Édition Anthropos) 출판사가 12권으로 간행한 꽁트 저작집이다.

수록 순서는 다음과 같다.

제1권~제6권. 《실증철학강의》 전6권(*Cours de philosophie positive*. 6 tomes) 1830~1842.

제7권~제10권. 《실증정치체계》 전4권(*Système de politique positive*, 4 tomes) 1851~1854.

제11권. 《실증주의자 교리문답》(*Cathéchisme positiviste*), 1852; 《보수주의자에게 호소함》(*Appel aux conserviteurs*), 1855; 《실증정신론》(*Discours sur l'esprit positif*), 1844.

제12권. 《주관적 종합》(*Systhèse subjective*), 1856.

제2장

사회학의 필요와 현재의 사회상태

1. 사회학의 필요

사회는 '질서'(ordre)와 '진보'(progrès)의 2개의 조건에 의하여 조직된다고 꽁트는 관찰하였다.[1] 이 두 조건은 반드시 협조하여 하나로 통합되어야 하는 것이다.

그는 "어떠한 '질서'도 '진보'와 병립하지 않으면 성립도 계속도 될 수 없다. 또한 어떠한 '진보'도 '질서'를 공고하게 할 수 없으면 성취될 수 없다. 실증적 정치에서는 '질서'와 '진보'는 동일한 원리의 불가분리의 양면인 것이다"[2]라고 서술하였다.

그에 의하면, 그러나 프랑스를 비롯한 서유럽의 당시의 사회상태는 '질서'와 '진보'의 이러한 협조와는 매우 먼 거리에 있다. 질서의 사상과 진보의 사상은 서로 극단적 대립의 양상을 보이고 있다.

그에 의하면 프랑스혁명 이래, 일종의 복고적 정신이 '질서'를 위한 계획을 세우면서 사회를 퇴보하도록 유도하고 있다. 한편 '진보'를 위한 활동은 무정부적 학설에 의하여 지도되고 있다. 이 극단적

1) A. Comte, *Cours de philosophie positive*, vol.4, p.8 참조.
2) A. Comte, *La sociologie*, p.1

대립 속에서 여러 당파들이 상호 비난과 공격만 일삼는 것은 당연한 것이다. 이러한 환경 아래 현재의 프랑스와 서유럽 사회는 동요와 대혼란 속에 들어가 있다.

프랑스 사회와 서유럽 사회의 동요와 대혼란의 지적 도덕적 정치적 무정부 상태의 주요 원인이 되고 있는 것은 '지적 무정부' 상태이다.

또한 현재 우리들의 가장 불행한 일의 하나는 '질서'의 이념과 '진보'의 이념이 '극단적 대립'을 하고 상호부정하면서 과거의 학설과 체제에 고착되어 있나는 사실이다.

정치세계에서 '질서'를 주장하고 추구하는 모든 이념들은 본질적으로 고대·중세의 신학적 군사적 체제의 낡은 학설에서 도출된 이념들이며, 특히 카톨릭과 봉건제도에서 도출된 것으로서, 그에 '복고'하려는 성향을 가지고 '진보'를 부정하고 있다. 이러한 '질서'의 정치론은 사회현상에 대한 신학적 단계의 이론이다.

한편 '진보'를 주장하고 추구하는 모든 이념들은 프로테스탄트와 비판이론의 부정적 철학에서 도출된 이념들로서, 지난 18세기의 이념을 최종형태로 가정하는 성향을 갖고 '질서'를 부정하고 있다. 그러나 이러한 '진보'의 정치론은 18세기 형이상학적 단계에 집착한 정치론에 불과하다.

그에 의하면 이 두 정파의 논쟁과 정치투쟁은 무익하고 비생산적인 무용한 것이다.

왜냐하면 고대 이래 현재까지 인류사회의 발전과정을 실증적으로 관찰하면 언제나 '질서'와 '진보'가 병립하면서 불가분리의 협조적 관계로 통합되어 발전되어 왔기 때문이다.

그러므로 오늘날 사회가 요구하는 것은 사회현상에서 '질서'와 '진보'의 불가분리의 관계를 실증적 사실 그대로 체계화하고 이론화하는 새로운 실증적 과학을 정립하는 일이다.

사회현상에 대한 이러한 실증적 과학은 아직 정립되어 있지 않다.

그러므로 꽁트는 포괄적으로 지적 도덕적 정치적 무정부상태의 극복과 사회재조직의 원리가 될 수 있는 새로운 실증적 과학으로서의 '사회학' 성립의 기본구상을 제시하여 사회의 중요하고 절실한 필요에 부응하려고 하였다.[3)]

2. 현재의 사회상태

꽁트는 당시 프랑스 사회에서 3개의 정파가 사회의 대혼란과 국민들의 고통을 조성하고 있다고 지적하였다.

첫째는 '복고파'(l'ecole rétrograde)이다. 질서의 보수파 사상은 카톨릭교 조직과 봉건적 조직 속에 뿌리를 둔 신학적 군사적 제도에서 기원한 것인데, 혼란과 고통의 구제책으로서 '복고'를 추진하고 있다.

그러나 복고정책의 모순은 그 실천행동의 전개과정에서 복고정

3) *The Positive Philosophy of August Comte*, Vol.2, pp.138~142 참조.

책이 소멸될 수밖에 없다는 사실에 있다. 가장 강력한 복고정책을 말했던 나폴레옹 보나파르트 자신조차 산업·미술·과학의 보호자를 자처하였다.[4] 나폴레옹 몰락 후 '복고파'는 카톨릭교파와 봉건파가 분열하고, 봉건파가 다시 귀족옹호파와 국왕옹호파로 분열하여, 서로 쟁투하면서 '구체제'로의 복구는커녕 끊임없이 사회혼란과 국민 고통만 조성하고 있다.

복고파는 내부 분열의 당쟁 과정에서 교활한 당략에 떨어져, 스스로 정치적 패배를 자초하면서, 도덕적 타락에까지 이르고 있다. 《교황》(*Le Pape*)의 저자 드·메스트르(Joseph de Maistre) 등은 이러한 상태에서 낡은 복고주의 학설을 갖고 사회를 개조하겠다고 자칭하고 있다.

둘째는 '형이상학적 정치론'(la politique métaphysique)이다. 그들의 사상은 과거 3세기 동안 정치적 진보를 지도하였다. 그들의 주장은 '구체제'의 급진적 파괴를 가져온 프랑스혁명에 성공하였다.

'혁명파'(l'école révolutionaire)의 주요한 도그마는 구사회제도 철폐의 과도적 성과 이외에는 건설의 성과가 없다는 사실이다. 그들의 학설에는 구제도 파괴의 절대적 교의만 있지, 혁명 후 '신질서' 건설의 학설이 결여되어 있다. 이 때문에 그들의 학설은 '과도적'인 역사적 성격을 갖는 것이다.

프랑스 국민은 프랑스혁명에서 다대한 희생을 치르고 헌신하여, 이제는 사회를 자기 의사에 따라 개조할 권리를 획득하였다. 그러

4) A. Comte, *La sociologie*, p.3 참조.

나 '혁명의 형이상학'(métaphysique révolutionaire)은 '비판이론'(doctrine critique)일 뿐이지 신사회 건설을 위한 사회재조직의 학설과 이론이 결여되어 있다.

예컨대 룻소(Jean Jacque Rausseau)를 들어보면, 그의 학설은 구체제를 비판하여 개인의 자유와 평등을 옹호하고 프랑스혁명을 고취해서 구질서를 붕괴시키는 데 기여하였다. 그러나 그가 이상적 상태로 추구한 것은 '자연상태'(état du nature)라고 칭한 이상한 개념의 사회상태였다. 꽁트에 의하면, 룻소는 문명의 상태를 그의 이상적 전형(자연상태)의 타락이라고 간주했는데, 이것은 태초에 에덴동산에서 지은 최초의 원죄에 의해 인류가 타락했다는 도그마의 한 변형이다. 룻소의 혁명적 형이상학이 '원시적 상태'를 회복하기 위해 혁명을 고려하기에 이르렀다는 논리가 되는데, 이것은 놀라운 일이 아닌가? 이것은 '진보'의 사상을 갖고 도리어 '복고'를 지향하는 것은 아닌가?[5] 형이상학적 혁명파에게는 신사회 건설을 위한 사회재조직의 학설과 이론이 결여되어 있다고 꽁트는 지적하였다.

그러므로 혁명파가 더 이상 프랑스사회의 잔존한 전통적 구질서의 파괴를 고취하는 것은 사회혼란과 국민의 고통을 가중시킬 뿐이다. 이제는 혁명파도 치밀한 건설의 학설과 이론을 채택하고 실천해야 한다고 꽁트는 강조하였다.

보수파와 혁명파는 이러한 상태에서 적대적 정치세력을 영구히 절멸시키려고 치열하게 정쟁을 하는데, 과거의 경험에 비추어 이것

5) A. Comte, *La sociologie*, p.12 참조.

이 성공할 것인가? 혁명파의 승리는 일시적이었지, 카톨릭교파 및 봉건파의 부흥과 왕정복고를 방지하지 못하지 않았는가? 또한 나폴레옹 보나파르트가 기획한 '복고적 반동'은 도리어 혁명파 부흥의 원인이 되고 말지 않았는가?[6)]

위의 두 학설과 정파는 이제 모두 실패한 것임이 명료하게 되었다고 꽁트는 지적하였다.

셋째는 현재 '정류(停留)학파'(l'école stationaire)라고 호칭하는 정파가 있다. 이 정파는 보수파와 혁명파의 중간에 개재하여 중개와 타협을 도출하는 정파이다.

이 정파는 복고파에 대항하는 혁명철학의 원칙은 신봉하지만 그 실행에서 복고파에 의한 장애들이 일어났으므로 더 이상의 활동을 제지하는 정책을 취한다. 한편 복고파가 추구하는 구제도는 이미 혁명파에 의해 거의 붕괴되었고 오직 현존하는 구제도의 유일한 권능은 '왕실의 특권'과 그 주위에 부착된 종교적 세속적 유물들뿐이므로 이를 타협적으로 수용하는 정책을 취한다.

그리하여 "왕은 통치하지만 지배하지 않는다"(Le roi règne et ne gouverne pas.)는 티에르(Louis Adolphe Thiers, 1797~1877)의 유명한 격언을 공식화하여 모순된 정치제도를 제정하고 있다.[7)] 꽁트는 이러한 '입헌군주제'의 과도적 정치제도는 아무리 '의회정치'와 '입헌의회'의 형식을 취했다 할지라도 복고파에 범주화되는 해결책이며, 그 해결도 국왕측으로부터 나온 것으로 생각된다고 지적하였다.[8)] 그는

6) A. Comte, *La sociologie*, p.15~16 참조.
7) A. Comte, *La sociologie*, p.20~21 참조.

언론과 문필의 자유제한 및 선거권에 대한 제한 등에서 이 타협이 복고파에 가까운 심증을 용이하게 볼 수 있다고 강조하였다.[9]

꽁트에 의하면 위의 3정파의 해결책은 프랑스 사회의 혼란과 국민의 고통을 참으로 해결할 수 있는 정책이 아니다.

오히려 위의 3정파 중에는 비판이론과 혁명파가 비록 문제의 해결책은 제시하지 못했다 할지라도 그 '진보적 특징'에 의하여 어느 정파보다도 개인적 이기주의를 제어하고 도덕의 타락을 연기시키고 있는 셈이다.[10]

이제 필요한 것은 기존의 3파의 '망상'(divagation)을 벗어나서 실증정신과 실증적 방법으로 문제 해결을 위한 새로운 사회과학을 창립하여 문제를 진정으로 해결하는 일이다.

3. 실증적 사회과학 창립의 시도

꽁트는 자기 이전의 실증적 사회과학 창립의 실험적 시도로서 간주할 수 있는 3명의 사상가를 들었다.

가장 먼저 든 사상가는 몽테스키외(Charles Louis de Secondat Montesquieu, 1689~1755)이다. 그는 《법의 정신》(*L'Esprit des Lois*)과

8) A. Comte, *La sociologie*, p.21 참조.

9) 꽁트를 입헌군주제 옹호론자로 오해하는 견해가 일부 사회학자들 사이에 있는데, 꽁트의 이 정류학파의 입헌군주제론 비판과 프랑스혁명파 지지는 꽁트가 도리어 입헌군주제 비판자였고 공화주의자였음을 잘 증명해주고 있다.

10) A. Comte, *La sociologie*, p.23~24 참조.

《로마정치론》(*Traité sur la politique romaine*) 등을 저술하여 실증적 사회과학을 추구하였다.

꽁트에 의하면 몽테스키외는 《법의 정신》에서 처음으로 정치현상을 자연법칙에 복속하는 것으로 간주한 특징이 있다. 그는 '법'의 개념을 인류의 지성이 이미 관습적으로 실증적 탐구를 통해 이에 부여해 온 의의에 따라서 정의하였다. 이러한 혁신은 데카르트(René Descartes, 1596~1650), 갈리레오(Galileo Galilei, 1564~1642), 케플러(Johannes Kepler, 1571~1630), 뉴톤(Isaac Newton, 1642~1727) 등의 저작에 의해 주어진 자극 아래 과학의 계속적 진보를 계승하여 몽테스키외가 '법률'에 창의롭게 적용하려고 시도한 것이다.[11)]

꽁트는 아리스토텔레스의 《정치학》에서의 원시사회적 형태의 사회현상 이해를 계승하여, 몽테스키외가 처음으로 사회현상을 자연법칙에 종속하는 것으로 인정했다고 평가하였다. 이것을 가장 잘 나타낸 부분이 몽테스키외의 《법의 정신》에서 정치에서의 '풍토'의 영향, '민족'의 영향을 강조한 견해라고 지적하였다.[12)]

꽁트는 몽테스키외 다음으로 사회학의 창립에 선구적 시사를 준 사상가로서 콩도르세(Marie Jean Antonie Nicolas Condorcet, 1743~1794)의 《인간정신의 진보의 역사적 일람 소묘》(*Esquisse d'un tableau historique des progres de l'esprit humaine*, 1795)를 들었다.

꽁트는 특히 콩도르세가 이 저작의 짧은 서문에서 여러 종류의

11) A. Comte, *La sociologie*, p.41~45 참조.
12) Raymond Aron, *Le étapes de la pensée sociologique*, 1967, pp.25~26 참조.

사회상태의 연속을 연구해야 한다는 견해를 피력한 것을 높이 평가하였다.

꽁트는 콩도르세가 파스칼(Blaise Pascal, 1623~1662), 다랑베르(Jean Le Rond D'Alembert, 1717~1783), 할러(Albrecht von Haller, 1708~1777), 쥐슈(Bernard de Jussieu, 1699~1777), 린네(Carl von Linné, 1707~1778), 뷔퐁(George Louis Leclerc Buffon, 1707~1788), 비크 다지르(Vicq d'Azyr) 등으로 이어지는 과학진보의 자극과 영향을 받고 실증적 방법을 사회현상의 연구에 도입하여 인간정신의 진보를 연구한 것을 특히 주목해야 한다고 강조하였다. 콩도르세의 결점은 인간정신의 진보에 치우치고 정작 사회상태의 진보에 대해서는 작업하지 못한 것이라고 꽁트는 지적하였다.[13]

꽁트는 끝으로 인류의 과거사 전체에 대한 관찰을 시도한 학자로 보쉬에(Jacques Benigne Bossuet, 1627~1704)를 들었다. 그는 여러 역사적 사실들과 사건들 사이에는 '연락'(liaison)이라고 부를 수 있는 전체적 관련이 있음을 주목했다고 꽁트는 설명하였다.[14]

꽁트는 몽테스키외, 콩도르세, 보쉬에 등 3인의 사상가가 비록 사회학을 창립하지는 못했지만 꽁트 자신의 사회학 창립에 선구적인 많은 시사를 주었다고 상찬하였다.

---

13) A. Comte, *La sociologie*, p.46~47 참조.
14) A. Comte, *La sociologie*, p.48~49 참조.

제3장

사회학의 연구방법

1. 실증철학, 실증주의의 특징

꽁트는 사회학의 연구방법은 실증철학, 실증주의 기초 위에 정립된다고 강조하였다. 그는 《실증정신론》(*Discours sur L'esprit positif*)에서 실증철학, 실증정신의 특징을 다음과 같은 의미를 가진 것이라고 요약하여 설명하였다.[1]

(1) '가공적'(架空的, chimerique, chimerical)인 것에 대립하는 '현실적'(réel, real)인 의미를 갖고 있다.

이것은 실증철학의 가장 오래되고 가장 보편적인 특징인데, 새로운 실증정신에 완전히 합치하는 것이다. 이것은 초기의 철학정신(신학적 철학정신)이 몰두해온 불가해한 신비주의를 항구적으로 거부하고 인간의 지성이 충분히 접근할 수 있는 실재하는 사실의 탐구를 의미하는 것이다.

(2) '무용'(oiseux, useless)에 대립하는 '유용'(utile, useful)의 의미이다.

이것은 첫째의 뜻과 매우 가깝지만 일단 구분되는 내용이다. 이

1) A. Comte, *Discours sur L'esprit Positif*, 1844, pp.41~42; *Traité philosophique d'stronomie populaire*, 1844, pp.41~42 참조.

것은 실질적 내용이 없는, 호기심을 무의미하게 만족시키는 것이 아니라, 개인 및 집단생활의 조건, 즉 인간사회의 끊임없는 개선에 기여하는 정신을 의미하는 것이다.

(3) '불확정'(indécision)에 대립하는 '확정'(certitude)의 의미이다.

이것은 고대의 지적 체계(신학적·형이상학적 상태)에서 볼 수 있는 바와 같은 막연한 의문이나 결실 없는 의론을 버리고, 개인에게는 논리적 조화, 인류에게는 정신적 화합을 자연히 만들어 내는 정신을 의미하는 것이다.

(4) '애매'(vague)에 대립하는 '정확'(précis)의 의미이다.

이것은 탐구를 애매모호하게 하여 정확치 않은 탐구와 해답에 어떤 초자연적인 신묘한 권위가 있는 것처럼 위장하는 것에 대신하여, 현상과 주제의 성질이 허락하는 한 정확하고 명료하게 탐구하는 정신을 의미하는 것이다.

(5) '소극적'(negatif)에 대립하는 '적극적'(positif)의 의미이다.[2)]

이것은 신학적 형이상학적 철학이 비판과 파괴에는 열중하고 건설에는 소극적인 것에 반대해서, 새로운 사회를 재조직하고 건설하는 적극적 실증주의 정신을 의미하는 것이다.

(6) '절대'(absolu, absolute)에 대한 '상대'(relatif)의 의미이다.

이것은 절대적 지식과 절대진리를 추구하는 신학적·형이상학적 철학에 대비하여, 합리적 과학적 지식과 상대적 진리를 추구하는 실증주의 정신의 특징을 의미하는 것이다. 이것은 실증정신의 위의

2) 李相佰, 〈과학적 정신과 적극적 태도: 실증주의 정신의 현대적 의의〉, 《學風》 제1권 제1호, 1948; 《이상백 저작집》 제3권 pp.439~449 참조.

5가지 특징의 종합에서 필연적으로 나오는 것으로서, 신학적·형이상학적 정신과 실증정신을 가장 명료하게 구별하는 특징이다.

실증정신의 '상대적'이라는 특징은 꽁트가 처음으로 크게 강조한 것으로서, 실증철학과 실증정신의 성격을 결정하는 매우 중요한 것이다. 꽁트는 "모든 것은 상대적이다. 이것이 유일의 절대적 원리이다"라고 설명하였다.

즉 꽁트의 실증정신은 특히 '상대적'인 것을 근본적 특징으로 한다. 따라서 그의 실증정신의 6가지 특징에서는 '상대'(relatif)가 특별한 위치를 점하고, 이 '상대'를 바탕으로 하여 그 위하여 '현실', '유용', '확정', '정확', '적극'의 5가지 특징이 함께 정립되는 것이다.

꽁트가 실증정신에서 '상대적'인 특징을 극히 중요시한 사실에서, 우리는 꽁트가 한편으로 몽테뉴, 데카르트, 베에르 등을 연결하는 합리주의 정신, 즉 회의의 정신을 섭취하고, 다른 한편 파스칼, 튀르고, 콩도르세에 이르는 프랑스 진보사상을 섭취한 이유를 알게 된다.

(7) 실증정신의 '동정적'(sympathique, sympathetic) 특징이다.

꽁트는 이상의 그의 과학적 실증주의의 6가지 특징 위에, 후기의 《실증정치체계》(*Système de politique positive*, 4 tomes, 1851~1854)에서 종교적 실증주의의 한 요소를 첨가했는데, 이것이 '동정적'이라는 특징이다.

이 '동정적' 특징은 꽁트의 실증정신의 도덕적 측면이다.

꽁트는 앞의 실증정신의 6가지 특징에 '동정적'의 특징을 첨가한 7가지 특징이 갖추어져야 실증주의·실증정신이 완성된다고 설명하였다.

2. '관찰'의 방법

꽁트는 실증주의에 기초한 사회학의 연구방법으로서 생물학과 마찬가지로 '관찰', '실험', '비교' 방법과 사회학 독특한 것으로 '역사적 방법' 등을 들었다.[3)]

'관찰'(observation)은 사회학 연구의 첫째의 방법으로서, '상상' '사변'은 '관찰'에 종속되는 것이다.

여기서 '관찰'이라 함은 '실재'하는 사회적 '사실'에 대한 '관찰'을 의미한다. 또한 여기서 '상상'이라 함은 '허구적인' 것 또는 실재하지 않는 것의 '상상'을 의미하는 것이다.

사회현상의 관찰에는 특정의 사회학 이론이 사용되어야 한다. 그렇지 않으면 사회현상은 매우 복잡하기 때문에 과학적 관찰이 어려워진다. 이 경우에 아직 사회학 이론이 풍부하게 충분히 정립되어 있지 않다는 점이 문제이다.

그는 고립된 경험적 관찰은 무의미하고 불확실하다는 점을 강조하였다. 관찰 방법은 처음 천문학과 물리학에서 먼저 정립하여 보편화된 과학적 방법이다.[4)] 과학은 적어도 가설이나 법칙에 일치하는 관찰이 아니면 채용하지 않는다. 사회학 이론을 활용한 관찰이 복잡한 사회현상의 관찰에 객관성을 확보해주는 것이다.

꽁트는 직접적 관찰뿐만 아니라 간접적 증거도 매우 중요시 하였다. 역사적 문화적 기념물, 관습, 의식, 언어분석 등은 사회학의 객

---

3) A. Comte, *La sociologie*, pp.70~82 참조.
4) A. Comte, *La sociologie*, pp.413~415 참조.

관적 관찰에 유용한 수단이 된다고 지적하였다.[5]

3. '실험'의 방법

꽁트는 '실험'(expérimentation) 방법은 처음 물리학과 화학에서 먼저 정립하여 보편화된 매우 정밀한 과학적 방법이라고 보았다.[6] 그는 실험의 방법을 '직접적 실험'과 '간접적 실험'으로 구분하고, 생물학이나 병리학에서 사용하는 직접적 실험 방법을 사회현상의 연구에 적용함에는 어려움이 있음을 지적하였다.

그러나 사회학 이론이나 법칙이 잘 정립되어 발전되면, 간접적 실험은 가능하다고 그는 생각하였다.

그는 간접적 실험을 '관찰방법의 제2방식'(le second mode de l'art d'observer)으로 볼 수 있다고 생각하였다. 이 경우에 그는 사회변동 분석이나 역사적 관찰에서 사회학적 연구는 이론이나 가정의 정립 아래 '간접적 실험방법'이 사용될 수 있다고 생각하였다.

그 후 막스 베버(Max Weber)가 사회학적 인과관계 분석과 요인 분석 방법의 하나로 '정신적 실험'(mental experiment)의 방법을 제안했는데, 이것은 꽁트의 '간접적 실험'의 방법을 계승 발전시킨 착상이라고 볼 수 있다.

---

5) Igor S. Kon(ed.), *A History of Classical Sociology*, Progress Publisher, Moscow, 1989, p.29 참조.
6) A. Comte, *La sociologie,* p.439 참조.

4. '비교'의 방법

꽁트는 '비교방법'(la méthod comparative)은 처음 생물학의 분류법과 동물 및 식물의 종의 생리학적 계통 분류에서 먼저 정립하여 보편화된 매우 유용한 과학적 방법이라고 설명하였다.[7] 그는 비교방법을 사회학에도 매우 유효한 연구방법이라고 보았다.

사회학에서 비교방법은 동시대에 세계 각지에 살고 있는 여러 민족들의 연구에 매우 유효한 방법이다. 인류의 전반적 진보는 결국 언제인가는 모든 민족과 주민들을 동일한 문명수준으로 발전시키게 되겠지만, 현재의 지구의 여러 부분에 살고 있는 독립된 주민들의 각종의 사회상태는 균등한 발전 수준에 있지 않다. 어떤 민족은 여러 가지 원인으로 일반적 발전수준 보다 저위의 발전 수준에 있다. 이러한 발전의 불균등의 결과로서 가장 문명한 국민들의 옛 시대의 상태가 지구의 여러 지역에 산재한 현재의 민족들 가운데서 관찰된다.[8]

비교방법은 이러한 지구상 여러 민족들의 연구에 적용되어 각 민족의 사회상태를 더욱 정확하게 객관적으로 밝힐 수 있다.

또한 비교방법은 역사의 분석적 설명을 증명해 주어 사회학의 역사연구에도 효율적으로 적용될 수 있다.

꽁트는 필요하다면 비교방법을 인간사회와 동물사회의 비교에도 사용될 수 있다고 보았다. 물론 이 때에도 그 유사성과 차이성을 객

7) A. Comte, *Cours de philosophie positive*, vol.6, pp.819~823 참조
8) A. Comte, *La sociologie*, p.75 참조.

관적으로 관찰하기 위한 목적과 범위 내에서의 사용에 한정한 경우이다.

꽁트는 비교방법의 중대한 결점은 특정 사회의 정태적 고찰에는 유효한데 동태적 고찰은 할 수 없는 점이라고 지적하였다. 비교방법으로는 특정사회의 계속적 진보의 관찰을 어렵게 하고, 때때로 사회발전의 주요한 위상과 지엽적 변화를 전도시켜 오해하기 쉬운 취약점이 있다고 그는 생각하였다.[9]

5. '역사적' 방법

꽁트에 의하면, '관찰' '실험' '비교'의 방법들은 자연과학을 비롯한 모든 실증과학들의 공통의 연구방법인 데 비하여, '역사적 방법'은 사회학 특유의 연구방법이다. 그는 사회학의 연구방법이 생물학의 연구방법으로부터 구분되는 것은 이 '역사적 방법' 때문이라고 지적하였다.

꽁트는 사회학이 '역사적 방법'을 사용하게 된 것은 사회학이 실증적 방법을 완성하는 것이라고 생각하였다.[10]

꽁트는 역사를 사회현상의 계승된 축적이라고 보았다. 그는 실제로 '역사가 없으면 사회학이 없다'고 서술하였다.[11] 그는 역사적 방

9) A. Comte, *La sociologie*, pp.76~78 참조.
10) A. Comte, *Cours de philosophie positive*, vol.6, p.827 참조.
11) A. Comte, *Cours de philosophie positive*, vol.1, p.260.

법에 대해 다음과 같이 강조하였다.

> "역사적 방법의 정신은 사회적 계열(séries sociales)의 이용에 있다. 바꾸어 말하면, 역사적 사실들의 전체적 관찰(총관)에 의하여 인류의 여러 다양한 상태들을 연속적으로 평가하고, 그리하여 물리적, 지적, 도덕적, 정치적 진보의 '연속적' 증대와 여기에 반대하는 경향의 조응하는 감소를 지시함으로써 인류의 여러 상태들을 음미 감상함에 있다."[12]

꽁트는 역사적 방법으로 사회의 연속적 계승에 대해 사회석 계열을 이용하면서, 전체적으로 관찰하고, 인류의 여러 가지 사회상태들을 연속적으로 평가해 보면, 인류사회의 계승적 진보의 법칙을 발견할 수 있게 된다고 보았다. 또한 이 인류사회 진보의 법칙을 알게 되면 인류 사회와 문명의 미래에 대한 과학적 '예견'(prévoir, prevision)도 가능하게 된다고 생각하였다.[13]

꽁트의 이 관점에 대하여 레이몽 아롱은 꽁트가 "사회학의 진정한 연구대상은 바로 인류역사 그 자체이다(Ce qui est l'objet véritable de la sociologie, c'est l'histoire de l'espèce humaine.)라고 강조했음을 지적하였다. 예컨대 19세기 초의 프랑스 사회상태는 프랑스역사의 연속 안에서 집중하여 고찰해야 비로소 이해할 수 있고, 왕정복구는 오직 프랑스혁명의 맥락에서만 이해가 제대로 되며, 프랑스혁명은 오직 수세기에 걸친 왕정의 퇴폐의 맥락에서만 이해가 된다고 꽁트는 생각

12) A. Comte, *La sociologie*, p.79 참조.
13) A. Comte, *Cours de philosophie positive*, vol.6, pp.829~834 참조.

했다는 것이다. 즉 꽁트는 사회적 실체의 역사적 진화의 한 순간마저도 오직 역사적 진화의 전체 맥락에서만 의미가 있다고 보았다는 것이다. 이러한 꽁트의 견해는 인류역사 자체를 사회학의 연구대상으로 삼은 것이라고 레이몽 아롱은 해설하였다.[14]

사회학이 그의 특유한 방법인 '역사적 방법'을 정립하여 '관찰' '실험' '비교'의 방법에 '역사적 방법'을 추가해서 가장 복잡한 사회현상을 실증적으로 그리고 동학적으로 탐구할 수 있게 된 것은 사회학의 방법론의 우월성을 증명하는 것이라고 꽁트는 설명하였다.

14) Raymond Aron, *Les étapes de la pensée sociologique*, pp.82~83 참조.

제4장

사회학과 다른 실증과학의 관계

1. 사회학과 실증과학의 위계

꽁트에 의하면 인간의 지식은 보편성, 단순성, 다른 학문으로부터의 독립성 등에 비례하여 실증적 단계에 도달하는 시간이 각각 달랐다.

인류의 지식 가운데 가장 먼저 실증과학이 된 학문은 '수학'이다.[1] 수학이 가장 보편적이고, 단순 명료하기 때문이다. 과학의 논리가 수학에서 최초로 명료하게 나타나서 독립된 과학이 되어 모든 실증과학에 적용되는 최저변 기초가 되었다.[2] 꽁트는 수학을 두 부문으로 나누었다. 즉 추상적 수학(계산법)과 구체적 수학(기하학과 역학)이 그것이다. 추상적 수학은 순수한 논리적 합리적 특징을 갖는다. 구체적 수학은 본질적으로 실험적 물리학적 현상적 특징을 갖는다. 수학의 가장 엄격한 특징은 보편성에 있다.[3]

이어서 '천문학'이 수학에 기초하여 가장 일반적이고 단순 명료한

---

1) A. Comte, *Cours de philosophie positive*, vol.6, p.649 참조.
2) A. Comte, *La sociologie*, pp.410~411 참조.
3) A. Comte, *Cours de philosophie positive*, vol.1, pp.122~123 참조.

독립과학으로 발전하였다.[4] 천문학은 무기물체와 우주적 사실에 대한 '관찰'의 실증과학으로 정립되어 발전되었다. 현재 천문학은 천체의 기하학적 현상과 역학적 현상의 법칙 발견을 목적으로 하는 과학으로 되어 있다. 꽁트에 의하면, 천문학 분야가 현재 인간정신의 신학적 형이상학적 영향을 완전히 벗어난 유일한 부문이다.[5]

이어서 셋째 순서로 '물리학'이 성립되었다. 물리학은 물체의 질량과 그 운동을 연구하는 과학으로서, 중력학·열학·음향학·광학·전기학 등으로 발전하고 있다. 물리학은 갈리레오의 발견들에 의해 형이상학에서 탈출하게 되었다.[6]

다음에 '화학'이 성립되었다. 화학은 자연적 물질 또는 인공적 물질의 상호간에서 분자의 독특한 작용이 산출하는 합성과 분해의 여러 현상들의 법칙을 연구하는 실증과학으로 성립되었다.[7]

이어서 '생물학'(생리학)이 성립되었다. 생물학은 유기체의 생명의 법칙 연구의 실증과학으로 최근 1세기 전에 비로소 성립된 학문이다.[8]

이들의 실증과학으로서의 확립과 발전을 배경으로 이제 실증과학으로서의 '사회학'이 성립하게 된 것이다. 사회학의 성립은 '생물학' 다음의 일이며, 그것은 처음에는 생물학의 과학적 방법을 참작하면서 실증과학으로 성립된 것이다.

---

4) A. Comte, *Cours de philosophie positive*, vol.6, p.651 참조.
5) A. Comte, *Cours de philosophie positive*, vol.2, pp.5~6 참조.
6) A. Comte, *Cours de philosophie positive*, vol.2, pp.303~312 참조.
7) A. Comte, *Cours de philosophie positive*, vol.3, pp.11~12 참조.
8) A. Comte, *Cours de philosophie positive*, vol.3, pp.230~237 참조.

꽁트는 이러한 실증과학들의 연결에서 앞 순서의 과학이 성립되어야 다음 순서의 과학이 성립된 것이라고 설명하였다. 왜냐하면 가장 일반적이고 단순명료한 과학의 성립의 기초위에서 점점 더 복잡성이 증대된 과학의 성립으로 진행되었기 때문이다.

꽁트는 '수학', '천문학', '물리학', '화학', '생물학', '사회학' 등 실증과학들의 성립 순서를 배열하고 이것을 '과학의 순서' 또는 '과학의 위계'(la hierarchie des sciences, hierarchy of the sciences)라고 불렀다.

실증과학의 위계

사회학은 실증과학 가운데서 가장 늦게 성립된 과학이다. 왜냐하면 사회현상은 매우 복잡하여, 사회현상에도 법칙이 있고 그것이 자연법칙에 복속된다는 생각의 실증정신이 가장 늦게 형성되었기 때문이다.

사회학은 그에 앞서 성립된 다른 실증과학들이 발전시킨 학문적 성과들을 자원으로 모두 동원하여 가장 늦게 성립된 과학이기 때문에, '실증과학의 완성'의 위치에 있으며, '과학의 위계'에서는 '정상'에 있다. 특히 그는 사회학이 다른 실증과학에는 없는 '역사적 방법'을 정립하여 사용하는 것은 실증과학을 완성시키는 것이라고 설명하였다.9)

이것은 사회학이 다른 실증과학을 지배한다는 의미가 전혀 아니라, 가장 복잡하고 난해한 사회현상을 자연법칙에 종속된 실증과학으로 정립한 최후의 실증적 과학이라는 의미에서 그러한 것이라고 꽁트는 강조하였다.

꽁트는 도리어 사회학의 성립은 그 바로 앞에 성립된 생물학의 비교방법을 사용하면서 생물학에 뒤이어 성립된 것이라고 지적하였다. 천문학, 물리학, 화학과는 달리, 생물학은 유기체 연구의 과학이며, 사회학은 인간유기체인 '개인' 연구도 포함한 사회현상의 법칙 연구의 과학이기 때문이다.

그는 사회학이 생물학의 성립 뒤에 실증과학으로서 자기시대에 최후로 성립된 것은 사회현상의 복잡성의 특징 때문에 그럴 수밖에 없는 자연적 순서라고 설명하였다.

---

9) A. Comte, *La sociologie*, p.441 참조.

2. 사회학의 일반적 성격: 종합사회학과 분과사회학

꽁트가 창시한 '사회학'은 오늘날의 용어로 표현하면 '종합사회학'과 '분과사회학'을 모두 포함한 것이다.

꽁트에 의하면, 생물학·생리학의 유기체 연구에서 볼 수 있는 바와 같이, 대상 유기체를 전체(종합·일반)에서 시작하여 특수부문 연구로 들어가는 방법과, 특수기관 연구에서 시작하여 전체를 종합하는 방법이 있다.

꽁트는 사회학이 이 두 가지 방향의 연구를 모두 진행해야 한다고 생각하였다. 즉 그는 종합사회학과 분과사회학을 모두 절실히 필요한 것으로 설명하였다.

단지 그 자신은 사회학의 최초의 창립자로서 새로운 학문의 전체 구성을 정립해야 하므로 '종합사회학' 연구에 더 많은 정력을 투입할 수밖에 없었다. 특히 그는 프랑스 전체사회의 재조직을 위한 새로운 과학을 추구했으므로 자연히 '종합사회학'이 매우 중요시 되었다.

꽁트가 종합사회학을 말할 때의 '사회학'은 '사회과학'과 같은 의미이다. 그는 동일 논문에서 '사회학'과 '사회과학'의 용어를 동일한 의미로 혼용하는 경우가 있었다. 때로는 '사회학'을 '정치학' '경제학' '역사학' '법학' '심리학'도 포함한 것으로 사용한 경우가 있는데, 이 경우의 '사회학'은 '종합사회학'으로서 '사회과학'의 내용을 갖고 있음을 글 내용에서 바로 알 수 있다.

그러나 꽁트가 분과사회학을 등한시했거나 무시한 것은 전혀 아니었다. 그의 사회정학 연구는 분과사회학의 분야를 새로 개척한 연구가 많았다.

그의 사회적 개인·가족·공동체·결사체·세대·집단·조합·계급 연구나 사회정학 강의는 특수연구를 중시하여 체계화하고 있으며, 그의 '분과사회학'의 개척을 잘 증명해 주고 있다.

막스 베버

꽁트의 '사회학'의 이러한 성격 때문에 그 후 사회학에는 ① 종합사회학의 전통(사회과학의 일반이론)과 ② 분과사회학의 전통이 다 함께 발전하게 되었다.[10] 종합사회학의 전통에 따라 사회학을 크게 발전시킨 학자가 막스 베버(Max Weber, 1864~1920)이다.

사회학의 이러한 일반적 성격 때문에 사회학에는 꽁트의 성립기부터 분과사회학의 성격과 함께 '사회과학의 일반이론'의 특징이 있었다. 그러므로 사회학은 그의 일반이론에 기초하여 그 위에 정치·경제·문화·역사·법률·예술·특수문제 등 모든 사회현상에 대해 정치사회학·경제사회학·문화사회학·역사사회학·법사회학·예술사회학·특수문제 사회학 등을 특화 발전시킬 수 있는 특징을 가진 실증과학으로 성립되었다고 볼 수 있다.

사회학이 분과사회학과 함께 종합사회학의 두 차원을 동시에 가

10) Max Weber는 사회학을 '종합사회학'으로 발전시킨 대표적 사회학자라고 볼 수 있는 한편, Emile Durkheim은 사회학을 '분과사회학'으로 발전시킨 대표적 사회학자로 볼 수 있을 것이다.

진 것은 사회학의 특징임과 동시에 큰 강점이라고 꽁트와 베버 등은 생각하였다.

3. 사회학의 구분: 사회정학과 사회동학

꽁트는 사회조직의 양대 기둥은 '질서'(ordre)와 '진보'(progrès)라고 관찰하였다.

> "어떠한 올바른 '질서'도 만일 그것이 '진보'와 충분히 일치하지 않으면 확립되지도 않고 지속되지도 않는다. 또한 어떠한 '대진보'도 만일 그것이 궁극적으로 '질서'의 공고화에 기여하지 않으면 결코 유효하게 실현되지 않는다."[11]

사회학은 이에 조응하여 '사회정학'(Statique sociale)과 '사회동학'(Dynamique sociale)으로 구분한 다음, 양자를 통합하는 것이 필요하다고 그는 설명하였다.

사회정학은 '질서'를 연구하는 사회학이다. 사회정학은 사회의 존재(coexistence)의 조건인 '질서'(ordre), '연대'(solidarité), '조화'(harmonie)를 연구하는 사회학 부문이다.

사회동학은 '진보'를 연구하는 사회학이다. 사회동학은 사회의

11) A. Comte, *Cours de philosophie positiive*, vol.4, p.8 참조.

'진보'(progrès), '진화'(evolution), '발전'(dévelopment), '계기'(succession), '변동'(change)을 연구하는 사회학 부문이다.

꽁트에 의하면, 사회학은 사회현상을 사회법칙에 종속하는 것으로 파악하는 것이고, 사회법칙을 정립하여 파악하면 반드시 합리적 '예견'(prévóir, previson)이 가능하게 되어 사회를 재조직하기 위한 지적 능력을 갖게 된다.

따라서 사회정학은 인간의 공동생활의 조건인 질서·연대·조화의 법칙적 원리를 발견하여 실증적 이론을 정립해야 한다.

한편 사회동학은 인류문명과 인류사회의 연속적 계기적 진보·진화·발전·변동의 원리를 발견하여 실증적 이론을 정립해야 한다.

그리고 사회정학과 사회동학은 마침내 통합되어 하나의 사회학 체계로 성립되면, 종래 근본적으로 대립되는 것으로 생각해 온 '질서'와 '진보'의 두 관념과 사상이 하나로 결합되고, 사회재조직의 지적 능력을 가진 새로운 실증과학이 성립된다고 그는 설명하였다.

제5장

사회정학

꽁트에 의하면, 사회정학은 인간의 공동생활의 일반적 조건인 질서·조화·연대의 원리를 다루는 학문이며, 사회동학을 연구하는 예비적 이론이다. 사회의 진보와 운동의 법칙을 연구하고 사회동학을 연구하기 위해서는 인간의 공동생존의 조건을 먼저 연구해야 한다.

꽁트는 인간의 공동 사회생활의 조직원리를 탐구하면서, 단순한 것으로부터 복잡한 것으로 차례로 3개의 주제인 '개인', '가족', '일반사회'의 순서로 사회정학의 구상을 설명해 나갔다.

1. 개인

(1) 결사성(結社性, sociabilité, sociability)

꽁트에 의하면, 개인(l'individu, individual)이 다른 사람과 '연대'하여 공동사회생활을 하는 것은 본래(생물학적으로) '결사성'(sociabilité)을 갖고 있기 때문이다.[1] 그것은 신의 뜻(예, 메스트르의 견해)이거나, 사회계약(예, 룻소의 견해)에 의거한 것이 아니다.

꽁트에 의하면 개인은 유기체이므로 근본적으로는 생물학적 기초를 갖고 있다. 생물유기체로의 인간 개인은 집합적 공동생활의 본능을 갖고 있는 것으로 추론된다. 즉 개미, 벌꿀이 결사성의 본능을 갖고 있는 하등동물이라면, 인간은 '결사성의 본능'을 가진 만물의 영장으로 관찰한 것이라고 추정된다.

그는 "인간의 결사성(sociabilité humaine) 및 그 특징을 결정하는 여러 가지 유기적 조건을 분석하는 것이 전체 사회학적 고찰의 당연한 출발점이 되어야 할 것이다"[2]라고 설명하였다.

계몽사상가들은 인간이 자기의 욕구만족을 위한 공리성(utilité, utility)에 기인하여 (사회계약을 통해) 사회상태를 만들었다고 설명하지만, 꽁트는 이 '공리성'은 인류사회가 발전한 후가 아니면 현출하지 않는 것으로서, 공리성 자체가 사회적 산물로 관찰된다고 설명하였다.[3]

인간은 "결사성이라고 하는 공동생활에 대한 하나의 본능적 성향 때문에, 모든 개인적 이해타산으로부터는 독립적으로, 그리하여 자주 가장 강렬한 개인적 이익까지도 희생해 가면서",[4] 다른 사람과 연대(solidarité)를 맺어 공동생활을 영위한다고 꽁트는 지적하였다.

꽁트의 '결사성'의 학설은 그 후 영·미 사회학에서는 발전되지 않았는데, 프랑스 사회학에서는, 귀르비치(George Davidovich Gurvitch)의 사회학에서 볼 수 있는 바와 같이, 중시되어 사회조직의 출발 설명

1) A. Comte, *La sociologie*, p.93 참조.
2) A. Comte, *Cours de philosophie positive*, vol.4, p.383.
3) *The positive philosophy of Auguste Comte*, vol.2, p.275 참조.
4) A. Comte, *Cours de philosophie positive*, vol.4, p.433.

으로 채용되고 있다.

(2) 개인의 인간본성(la nature humaine)의 특징

꽁트에 의하면, 개인의 다른 사람과 연대를 맺는 계속된 행동에서 인간본성(la nature humaine)을 관찰하면, 첫째로 한 쌍의 '성능'을 찾아 볼 수 있다. ① '지적 성능'(facultés intellectuelles, intellectual faculties)과 ② '정서적 성능'(facultés affectives, affective faculties)이 그것이다. 특히 '지적 성능'은 어떤 다른 동물에게도 비교할 수 없는 인간의 고유한 가장 특징적인 중요한 성능이다.

이 한 쌍의 개인의 성능에서 관찰되는 경향은 그럼에도 불구하고 '정서적 성능'이 '지적 성능'보다 훨씬 우세하다는 사실이다.[5)]

꽁트는 그 원인을 '지적 성능'의 작용은 피로를 수반하기 때문이라고 설명하였다.

그에 의하면 개인은 우선 이 2중의 대립적으로 보이는 두 조건의 결합에 의하여 사회적 존재의 특징을 형성한다.

즉 ① '정서적 성능'에 의하여 개인의 활동성이 풍부해지고, 사회에서의 개인의 에너지가 분출된다. 특히 정서적 성능은 개인의 '보수의 정신'과 관련되어 있다.

한편 ② '지적 성능'에 의하여 인간을 보다 행복한 상태에 두려는 고상한 노력이 전개된다. 특히 지적 성능은 개인의 '개혁의 정신'과

5) A. Comte, *La sociologie*, pp.92~93 참조.

관련되어 있다.

개인의 사회생활을 위해서는 이 두 개의 성능은 모두 필수적이다.

그러나 꽁트에 의하면 개인의 혁신과 사회의 진보를 가져온 것은 주로 '지적 성능'의 사용의 결과이다. 그러므로 열세한 '지적 성능'을 강세의 '정서적 성능'과 균형을 갖도록 하기 위한 노력(예컨대 교육)을 사회는 준비하게 된다고 그는 설명하였다.[6]

개인의 인간본성의 둘째의 사회적 특징은 ① 이기적 본능(instinct de égoisme)과 ② 이타적 본능(instinct de altruisme)의 다른 한 쌍이다.

꽁트에 의하면 이 다른 한 쌍의 개인의 본능에서 관칠되는 경향은 이기적 본능(이기심)이 이타적 본능(이타심)보다 훨씬 우세하다는 사실이다.

그런데 직접 '결사성'(sociabilité)에 관계하여 다른 사람과 '연대', '조화'를 맺는 것은 보다 고상한 본능인 '이타적 본능'이다.[7]

그러므로 사회의 연대와 조화를 위해서는 열세의 '이타적 본능'(이타심)을 강세의 '이기적 본능'(이기심)과 균형을 갖도록 하기 위한 노력(예, 도덕교육, 종교윤리)을 사회는 준비하게 된다.

꽁트에 의하면, 진보적 도덕이 "나를 사랑하는 것과 같이 네 이웃을 사랑하라"고 설교하는 것은 이를 단적으로 나타내는 것이다. 여기에는 도덕률 특유의 과장은 갖고 있으나, 사회의 연대와 조화를 개인의 본능과 자연적으로 결합시키기 위해 '이타적 본능'을 보강해서 '이기적 본능'과 균형을 맞추고자 하는 도덕의 원리가 표현되어

6) *The positive philosophy of Auguste Comte*, vol.2, pp.276~280 참조.
7) A. Comte, *La sociologie*, pp.93~96 참조.

있다고 그는 설명하였다.

꽁트의 이 개인의 본능적 성향의 분석은 현대 미국사회학에서도 채용되어 발전되고 있다. 예컨대 개인의 퍼스낼리티와 행동 분석에서 사용하는 '동기적 지향'(motivational orientation)과 '가치 지향'(value-orientation)의 파슨즈(Talcott Parsons) 등의 개념이 그 사례의 하나이다.

2. 사회조직의 두 원리: 공동체와 결사체

꽁트는 가족과 일반 사회의 조직 원리를 설명하면서 정학적 사회조직의 2개 원리를 설정하였다. 공동체(union, 융합체)와 '결사체'(association)가 그것이다.[8)]

꽁트는 '공동체-결사체 모형'(union-association model)을 별도 항목으로 설정하지 않고, 가족을 설명할 경우에는 '공동체'(union)의 조직원리 특징을 강조하고, 일반사회를 설명할 경우에는 결사체(association)의 조직원리 특징을 두 원리의 대비를 통하여 별도로 설명하였다.[9)]

꽁트의 생전에 《실증철학강의》를 영역하면서 직접 꽁트의 교열을 받은 마르티노의 영역 요약본에서는 '공동체-결사체 모형'이 더 선명하게 부각되어 있다. 예컨대 가족관계의 설명에서 "실제로 가족관계는 총체적으로 '결사체'(association)를 구성하는 것이 아니라 '공

8) *The positive philosophy of Auguste Comte*, vol.2, pp.289~291 참조.
9) A. Comte, *La sociologie*, pp.96~109 참조.

동체'(union)를 구성하는 것이다. 이 밀접한 친밀도 때문에 가족의 유대는 일반사회의 유대와는 전혀 다른 성격을 갖는다"[10]고 요약 번역되어 있다.

꽁트의 이 '공동체-결사체' 모형은 그 후 꽁트의 창안임을 밝히지 않고 사회학의 공동유산으로 널리 애용되고 있다. 그러나 이 모형을 최초로 창안한 것은 사회학의 창시자 오귀스트 꽁트였다.[11]

꽁트는 '공동체'(union)는 구성원이 이해타산을 초월하여 '정서적'으로 융합하는 것이 특징이라고 설명하였다. 공동체는 동적적 본능의 사회적 감정이 지발적으로 발흥하는 근본적 조화의 원초적 개념이라고 그는 지적하였다.[12] '공동체'에서는 개인의 경우 '정서적 성능'(faculté affectives)이 지배하는 것이다.

한편 '결사체'(association)는 특정 목적과 이해관계로 사회계약에 의하여 결합하는 것이 특징이라고 그는 설명하였다. 결사체에서는 목적 달성을 위한 계산된 협업이 일차적이고, 동정적 본능이나 정서적 융합은 이차적인 것으로 전도된다고 그는 지적하였다.[13] 즉 '결사체'에서는 개인의 경우 '지적 성능'(faculté intellectuelles)이 지배하

10) *The positive philosophy of Auguste Comte*, vol.2, p.290, "In fact the domestic relations do not constitute an *association* but a *union*, in the full force of the term; and on account of this close intimacy, the domestic connection is of a totally different nature from the social." 참조.

11) 꽁트의 'union-association 모형'은 그의 독창적 모형이며, 그의 사회정학에서 분산되어 있지만 매우 친절하게 설명되고 있다. 필자는 왜 꽁트의 이 창안을 각국에서 빌려다가 번역해 사용하면서 창안자의 이름을 밝히지 않는지 이해가 되지 않는다. 아마 너무 일반화된 모형이어서 마치 사회학의 공기처럼 생각된 것일 수도 있다.

12) *The positive philosophy of Auguste Comte*, vol.2, p.281 참조.

13) *The positive philosophy of Auguste Comte*, vol.2, p.290 참조.

는 것이다.

꽁트의 이 설명은, 예컨대 독일에서는 퇴니스(Ferdinand Tönnies)에 의해 '공동사회'(Gemeinschaft)와 '이익사회'(Gesellschaft)의 모형으로, 영·미에서는 맥키버(Robert M. MacIver)에 의해 '공동체'(community)와 '결사체'(association) 모형으로 채용되어 발전되었다.

3. 가족

꽁트에 의하면, 생물학적 유기체에서 떠난, 진정한 사회적 단위는 '가족'(famille)이다. 개인의 '사회성'은 제일 먼저 '가족'에서 나타나고 사회의 '연대'의 기초는 가족에 환원된다.[14]

> "사회의 단위는 '가족'이다. 그 기초를 만드는 것은 부부이다. 가족은 사회유기체 구성의 근원(le germe des dispositions de l'organisme sociale)이다. 가족은 개인과 민족의 중개자이다. 인간이 그 개체성(personnalité)에서 출발하여 이타적 생활을 배우기 시작하는 것은 바로 이 가족생활에 의한 것이다."[15]

꽁트는 인류의 진화과정에서 관찰해도 가족들이 집합하여 부족들(tribes)이 되었고, 부족들이 집합하여 진화해서 민족들(nations)이

14) A. Comte, *Cours de philosophie positive*, vol.4, p.448 참조.
15) A. Comte, *La sociologie*, p.96.

되었다고 설명하였다.[16)]

꽁트는 가족을 '공동체'(union)의 전형적인 것이라고 보았다. 왜냐하면 가족에서처럼 자기의 가장 강력한 이기적 본능을 억제함에 의해서 타자와 완전히 정서적으로 융합하는 것은 다른 곳에서는 볼 수 없기 때문이다.

꽁트에 의하면 가족의 근본적 특징은 기원적으로 두 개의 자연성(自然性, 양성, 부부)이 사회조직 원리에서 거의 일체가 될 때까지 사회적으로 융합하는 곳에 있으며, 이러한 긴밀한 융합(union)은 다른 종류의 사회조직에서는 찾아볼 수 없는 것이다.

꽁트는 가족 구성의 원리로 ① 부부(양성, 兩性)의 융합관계와 ② 연령의 종속관계를 들었다.

부부의 융합관계는 결혼제도에 의하여 가족을 창설하는 것이다. 꽁트에 의하면, 여성은 출산과 초기양육을 담당하는 자연적 분업에서 유래한 자연적 성향으로서, 여성의 '정서적 성능'(faculté affectives)의 비중이 남성의 정서적 성능의 비중보다 상대적으로

강하다. 남성은 자연적 분업에서 출산을 담당하지 않으므로 상대적 비중에서 지적 성능의 비중이 여성의 지적 성능의 비중보다 강하다. 정서적 성능과 지적 성능을 다 같이 필요로 하는 사회단위에서 양성의 결합은 필연적이다. 특히 정서적 성능이 중요한 사회단위인 가족에서는 여성의 지위와 기능이 더욱 중요하다.

한편 연령의 종속관계는 부모에 대한 자녀의 종속관계이다.

---

16) *The positive philosophy of Auguste Comte*, vol.2, p.281 참조.

자녀들은 처음에는 '필요'에 의해서, 다음에는 '감사'에 의해서 부모에게 복종하며, 부모는 자녀를 위한 완전히 이타적인 희생적 행위와 결부되어서 권위를 갖는다.

꽁트는 '가족'에서처럼 복종이 완전하고 자발적으로 이루어지며, 보호도 이처럼 감동적 희생적으로 이루어지는 곳은 다른 곳에서는 찾아 볼 수 없다고 설명하였다.

꽁트는 가족의 기능을 2가지로 들었다.

(1) 가족은 '사회생활의 영원한 학교'(l'ecole éternelle de la vie sociale; eternal school of social life)이다.[17]

인간은 출생 후 먼저 가족 속에서 언어, 문화, 윤리, 질서 모든 것을 학습하여 사회생활에 적합한 인격체가 된다.

(2) 가족은 '사회의 영속성'(la perpétuité sociale, social perpetuity)의 제일차적 개념을 확립한다. 가족은 자녀를 비롯한 세대의 연속을 통하여, 사회의 제도와 풍속 등 정신적 물질적 문화를 검증해 가면서 과거의 기념과 미래의 희망을 결합하여 전승시켜서 사회의 영속성을 확립한다. 꽁트는 가족이 과거에 대한 불합리한 굴종적 찬미의 위험에 빠지지 않으면서 미래를 향해 사회를 영속시킨다고 설명하였다.

꽁트에 의하면, 사회의 진정한 '공동체'(union) 단위를 구성하는 가족은 본질적으로 '도덕적'이고 부차적으로 '지적'이다. '애착'(attachement)과 '감사'(reconnaissance, gratitude)에 기초를 둔 가족적

17) A. Comte, *Cours de philosophie positive*, vol.4, p.462 참조.

공동체는 '동정적 본능'(instinct symphathetiques)을 전체적으로 만족시키게 된다.

꽁트는 인간의 사회생활 참가에 필요한 '사회적 애정'(affections sociale), '동정심', '이타심'을 발달시키는 곳도 가족생활이라고 강조하였다. 그는 가족의 특징이 '사회조직의 원리'에서 무엇보다도 '공동체'(union)임을 지적하고 강조한 것이었다.[18]

꽁트는 만일 가족이 불행하게 단지 '연결의 원리'(principe de liaison)인 것에 그치는 경우에는 가족적 결합은 당연히 '결사체'(association)로 전화해버리고, 따라서 본래의 개념의 가족은 변질되어 버린다고 설명하였다.

꽁트는 사회학에서 최초의 가족사회학이론의 창시자라고 말할 수 있다.

4. 일반사회

꽁트는 일반사회의 조직 원리는 공동체(union)가 아니라 결사체(association)라고 설명하였다.

그에 의하면 일반사회의 조직 원리는 가족의 기본 원리와는 전혀 다르다. 가족에서 우세했던 정서적 성능이 일반사회에서는 훨씬 약화되고, 가족에서는 열세였던 지적 성능이 일반사회에서는 훨씬 강

18) A. Comte, *La sociologie*, pp.100~101 참조.

화되어 지배한다. 일반사회는 기본적으로 사회계약(contract social, social contract)에 의하여 사회관계가 형성되는 '결사체'라고 본 것이다.[19]

꽁트는 일반사회의 연대를 만드는 원리는 ① '분업'(la séparation des travaux, division of labors)과 ② '협업'(coopération des efforts, co-operation of endeavours)이다.[20]

일반사회는 공동생존의 유지를 위하여 사회적 연대를 만들면서, 사회성원에게 '직위'를 규칙적으로 분배하고 그 직위에 따른 '작업'(travaille, 노동, work), '고용'(employment)을 사회생활의 모든 부문에 걸쳐서 규칙적으로 분배한다.

꽁트는 이 '분업의 원리'를 아담 스미드(Adam Smith, 1723~1790)의 경제사상에서 차용하여 발전시켰다. 그러나 꽁트의 분업이론과 스미드의 분업이론은 상당한 차이가 있다. 스미드는 '분업의 원리'를 수공업적 공장(manufacture)에서의 생산노동의 숙련도 증대에 수반하는 생산성 증가 이론으로 정립했었다. 이에 비하여 꽁트는 '분업의 이론'을 전체사회에 일반화하여, 노동자들의 생산 노동뿐만 아니라 모든 개인과 계급, 모든 국민과 사회성원 전체, 즉 모든 사회생활에 적용하였다.[21]

또한 꽁트는 분업의 원리를 물질적 용도에만 적용한 것이 아니라 정신적 용도에도 적용하였다.[22] 즉 꽁트에 의해 '분업의 원리의 일

19) *The positive philosophy of Auguste Comte*, vol.2, pp.290~291 참조.
20) A. Comte, *La sociologie*, p.101 참조.
21) *The positive philosophy of Auguste Comte*, vol.2, pp.291~292 참조.
22) A. Comte, *La sociologie*, p.103 참조.

반화'가 이루어진 것이다.

꽁트는 일반사회에서 사회성원에게 '직위와 작업'을 배분하는 기준은 ① 적성(또는 천성) ② 교육정도 ③ 능력 차이 ④ 직책 기타 등을 기준으로 하는 것이 이상적일 것이라고 지적하였다.

그에 의하면 일반사회에서 '분업'은 반드시 '협업'을 전제로 하는 것이다.

작업의 규칙적 분배와 그 진전은 사회성원들 사이에 개인적, 지적, 도덕적 차이를 양성하는 경향이 있다. 그러므로 '분업'에 동반하는 '협업'이 반드시 이루이저야 한다. 그러므로 사회는 분업의 자발적 진전에 수반하여 '협업'을 고취하는 여러 가지 정신적 제도적 조직적 준비를 갖추게 된다. 사회계약은 '분업'에도 중요하지만 '협업'에서 더욱 더 중요한 원리와 제도로 작동하게 된다.

꽁트에 의하면, 분업의 원리와 협업의 원리는 본질적으로 일반사회의 원리이지, 가족의 원리가 아니다. 물론 가족 안에도 분업과 협업은 존재하지만 이것은 애착과 감사에 기초한 융합적 공동체 내의 정서적 성능이 지배하는 자발적인 하나의 단위여서 전혀 '사회계약'에 의거하지 않는 것이다.

반면에 일반사회에서는 기본적 조직 원리가 가족과 전혀 다르다. 가족에서는 부수적이었던 '협업'의 원리와 감정이 반대로 우세하며, 자기이익과 목적의 달성을 위한 '사회계약'이 전제로 되고, '지적 성능'이 '정서적 성능'보다 더욱 중요하게 사회의 '연대'를 형성하는 기능을 한다.

여기서 주목할 것은 꽁트가 룻소 등의 계몽사상의 '사회계약설'을 형이상학이라고 혹독하게 비판하면서도 이를 검증하여 실증적 부분은 채택해서 그의 사회정학의 일반사회의 조직원리로 활용하고 있다는 사실이다.

꽁트의 사회정학의 일반사회 설명원리는 꽁트가 여전히 계몽사상의 계승자임을 나타내고 있다.

또한 여기서 주목할 것은 꽁트의 '직위-작업 모형'(position-work model)의 영향이다. 꽁트의 모형을 더욱 일반화하여 현대 사회학적 용어로 변환시켜서, '직위'(position)를 '지위'(status)로, '작업'(work)을 '역할'(role)로 치환하면, 현대 사회학이론의 '지위-역할 모형'(status-role model)은 '직위-작업 모형'과 거의 동일한 것을 알 수 있다.

꽁트의 사회정학의 '직위-작업 모형'은 미국사회학에서 창시자의 이름을 밝히지 않은 채 '지위-역할 모형'의 이론으로 현대 사회학의 공유재산이 되어 발전되고 있는 것이다.

5. 정부의 기능과 국가

(1) 정부의 기능

꽁트 시대의 서유럽 사회과학계의 국가관은 '야경국가(夜警國家)관'이었다. 그 요점은 국가와 정부는 시민의 사회활동에 대해서 불간섭과 자유방임을 원칙으로 하여, 개인의 권리를 보호하고 외부의 적으로부터 자기집단을 방어하는, 비유하면 야간경찰과 같은 최소한의 기능에 한정해야 하며, 더 이상 복지정책 등으로 간섭하지 않아야 한다는 견해였다.

꽁트는 당시의 '야경국가관'을 비판하고, 그에 더하여 자기의 독자적 학설을 제기하였다.

꽁트에 의하면 일반사회에서의 '분업'의 진전은 상당한 정도로 개인의 지적 도덕적 차이들을 계속 확대시켜 나간다. 그러므로 그들을 결합시키는 세력은 분업의 진전과 동일한 정도로 분열과 불통합을 예방하고 억제하는 적당한 영구적 규율을 필요로 하게 된다.

만일 한편에서 '기능분화'(la seperation des fonctions, division of functions)가 좁은 분야에서 인간정신을 한 곳으로만 치밀하게 발달시키면, 그 분업의 결과 다른 한편에서는 종합정신이 질식하거나 저해받는다.

일반사회에서의 '분업'의 발달은 그에 수반하는 '전문화'(specialization) '특수화'의 진전이 인간의 지성을 더욱 한 방향으로 예리하게 만들지만, 또한 불가피하게 좁게 만든다. 또한 '특수화'는 개인의 이해를 공동의 이해로부터 분리 고립시킨다. 동일 직업의 개인들 사이에 집중된 사회적 정서는 관습 및 사고의 충분한 공동성의 결여 때문에 다른 모든 집단과 계급에 대해서는 통용되지 않게 된다. 그리하여 일반사회의 발전과 확대에 공헌한 '전문화', '특수화'의 원리가 다른 한편으로는 일반사회를 동일사회에 속한 것으로 생각되지 않는 다수의 분절된 소집단들의 집합과 집적으로 분해시켜 나간다.[23)]

꽁트에 의하면, 이러한 사회상태에서는 '정부의 기능'은 달라져야 한다.

정부의 역할은 여러 종류의 사상·감정·이해관계의 분산을 가능한 한 예방하고 통제하는 데 있다. 만일 이러한 분산이 저지되지 않고 진전된다면, 사회의 진화는 마침내 정지되기에 이를 것이다. 실제로 이러한 분산을 방지하는 방법은 '종합적 사상'(lá pensée de l'ensemble)과 '공동연대의 감정'(le sentiment de la solidarité)을 고취하는 것이다. 실제로 이러한 '종합적 사상'과 '공동연대의 감정'을 말살하려고 하는 이기적 활동이 많아지면 많아질수록 강대한 권력을 갖고 이기적 활동에 간섭할 수 있는 '새로운 기능'(une nouvelle fonction)이 동시에 창설되어야 한다고 꽁트는 주장하였다.[24]

그는 여기서 이러한 '새로운 기능'이 '정부의 기능'으로 새로 정립되어야 한다고 설명하였다. 예컨대 하층계급에 대한 현실적 지식, 실증적 지식의 교육과 보급(의무교육)의 실시 등도 정부의 기능이 되어야 할 것이라고 그는 설파하였다.[25] 이렇게 새로운 기능을 갖춘 정부는 '가장 고상하게 확충된 정부'이며, 이기적 활동에 초당파적으로 그리고 총체적으로 대응하는 '정비의 기능'(fonction régulatrice) '조정의 기능'을 갖춘 정부이고, '종합적 정신'과 '공동연대'를 고취하는 정부이다.[26]

꽁트는 정부가 이러한 새로운 기능을 갖고 국민의 사회생활의 발전에 참여하면, 정부자체가 어떠한 결정적 진보를 실행하지 않더라

23) A. Comte, *La sociologie*, p.104 참조.
24) A. Comte, *La sociologie*, p.105 참조.
25) A. Comte, *Discous sur l'esprit positif*, pp.93~96 참조.
26) *The positive philosophy of Auguste Comte*, vol.2, pp.295~298 참조.

도 이후 사회의 총체적 진보에 공헌하게 된다고 설명하였다.

꽁트에 의하면, 과거 3세기 동안의 계몽사상의 시대에는 구사회조직 붕괴를 실행하고 새질서의 여러 요소들의 발전을 용이하게 하기 위하여 '세부적 정신'(l'esprit de détail)과 정부의 기능의 최소화가 필요했었다. 그러나 이미 구사회조직이 붕괴되고 신질서를 새로운 실증정신에 의거하여 건설해야 할 시기에는 '종합적 정신'(l'esprit désemble)과 정부의 기능의 사회 재조직을 위한 능동적 참여가 필요하다고 설명한 것이었다.[27]

(2) 국가의 역할

'국가'(État, state)의 역할에 대한 꽁트의 견해는 '정부'의 기능의 변화와 직결된 것이었다.

꽁트는 국가를 사회학적으로 결사체(association)이며, 공동체(union)가 아니라고 보았다. 이 점에서 그는 계몽사상을 계승 발전시켰으며, 보수주의의 국가유기체론을 과학적 견해가 아니라고 비판적으로 보았음을 알 수 있다.

그는 사회의 진정한 최소 단위는 '가족'이고, 최대 단위는 전체적 '일반사회'인데, 그 사이에는 여러 가지 중간단위의 결사체들이 존재한다고 보았다. 예컨대 각종 집단·단체·교회·조합·계급·도시·국가와 같은 것이다. 이 중간단위의 결사체 가운데서 가장 크고, 일반

27) A. Comte, *La sociologie*, p.106 참조.

사회의 크기보다는 작지만 일반사회의 크기에 근접한 단위의 결사체가 국가라고 보았다. 이 때문에 그는 '국가'와 '일반사회'를 구분하지 않고 같은 용어로 사용하는 경우도 있었다.

그는 '국가'의 구성요소를 주민, 영토, 주권, 그리고 정부조직이라고 보았다. 그는 특히 국가의 구성요건으로서 '영토'를 매우 중시하였다.[28]

그는 국가의 성립과 영속적 유지의 가장 중요한 조건을 '주권'(souverainité, sovereignty)이라고 지적하였다.[29]

꽁트는 '국가'의 역할은 권력을 갖고 분업과 협업의 원리에 의거하여 국민들의 이해관계의 분산과 통합을 조정하는 정부의 기능에 힘을 실어주는 것이라고 설명하였다. 그러므로 그는 국가의 역할을 말할 때에는 정부와 국가를 혼용하는 경우도 있었다.

그는 국가의 역할이 정신적 측면과 함께 최근의 추세에는 더욱더 물질적 경제적 요소가 증대되고 있다고 지적하였다.

그는 국가가 '사회질서'를 유지하기 위해 경제적 정치적 도덕적 기능을 수행해야 하며, '사회적 연대' 수호의 대행자의 역할을 능동적으로 수행해야 한다고 설명하였다.

그는 또한 전 국민을 위한 초당파적 사회연대 수호기관인 국가의 신질서 수립활동에 대해 복종하는 것은 국민의 의무가 된다고 생각하였다.[30]

---

28) A. Comte, *Systeme de politique positive*, vol.2, p.237 및 p. 241 참조.
29) A. Comte, *Systeme de politique positive*, vol.2, pp.247~249 참조.
30) I. S. Kon(ed.), *A History of Classical Sociology*, pp.33~34 참조.

꽁트는 국가를 사회계약에 의거한 '결사체'(association)로 보았기 때문에, 후기에는 프랑스가 앞장서서 우선 프랑스·이탈리아·스페인·영국·독일 등의 5개국 연합으로 구성된 '서구공화국'(La république occidentale)의 건설을 제안하기도 하였다.[31] 그는 '서구공화국'의 공동의 실증주의 위원회, 공동의 해양경찰, 공동의 화폐, 공동의 학교제도, 녹색 바탕에 사랑·질서·진보의 글자와 아기를 안은 30세 여성의 인류상징의 그림을 넣은 공동의 국기를 구상하여 제의하기도 하였다. 그는 단계적으로 각 지역 식민지들도 이에 참가시키면서 전 인류가 점차 협력과 평화와 동합의 방향으로 나아갈 것을 구상하였다.[32]

6. 언어와 도덕 및 종교

(1) 언어

꽁트는 《실증정치체계》에서는 사회의 자발적 질서·연대·조화를 배양하는 요소로 언어·도덕·종교를 더욱 강조하였다.

꽁트는 개인과 가족을 전체 일반사회에 결합시키는 가장 중요한 요소는 '언어'라고 지적하였다. 여기서 '언어'는 '공동의 언어' '언어의 공동'을 가리킨다.

31) A. Comte, *Discours sur l'ensemble du positivisme*, pp.88~90 참조.
32) A. Comte, *Discours sur l'ensemble du positivisme*, pp.410~414 참조.

또한 언어는 인간의 지적 성능이 창조한 발명으로서 지성의 획득물이 보존되고 축적되는 그릇이다. 그러므로 언어를 전수받는 것은 조상들이 창조한 문화를 전수받는 것과 같다.[33] 이것은 마치 물질 면에서 재화를 축적된 유산으로 물려받는 것과 유사한 것이다.[34]

동일한 언어의 사용과 소통은 특정 주민의 결합과 연대의 범위를 결정하는 데 작용한다. 동일 민족을 형성하는 가장 중요한 요소도 '언어의 공동성'이다. 그는 '언어'의 소통범위가 크던지 작던지 간에 가장 적절한 국경을 설정하고 주민을 자발적으로 결합시켜 동일한 언어가 적어도 동일한 정신적 정부를 갖게 만든다고 설명하였다.[35]

(2) 도덕

꽁트는 사회의 자발적 질서와 연대·조화의 자발적 형성 강화를 산출하는 가장 중요한 또 하나의 요소는 '도덕'이라고 지적하였다.

그는 사회정학의 관점에서 보면, 개인생활은 '사적본능'(instincts personnels, personal instincts)의 우세가 특징이고, 가족생활은 '동정적 본능'(instincts sympathetiques, sympathetic instincts)의 비약이 특징이며, 일반 사회생활은 '지적 영향'(influences intellectuelles, intellectual influences)의 발전이 특징이다. 사회적 생존의 이 3단계는 각각 다음 단계를 준비하는 사명을 갖고 있는 바, 여기서 '도덕'의 조정이 나오게 된다.

33) A. Comte, *Systeme de politique positive*, vol.2, p.254 참조.
34) Raymond Aron, *Les étapes de la pensée sociologique*, pp.110~111 참조.
35) A. Comte, *Systeme de politique positive*, vol.2, p.241 참조.

첫째의 개인적 도덕은 개인의 보존을 위한 신성한 훈련을 강조한다. 개인도덕은 개인의 욕구를 적절하게 자제하고, 이타심을 배양하며, 개인적 자의성을 스스로 판단하여 제거하고, 개인을 타락시키는 모든 실수를 사전에 제거해서, 행동을 결정하고 수정하여 개인의 생명과 생활을 당당하게 보전하도록 기능한다.

둘째의 가족적 도덕은 '동정심'이 '이기심'을 지도하도록 지시한다. 가족도덕은 진정으로 자발적인 자기희생과 동정심 및 이타주의를 배양하고 학습시킨다.

셋째의 사회적 도덕은 시대에 동반하여 진보한 '이성'(raison, reason)의 지시가 사회생활 지도하는 것이다.[36] 사회도덕은 개인과 집단의 행동이 항상 전체적 공동체의 이익과 편의에 공헌하도록 자발적으로 조정하는 것이다. 이러한 사회도덕은 개인의 퍼스내리티(personalité)를 '사회성'(sociabilité)에 복속하도록 지도해서 사회에서의 개인의 '권리'를 '의무'로 바꾸어놓고 권리와 의무를 병존시키며 이동시키는 혁신을 동반하는 것이다.[37]

꽁트는 사회의 연대와 조화를 위해서 개인도덕, 가족도덕, 사회도덕의 배양과 강화를 위한 도덕교육의 중요성을 강조하였다.

(3) 종교

꽁트는 종교의 기능을 본질적으로 사랑(amour)을 통한 도덕교육

36) A. Comte, *La sociologie*, pp.108~109 참조.
37) A. Comte, *Discours sur l'ensemble du positivisme*, pp.375~383 참조.

과 사회의 정신적 통합(unité)의 기능이라고 지적하였다.

그에 의하면 인간은 자기 자신보다 더 위대한 '위대한 존재'(le Grand-Être)를 사랑하고 숭상하는 경향이 있다. 이에 응하여 종교가 형성되었다. 또한 사회는 세속적 권력을 형성하고 신성화하는 정신력이 필요하게 되자 종교를 활용하게 되었다. 사회는 '사랑'을 통한 이타주의와 '통합'을 영구히 필요로 하므로, 종교는 이를 정신면에서 담당하는 조직으로 되었다.[38)]

그에 의하면, 인류문명의 신학적 군사적 단계에서는 인간은 실재하지 않는 상상의 산물인 '신'을 상정하고 '신을 위한 사랑'을 강조하면서 주민에게 도덕과 정신적 통합을 훈련시켰다.

그러나 그에 의하면 인류의 '지성'과 '이성'이 발전함에 따라 '신'의 실재하지 않음을 깨달은 인간이 더욱 증가하게 되었고, 그에 따라 프랑스혁명 이후에는 비실증적 기성종교의 힘은 크게 약화되었다. 그럼에도 불구하고 '종교'는 인류의 관습이 되어 기성종교는 아직도 상당한 힘을 갖고 때때로 진보를 저해하기도 하였다.

그는 새로운 사회에서도 타인에 대한 '사랑'과 '도덕'이 절실하게 필요하므로, 종교의 '도덕교육'의 기능을 새로운 실증적 종교를 창립하여 사회 재조직에 활용할 필요가 있다고 보았다.

꽁트는 종래 '신'의 자리에 '인류'(l'Humanité, Humanity)를 대체하고, '신의 사랑' 대신에 '인류의 사랑'을 원리로 한 새로운 실증적 종교로서 '인류교'(Religion d'Humanité)를 창립하여, '인류교'로써 종교의

38) Raymond Aron, *Les étapes de la pensée sociologique*, pp.122~124 참조.

'사랑'과 '도덕교육'의 기능을 수행케 하려고 시도하였다.

인류교는 인류의 과학적 진보에 보조를 같이하는 실증적 종교이므로, 인류교의 인류에 대한 보편적 '사랑'과 '도덕교육'이 사회의 연대와 조화를 강화하는 기능을 수행하면서 인류진보에도 합치된 기능을 수행할 것이라고 설명하였다.[39]

39) A. Comte, *Discours sur l'ensemble du positivisme*, pp. 340~424 참조.

제6장

사회동학과 역사사회학

1. 사회진보·발전을 연구하는 학문

꽁트는 사회학을 사회정학과 사회동학으로 분류하면서, 사회동학은 사회의 '진보'(progrès)의 원리, 계기(succession)의 법칙을 연구하는 부문이라고 설명하였다.[1] 여기서 '진보' '계기'는 '발전'및 '진화'와 동일한 의미로 사용되고 있다.

꽁트의 일반적 사회진보·진화 연구의 '사회동학'이 바로 그의 '역사사회학'이다.[2]

꽁트의 사회동학의 역사사회학과 일반역사학의 차이점은 개인 이름을 중시하지 않고 업적과 그 사회적 영향을 중시하며, 개인보다 집단 및 사회세력의 활동을 더 중시하는 것이다. 그는 사회동학을 "사람의 이름을 빼어버린 역사"(history without the names of men and peoples)라고 생각하였다.

그에 의하면, 사회동학은 사회의 진보·발전·계기·변동하고 있는

1) A. Comte, *Cours de philosophie positive*, vol.4, p.298 참조.
2) Kenneth Tompson, *Auguste Comte; The Foundation of Sociology*, London, Nelson, 1976, p.139 참조

것을 "역사의 누적적 과정 속에서"(in the cumulative process of history) 그 실제 그대로 연구하는 것이다. 그러므로 그는 사회정학이 '분석적'(analytic)인 데 비하여 사회동학은 '경험적'(empirical)이라고 생각하였다.[3)]

단지 사회동학의 궁극적 목적은 인류사회와 인류문명의 진보·발전·계기·변동의 역사적 과정에서 진보의 '원리와 법칙'을 발견하는 것이 특징적 과제라고 그는 설명하였다.

그는 사회진보의 법칙을 탐구하기 위한 예비작업으로 먼저 사회진보의 방향, 진보의 속도, 진보의 주요 동인들을 간단히 설명하였다.

2. 인류 진보의 방향

꽁트에 의하면, 인류의 전반적 진보의 방향의 특징은 인간의 고유 성능인 '지적 성능'(facultés intellectuelles)이 최초에는 불가피하게 '겨울잠' '지둔'에 빠져 있다가 깨어나서 뚜렷하게 출현하여 더욱 큰 힘을 가지며 실현되고 꽃피는 방향으로 나아가는 것이다.

그는 인간의 사회진화는 모든 생물계를 통하여 끊임없이 연속하여 진행되는 일반적 진화의 극점이라고 설명하였다.

그는 다른 모든 동물과 구별되는 인간유기체의 특징은 '지적 성

3) Ronald Fletcher, *The Making of Sociology*, vol.1, Thomas Nelson and Sons Ltd., London, 1971, p.179 참조.

능'이 탁월한 데 있다고 강조하였다. 인간은 지적 성능과 도덕적 기능이 점차 발달하면서 문명을 창조 발전시키는 것이라고 그는 지적하였다. 그는 높은 문명이란 인류의 독특한 속성인 '지적 성능'이 표현된 것이라고 설명하였다.[4]

진보는 물론 일직선을 따라 이루어지는 것은 아니다. 그것은 교란될 수도 있고 저지될 수도 있다. 그러나 그 진보의 요동은 진보의 속도에 수정이 가해진다는 정도이지, 진보 그 자체가 인류전체적으로 중단되거나 정체되는 일은 없다고 그는 지적하였다. 이것은 꽁트가 인간사회와 인류 진보에 대한 낙관적 견해를 갖고 있었음을 나타낸 것이라고 볼 수 있다.

3. 인류사회 발전의 속도를 결정하는 조건

(1) 적당한 강도의 지속적 활동과 권태

꽁트는 당시 죠르쥬 르로아(Georges Leroy)가 인류발전의 자연적 속도를 결정하는 첫째 조건으로서 '권태'(l'ennui)의 항상적 영향을 들어서 이 설명이 유행하는 것을 오류라고 비판하였다.[5]

그는 인간의 여러 가지 능력은 그 실현을 위해 적당한 강도와 지속도에 따라 활동할 때 행복하고, 그렇지 않으면 행복하지 않는다

4) A. Comte, *La Sociologie*, pp.110~112 참조.
5) A. Comte, *La Sociologie*, pp.112~113 참조.

고 설명하였다. 그는 적당한 강도와 지속성의 '근면한 활동'이 인류 발전의 자연적 속도를 결정하는 첫째 조건이라고 생각한 것이었다.

(2) 평균수명과 세대교체

둘째는 평균수명과 세대교체의 영향이다.

꽁트에 의하면, 인류의 계속적 진보는 각 개인의 생애 중에는 보통 거의 느껴지지 않는 채로 한 '세대로부터 다음 세대로' 이행하면서 비로소 명료하게 진전된다.

그에 의하면, 뇌세포의 구조변화와 경험축적의 요인에 의해 보통 ① 노인에게는 사회적 보존의 본능(l'instinct de conservation)이 지배하고, ② 청년에게는 혁신의 본능(l'instinct de innovation)이 지배한다.[6]

이 양자 사이에서 자연히 발생하는 항구적 갈등은 으레 전자의 승리로 귀착되는 것이 보통이다. 따라서 인간의 수명이 2배로 연장된다거나 수명이란 것이 없고 세대교체가 없다면 진보는 정체될 것이다.

그러나 인간의 수명이 예컨대 4분의 1로 짧아지거나 세대교체가 너무 빠르면 검증되지 않은 혁신이 난무하여 사회가 혼란 속에 빠지고 도리어 합리적 진보를 저해한다.

특히 가장 지난한 작업이거나 최고급의 지적 작업에 대해서는 인내심이 강한 탁월한 개인의 귀중한 활동을 대신하는 데 충분한 계

---

6) A. Comte, *La Sociologie*, pp.113~114 참조.

승자가 존재하지 않는 것이 보통이므로, 동시대인에 의한 세대교체의 후계자 계승이 불가능하거나 불완전하게 되는 일이 많다.

그는 "우리들의 사회진보는 그 성질상 너무 느린 혁신에 대해서도 이를 받아들이지 않으려 하고, 또한 감당하기 어려운 너무 빠른 혁신에 대해서도 마찬가지로 받아들이지 않으려 한다"고 강조하였다.[7]

그러므로 그는 인류의 진보를 위해서는 "항상 세대들(노년층과 장년층과 청년층)의 어떤 정도의 총합"이 불가결한 것이라고 보았다.

(3) 인구의 자연증가

꽁트는 인구의 자연증가는 사회의 분업을 발전시킴에 의하여 사회진보의 속도를 빠르게 한다고 설명하였다. 그는 토마스 말더스(Thomas Robert Malthus, 1766~1834)가 인구의 자연증가는 기하급수적으로 증가하는데 인간의 식량생산능력은 산술급수적으로 증가하므로, 인구증가가 사회진보를 저해할 것이라고 설명한 인구이론을 불합리한 '과장'이라고 비판하였다.

꽁트는 인구의 자연적 증가가 ⓐ 개인에 대해서는 새로운 욕구와 경쟁적 동기를 제공함에 의하여, ⓑ 일반사회에 대해서는 과제의 증가에 따른 새로운 사회적 수단과 분업 및 전문화를 제공함에 의하여, 사회진보의 속도를 빠르게 하는 요인으로 작용한다고 설명하

7) A. Comte, *La Sociologie*, p.114 참조.

였다.[8)]

4. 인류사회 발전의 가장 주요한 동인(진보의 원동력)

꽁트에 의하면, 인류사회 발전의 여러 요소들 사이에는 언제나 불가피한 연대관계가 존재한다. 이 진보의 일반적 요소들 가운데서 특히 우세한 가장 중요한 동인을 하나 찾아 든다면 그것은 '지성의 진화'(l'evolution intellectuelle)이다.[9)]

"인류사회 발전 전체의 필연적 지배원리로서 참으로 선도적인 것은 '지성의 발전'이다"라고 그는 강조하였다.

인류의 최초의 지적 각성에는 식욕·성욕·감정에서 오는 계속적 자극이 필요했지만, 인류의 진보는 항상 '지성의 필연적 지도' 아래서 성취되어 왔다고 그는 지적하였다.

그에 의하면 인간과 사회 일반에 대한 '지성'의 영향이 더욱더 현저하게 되어감에 따라서, 인류의 진보는 실제로 '안정된 규칙성'과 '지속적 연속성'의 두 성격을 획득할 수 있게 되었다. 그리고 이 두 개의 성격에 의하여 인간사회의 발전은 고등동물의 산만하고 수미일관되지 않는 불모의 진화와는 근본적으로 구별되어진 것이라고 그는 설명하였다.

따라서 사회의 발전을 먼저 인간의 '지성의 진화'의 측면에서 고

8) A. Comte, *La Sociologie*, pp.115~116 참조.
9) A. Comte, *La Sociologie*, p.116.

찰하여 '인간정신의 역사'를 탐구하는 것은 당연한 것이다. 그에 의하면 인간의 '지성의 진화' '정신의 역사'는 이미 1822년 발표한 《사회재조직을 위해 필요한 과학적 작업계획》에서 밝힌 바와 같이 제1단계인 '원시적인 신학적(神學的) 단계', 제2단계인 '과도기적인 형이상학적(形而上學的) 단계', 제3단계인 '궁극적인 실증적(實證的) 단계'의 3단계를 거쳐서 계기적으로 발전하였다.[10]

꽁트가 인류의 '지성의 진화' '정신의 진화'를 인류사회 발전의 주요인으로 먼저 들었다는 사실을 고려하면, 그의 시대와 그 이후 다수의 꽁트 비판자들이 그의 사회학을 '유물론'이라고 비판해 온 것은 전적으로 정확하지 않고 부당한 것임을 알 수 있다.

꽁트는 그러나 인류의 정신의 3단계 진보만 보는 것은 전체를 보는 것은 아니라고 지적하였다. 이 정신의 진보의 각 단계에 조응하는 사회조직을 고찰하면 이 측면 역서 계기적으로 제1단계인 군사적(militaire) 성격의 단계, 제2단계인 법률적(légiste) 성격의 단계, 제3단계인 산업적(industriel) 성격의 단계를 거치면서, '사회조직의 진보'의 3단계가 '지성의 진보'의 3단계에 조응했음을 발견할 수 있다.[11]

그는 이 정신적 측면의 '지성의 진보'의 3단계와 물질적 측면의 '사회조직의 진보'의 3단계를 전체적으로 통합하여 인류사회 발전의 3단계 법칙을 정립하였다. 꽁트의 사회동학의 핵심인 사회발전·진보의 3단계 법칙은 장을 바꾸어 설명하기로 한다.

꽁트가 인류 사회의 진화·진보·발전의 여러 동인들 가운데서도

10) A. Comte, *Plan des travaux scientifiques*, pp.94~95 참조.
11) A. Comte, *Plan des travaux scientifiques*, pp.138~140 참조.

'지성'(intelligence)과 '지식'(knowledge)을 첫째의 원동력으로 본 것은 꽁트의 주지주의적(主知主義的) 관점을 나타내는 것이라고 볼 수 있다.

꽁트의 이러한 관점은 그 후 스펜서(Herbert Spencer)에게 직접적으로 큰 영향을 끼쳤다.

제7장

사회발전의 3단계 법칙

1. 사회발전 3단계설의 최초의 정립

꽁트의 사회동학과 역사사회학 이론의 핵심에 있는 것은 인류사회와 인류문명의 진보·발전의 '3단계 법칙'이다.

여기서 그가 말한 법칙은 자연과학에서의 절대적인 불변의 '법칙'이 아니라, 관찰된 사실의 특징들의 상호연결의 '지배적 추론'(dominant ratiocination) 또는 '지배적 경향'을 19세기 식으로 표현한 것이다.

꽁트는 인류사회와 인류문명의 전체적 발전과정을 관찰할 때, '정신적' 성격을 관찰할 뿐 아니라 '세속적'(사회적) 성격도 반드시 관찰해야 한다고 주장하였다. 그는 이것을 '이론적' 성격과 '실제적(사회적·실천적)' 성격으로 표현하기도 하였다. 이와 같이 '이론적', '실제적'(사회적) 양면에서 인류사회와 인류문명의 발전과정을 개관하면, 성격이 크게 다른 3대 시기 즉 3개의 단계를 구분할 수 있다. 이것은 그가 각 단계의 각 문명 요소를 고찰해서 얻은 것이지만 문명의 전체를 포함한 것이라고 그는 강조하였다. 꽁트가 제시한 인류사회·인류문명 진보의 3단계가 ① 제1시기의 신학적 군사적 단계

(l'époque theologique et militaire), ② 제2시기의 형이상학적 법률적 단계(l'époque metaphysique et légiste), ③ 제3시기의 과학적 산업적 단계(l'époque scientifique et industrielle)이다.[1]

꽁트의 3단계 법칙은 직접적으로 콩도르세(Marie Jean Antonie Nicolas Condorcet, 1743~1794)의 《인간정신 진보의 역사적 일람 소묘》의 영향을 받은 것이었다. 꽁트는 콩도르세의 이 논문에 대해 다음과 같이 논급하였다.

> "정치를 관찰과학의 영역에까지(au rang des science d'observation) 끌어올리는 데 적절하게 작업하는 일반적 구상은 콩도르세의 발견물이다. 그는 처음으로 문명이 하나의 진보적 행진(une marche progressive)을 추종해 왔으며, 그 모든 행진은 자연의 법칙에 의하여 상호 엄밀한 연쇄관계를 갖고 있고, 과거의 철학적 관찰에 의하여 이 자연의 법칙을 발견할 수 있으며, 부분적이든지 전체적이든지 각 시기의 사회상태가 검증받아야 할 개선점을 극히 실증적 방법으로 결정하는 것도 이 자연의 법칙이라는 것을 명확히 인식했던 것이다. 콩도르세는 정치에 진정한 실증적 이론을 적용하는 방법을 생각했을 뿐만 아니라, '인간정신 진보의 역사적 일람 소묘'(*Esquisse d'un tableau historique des progres de l'esprit humaine*)라는 제목의 저작에 의하여 이 이론을 정립하려고 시도하였다. 그 제목과 서론만으로도 저자(콩도르세)는 이러한 위대한 철학적 착상을 창조한 영원한 명예를 갖기에 충분한 것이다."[2]

1) Auguste Comte, *Plan des travaux scientifique nécessaires pour réorganiser a société*, pp.138~140 참조.

꽁트는 콩도르세의 인간정신의 진보의 9단계(그 자신의 시기를 포함하면 10단계)설의 구상을 높이 상찬하면서도, 다음의 두 가지 점을 비판한 후 꽁트 자신의 독창적 구상을 설명하였다.

첫째, 콩도르세는 인간정신의 진보 과정을 지나치게 세분화했기 때문에 9단계 각각의 질적 차이가 뚜렷하지 않다.

둘째, 문명의 정신적(이론적) 측면만 집중하고, 세속적(사회적, 실천적) 측면을 등한히 한 것이다. 따라서 문명의 전체상이 일관되게 관찰되어 있지 못하다.

꽁트는 인류문명의 진보 과정을 한편으로는 '이론적'(정신적) 측면으로 단계 설정(시기 구분)하고, 다른 한편으로 '사회적'(실천적) 측면을 단계 설정(시기 구분)하되, 이론적 측면과 사회적 측면의 2계열이 하나의 전체로서 동질적 진보를 뚜렷하게 특징지을 때 통합된 '이론적·사회적 단계'를 설정하려고 하였다.[3] 이 경우에 꽁트는 자기시대까지를 '3단계'로 설정하는 것이 가장 정확한 것이라고 생각하였다. 이것이 꽁트의 "인류사회와 인류문명 진보의 3단계 법칙(시기)"이다.

콩도르세는 '인간정신' 진보의 단계설을 처음 구상하여 제시하였다. 그러나 이것은 인간 '정신진보'의 단계설이었지 아직 '사회발전'의 단계설은 아니었다.

꽁트는 서유럽사회와 문명을 사실적 자료로 하여 인간정신뿐만 아니라 사회발전의 단계를 처음으로 설정해서 인간정신의 진보에

2) A. Comte, *Plan des travaux scientifique*, p.135.
3) A. Comte, *Plan des travaux scientifique,* p.75 참조.

통합시켜 전체로서의 하나의 사회발전 단계설을 정립하였다.

그러므로 학문의 역사에서 진정한 사회발전 단계설은 세계 최초로 오귀스트 꽁트에 의하여 '3단계설'로 정립되어 제안된 것이다.

2. '신학적 군사적 단계'의 특징

인류사회와 인류문명 진보의 첫 단계는 인류의 사회생활과 문명의 최초시기부터 중세 말엽까지의 단계이다. 꽁트에 의하면, 유럽역사에서 볼 때는 원시사회부터 서기 약 1300년까지가 이 단계에 해당한다. 이 단계의 특징으로는 다음을 들 수 있다.

(1) 이 단계의 사회에서는, 일반적이든지 개별적이든지, 모든 이론적 개념과 관념은 초자연적(surnaturel, supernatural), 신학적(théologique, theological), 신비적(mystique, mystic)이다.

자연과 사물에 대한 탐구는 '진실'의 탐구보다는 궁극적 원인의 탐구에 집중되었다. 그 방법은 허구에 대한 '상상'(imagination)이 사실에 대한 '관찰'(observation)보다 훨씬 우선하며, '관찰'에는 검토의 권리가 주어지지 않는다. 도리어 '상상'이 '관찰'을 지배한다.

지배적인 종교적 성직자들의 설명은 주로 신령(神靈, spirits)과 초자연적 존재에 관한 신화의 형태를 취한다.

(2) 문제해결의 궁극적 힘은 '기도'(prière, prayer)에 있다고 설명되고 인식되었다.

종교적 성직자들은 신자들에게 영원의 평안에 관해서보다는 오히려 '섭리'(Providence)의 즉각의 '은총'을 바라는 신도들의 일상의 청원에 부응하기에 분망하여 '기도'를 문제해결의 힘으로 행사하였다.[4)]

(3) 정신적 지도자는 각종 성직자 집단이었다. 서유럽에서 신학적 철학을 가진 카톨릭 사제단과 교회가 정신적 지도자의 역할을 수행하였다.[5)]

(4) 사회관계와 사회조직은 명시적으로 '군사적'(militaire) 성격이 지배적이었다. 꽁트는 "최초의 정부들이 '군사적'이었음은 의문의 여지가 없다. 이와 동시에 최초의 정신적 권위는 '신학' 이외에는 있을 수 없었다. 전사정신(戰士精神, l'esprit guerrier)은 단지 정치사회의 단결에 불가결한 것이었을 뿐 아니라, 또한 특히 정치사회의 확대에도 주도적 역할을 하였다"[6)]고 서술하였다.

(5) 사회활동의 유일 불변한 활동목적은 '정복'(la conquête)이었다.[7)] 필요한 것이나 욕구하는 것은 생산을 통해서가 아니라 먼저 타자를 '정복'하여 탈취하는 것을 상상하고 추구하였다. 군사적 정복은 사회활동의 영역과 영토를 확대하는 유일한 수단으로 추진되었다.

(6) 산업은 인류와 사회성원의 생존유지 수준에서만 수행되었다. 이것은 산업생산이 사회성원의 활동 목적이 아니었다는 사실과 관련되어 있다.

---

4) A. Comte, *La sociologie*, p.121 참조.
5) A. Comte, *La sociologie*, pp.123~126 참조.
6) A. Comte, *La sociologie*, p.131.
7) A. Comte, *Plan des travaux scientifique,* p. 139.

(7) 생산의 중요한 제도는 '노예제도'(l'esclavage)였다. 따라서 생산 담당자는 '노예'였다. 꽁트는 "군사적 체제는 어디에서나 생산자로서의 개별적 노예제도에 기초하였다. 그것은 전사(戰士)들로 하여금 그 활동을 발달시키기 위한 것이었다"[8]고 서술하였다.

(8) 사회통합의 기초가 된 것은 군사영수와 군왕의 결합이었다.

꽁트는 서유럽의 고대에는 군사영수의 군사정신과 정치체가 결합하여 강제성을 갖고 사회를 통합시켰으며, 여기에 종교세력이 군사영수에 대해 무제한의 맹목적 신뢰를 주어 사회통합에 종교적 확신을 제공했다고 서술하였다.[9]

(9) 사회단위는 기본적으로 '가족'이었다. 이것은 다음 단계에도 계승되었다. 그러나 그 강도에서 가족의 중요성은 제1단계에서 더 강하였다.

꽁트는 그의 '3단계' 법칙의 각각의 대단계를 다시 각 단계 내에서 몇 개의 소단계로 구획하여 관찰할 수 있다고 설명하였다.

예컨대 제1단계의 '신학적 군사적 단계'를 다시 ① 물신숭배(物神崇拜, fétichisme)의 시기, ② 다신교(多神敎, polytheisme)의 시기, ③ 일신교(一神敎, monotheisme)의 시기로 나누어 볼 수 있다. 이에 대해서는 장을 바꾸어 약간 상세히 설명하기로 한다.

꽁트는 자기시대의 보수주의자들인 버크(Edmund Burke), 보날(Louis de Bonald)과 메스트르(Joseph de Maistre) 등 유럽 보수주의자들이 계몽사상 비판에서 여러 가지 정곡을 찌른 비평을 했음에도 불

---

8) A. Comte, *La sociologie*, p.131.

9) A. Comte, *La sociologie*, p.133 참조.

구하고, 그들의 보수주의 사상은 꽁트 자신이 서술한 인류사회와 인류문명 진보의 3단계 가운데서 제1단계인 '신학적 군사적 단계'의 후반기에 복구하려는 사상이라고 지적하고 그 퇴행적 성격을 날카롭게 비판하였다.

3. '형이상학적 법률적 단계'의 특징

꽁트에 의하면, 이 단계는 구체제와 구사회조직(신학적 군사적 단계)에 수정을 가하고자 하여 '비판이론'(la doctrine critique)을 제기하고 이를 전면적으로 적용하려고 노력한 단계이다.[10] 사람들은 이 단계를 구사회조직을 수정하여 신사회조직을 만든 단계로 생각하고 있으나, 사실은 신사회조직을 만들기 위한 과도적 단계라고 그는 지적하였다.[11]

유럽역사에서 이 단계는 서기 약 1,300년~약 1,800년의 시기이며, 낡은 사회질서가 붕괴되는 '과도기'인 것이 특징이다.

꽁트는 유럽역사에서 '종교개혁' '계몽사상' '프랑스 대혁명'을 이 단계의 3대 사건이라고 지적하였다. 그가 설명한 이 단계의 특징은 다음과 같이 요약될 수 있다.

(1) 자연과 사회를 설명하는 모든 이론적 개념들은 '형이상학적'이고 '사변적'이다.

10) A. Comte, *Plan des travaux scientifique*, p.78 참조.
11) A. Comte, *Plan des travaux scientifique*, p.94 참조.

사변적(speculatif) 사상이 어떤 다른 원리보다 절제없는 큰 역할을 수행하고, '추론'(ratiocination)이 지배한다.

사람들은 '본질'(essence), '이상'(idée), 형식(formalité) 등 어떤 궁극적 실재(réalité ultime, ultimate reality)와 관련된 용어와 개념으로 세계를 설명하고 의미를 추구한다.

이 단계에서도 '상상'이 '관찰'을 지배하지만 그 정도에 수정이 가해진다. 수정의 한도가 점차 확대되어 '관찰'은 모든 점에서 '검토의 권리'를 획득하기에 이른다. 일반적 이론에 있어서 '비판과 주장'(la critique et l'argumentation)이 시대이다.[12)]

(2) 문제해결의 궁극적 힘은 따라서 '비판'과 '주장'에서 나오는 것으로 인식되었다.

이 단계의 계몽사상의 모든 서적들은 실증이 없이 구체제와 구사상에 대한 '비판'과 신사회조직과 신사상에 대한 '주장'으로 충만되어 있다.

(3) 정신적 지도자는 형이상학적 계몽철학자들과 자연법론자들 및 법률가들이었다.

(4) 사회관계와 사회조직은, 부분적으로나 전체적으로나, 명확히 '군사적 관계'는 아니지만 아직 '산업적 관계'도 아니다.[13)] 그것은 군사적 관계에서 산업적 관계로의 '과도적' 단계이다. 군사는 방어적 군사주의(militarisme defensive)로 된다. 한편 협동적 시민생활의 안전 기반을 더욱 공고화하는 법률 제정이 확대되고 제도화된다.

---

12) A. Comte, *Plan des travaux scientifique*, p.139 참조.
13) A. Comte, *Plan des travaux scientifique*, p.139 참조.

(5) 사회의 활동 목적은 수정된다. 사회활동의 두 가지 목표인 '정복'과 '생산'은 나란히 발전한다. 처음에는 '산업'이 '군사자원'으로 보호되고 장려되다가, 다음에는 전쟁 등 군사활동이 산업을 지원하기 위한 수단으로 간주되어 체계적으로 수행된다.

(6) 산업은 현저하게 진보 발전한다. 산업활동은 현저히 확대되지만 사회 상층은 산업활동에 참가하지 않는다.

(7) 생산 담당자는 산업의 진보 발전에 따라 생산자로서의 노예가 처음에 약간의 권리를 가졌다가 농노로 전화된다. 이 단계의 후반기에 농노제도도 완전히 폐지된다. 노예제도의 폐지와 농노해방 후에도 생산자는 집단적 전제에 종속된 경향이 있으나, 이것은 신분적 종속과는 다른 사회관계로서 급속히 변화되어갔다.[14)]

(8) 사회통합의 기초가 되는 것은 국가의 법률제도이다.

(9) 사회단위는 '민족'(nation)과 '국가'(État, state)로 인식되었다.

꽁트는 이 단계를 프랑스혁명에 의거하여 형이상학적 계몽사상가들과 자연법론자들 및 법률가들이 승리한 시기라고 보았다.

그는 이 단계의 '비판이론'이 기존의 모든 억압적 권위, 지배계급의 모든 권력, 기존 종교의 쇠퇴를 결과했다고 지적하였다. 그는 프랑스 대혁명이 봉건적 구체제로부터 '개인'을 해방하고 모든 '피압박 계급'을 해방시켰다고 설명하였다.

그러나 꽁트는 형이상학적 비판(계몽)사상가들과 프랑스혁명가들이 '역사'와 '역사법칙'에 무지하여, 그들이 수행한 혁명적 변동은

14) A. Comte, *Plan des travaux scientifique*, pp.139~140 참조.

파괴할 대상을 찾아 파괴는 했지만, 그 다음에 사회를 어떻게 재조직하고 어떻게 새사회를 건설해야 할지 알지 못했기 때문에 목적을 충분히 달성하지 못하고, 완전히 성공하지 못했다고 지적하였다.

그 결과 형이상학적 비판(계몽)사상과 프랑스 대혁명은 구체제를 파괴한 후 새로운 프랑스 사회를 건설하여 재조직하지 못하고, 지적, 도덕적, 정치적 무질서와 무정부상태를 결과하게 되었다. 그들은 문제를 제기했을 뿐이지 결코 문제를 해결하지 못했다고 그는 지적하였다.[15]

꽁트에 의하면, 더욱 문제인 것은 그늘이 혁명 후 프랑스 사회의 무정부상태와 무질서를 어떻게 극복하고 어떻게 새로운 사회와 새로운 질서를 만들지에 대해서는 어떠한 과학적 방안과 계획도 제시하지 못하고 있는 것이다.

따라서 이 단계는 '과도적' 단계이며, 다음의 다른 사상과 이론에 의거한 새로운 사회와 새로운 질서의 건설이 필요하게 되는 것이다.

4. '과학적 산업적 단계'의 특징

과도기를 거쳐 인류사회와 문명이 도달하는 셋째의 단계가 '과학적 산업적' 단계이다. 꽁트가 설명한 이 단계의 특징은 다음과 같이 요약될 수 있다.

---

15) A. Comte, *La sociologie*, pp.345~346 참조.

(1) 이 단계에서는 모든 이론적 개념과 관념들이 실증적(positif), 과학적(scientifique)으로 된다. 이제는 사실에 대한 '관찰'이 허구에 대한 '상상'을 지배하고 대체한다. 이 시대에는 사람들은 '신' 또는 '본질'을 내세우는 설명을 '무용한'(oieux, useless)한 것으로 생각한다. 사람들은 '최초의 원인'(la cause originale) 또는 '최후의 목적'(but finale)의 탐색을 중지한다. 왜냐하면 그것은 ① 실증적 설명이 전혀 아니고, ② 그것의 사실 여부를 검증할 수 없으며, ③ 사람들의 필요에 봉사하지 않는 무용한 것이기 때문이다.

(2) 문제해결의 궁극적 힘은 '실증적 과학적 지식'과 그에 기초한 '예견'에서 나온다. 즉, 확실하지 않은 짐작 억측(conjecture)에서 벗어나서, 인류가 신뢰할 수 있는 유일한 지식은 관찰된 사실에 대한 '과학적 지식'이다. 인류의 사회생활에 효과적이고 신뢰할 수 있는 유용한 지식은 검증이 가능하고 수없이 실증을 거친 '과학적 지식과 과학적 이론'이라고 생각하게 되었다.

꽁트에 의하면, 실증적 과학적 지식은 논리적 타당성을 가질 뿐 아니라 '조심스러운 관찰'과 '정확한 실험의 검증'을 거친 지식이다. 이러한 과학적 지식이 문제해결의 힘을 갖는다.

(3) 정신적 지도자는 각 분야에서 과학적 지식을 가진 '학자집단'이다.

(4) 사회관계와 사회조직은 산업적 기초(base industrielle) 위에서 형성되는 '산업적 관계'이다.[16] 산업적 관계에서는 명령-복종의 군

16) A. Comte, *Plan des travaux scientifique*, p.140 참조.

사적 관계는 사라지고 민주적인 평등한 계약적 관계가 지배한다.

(5) 사회의 활동 목적도 '생산'(production)을 유일하고 항상적인 목표로 하여 산업적 기초 위에서 조직화된다. 사람들은 필요한 것과 부족한 것을 '정복'에 의한 약탈이 아니라, '생산'을 통한 생산물의 공급증가에 의하여 충당한다.

(6) 산업활동은 전체 사회에 확대되고, 산업은 크게 발전한다. 그에 따라 인류의 물질적 생활도 풍요롭게 된다.

(7) 생산담당자는 모든 사회성원이다. 사람들은 모두 생산적 활동에 참가한다. 그리하여 산업사회(société industrielle)가 성립 발전한다.

(8) 사회통합의 기초가 되는 것은 국내의 산업조직과 세계의 산업조직이다.

(9) 사회단위는 기본적으로 '인류'(l'Humanité) 그 자체이다. 그는 이 단계에서 민족과 국가들은 상호 협력하고 화합해야 하며, 유럽 국가들은 하나의 '유럽공동체'를 형성해야 할 것이라고 주장하였다.

꽁트는 이 인류사회와 인류문명의 제3단계는 '과학'과 '과학적 정신'이 지배하고, 산업체제(système industrielle)가 모든 종류의 군사체제(système militaire)를 대치한 단계이며, 신학적 형이상학적 정신은 급속히 쇠퇴하여 사라지는 단계라고 설명하였다.

꽁트에 의하면, 이 제3단계는 모든 인류를 위하여 과학적 지식과 과학적 발견이 사용되기 때문에, 인류가 조화롭고 평등하게 발전하며, '이타주의'(altruisme)가 이기주의(égoïsme)보다 우세하게 될 수 있다고 설명하였다.

그는 사회발전의 제3단계에서는 과학적 지식에 기초한 산업의 급속한 발달로 물질문화도 풍부하게 되어, 인류의 물질생활도 훨씬 풍요롭게 되며, 과학적 실증적 정신이 보급되어 인류는 자유·평등·박애·평화·질서·진보가 실현되는 새로운 사회를 재조직할 수 있게 된다고 설명하였다.

5. 사회발전의 3단계 법칙의 일람표

꽁트의 지금까지 설명한 인류사회와 인류문명의 진보·발전의 3단계 법칙 내용을 간략하게 일람표로 만들어 보면, <제1표>와 같이 요약할 수 있을 것이다.

꽁트는 그의 '3단계의 법칙'의 역사사회학으로 당시 전유럽의 지성계를 휩쓸던 "보수주의 대 계몽사상의 논쟁"을 모두 극복하려 하였다.

꽁트에 의하면 버크(Edmund Burke), 보날(Louis de Bonald), 메스트르(Joseph de Maistre)의 계몽사상 비판과 보수주의의 주장은 인류사회·문명의 제1단계인 '신학적 군사적 단계'(예컨대 13세기)로 돌아가자는 '복고주의'의 퇴행적 주장에 불과한 것이다. 그들의 계몽사상 비판에 비록 편린적 진실이 있다고 할지라도, 그것은 경청하고 선택해서 취해야 할 진실의 편린이지, 전체적인 이론과 정신은 '복고주의'일 뿐이고, 인류사회와 인류문명의 진보를 거부하는 '퇴행'의 주장과 찬미일 뿐이다.

〈제1표〉 꽁트의 사회발전·인류문명의 진보의 3단계 법칙 일람표

기준	제 I 단계 (신학적 군사적 단계)	제 II 단계 (형이상학적 법률적 단계)	제III단계 (과학적 산업적 단계)
① 이론적 개념과 관념	신학적, 초자연적, 신비주의적. 상상이 관찰을 종속시켜 지배	형이상학적, 사변적, 과도적. 사변적 상상이 관찰을 지배	실증적, 과학적. 관찰이 상상을 대체.
② 문제해결의 궁극적 힘	기도(prière)	비판과 주장	과학적 지식과 산업
③ 정신적 지도자	성직자 집단, 교회	형이상학적 철학자, 법률가	학자집단
④ 사회관계	군사적 관계	군사적 관계에서 산업적 관계로의 과도적 단계	산업적 관계. 군사적 관계는 사라지고 평등한 계약관계.
⑤ 사회의 활동목적	'정복'이 유일한 목적	'정복'과 '생산'이 나란히 발전	'생산'이 유일하고 항상적 목적
⑥ 산업	성원의 생존유지 정도	산업이 군사적 자원으로 간주되고, 다음에는 산업을 지원하기 위해 군사활동.	산업활동이 전체사회에 확대. 산업발전.
⑦ 생산 담당자와 제도	노예·노예제도	전반기에 노예는 약간의 권리를 가진 농노로 되었다가, 후반기에 농노제도 폐지.	모든 사회성원이 각종 생산활동에 참가. 산업사회 성립 발전
⑧ 통합의 기초	군사무장과 군주의 결합	국가와 법률제도	국내와 세계의 산업조직
⑨ 사회단위	가족	민족과 국가	'인류'(전 세계) 자체
⑩ 시대	고대 신정(神政)과 봉건시대	계몽(비판)주의 시대	실증주의의 시대

한편, 룻소(Jean Jacques Rousseau) 등 계몽사상가들은 제2단계인 '형이상학적 법률적 단계'를 주장한 것으로, 프랑스혁명을 통하여 제1단계의 구체제와 구질서를 파괴하는 데는 성공했으나 '신체제' '신

질서'를 수립하는 데는 실패하였다. 그들의 주장은 실증성과 과학적 증명이 없는 형이상학적 주장이었기 때문에 보수주의의 비판에 반박도 제대로 할 수 없었고, 결국은 영구히 문제를 해결하지 못한 채 '지적 정치적 무정부상태'를 결과하였다.

그는 새로운 체제, 새로운 질서, 새로운 사회의 재조직은 상·시몽과 꽁트 자신에 의해 체계적으로 정립되는 '실증정신' '실증과학'에 기초하여 제3단계인 '과학적 산업적 단계'에 이르러서 성취될 수 있다고 본 것이다.

꽁트에 의하면 사회발전의 각 단계에는 공동체 성원들이 채택하는 '지도적 사상'(les idées directrice)이 있어서 이것이 시대를 주도해야 합리적 진보가 이루어진다.[17] 즉 실증적 과학적 단계에서는 '실증적 사상'이 '지도적 사상'이 되고 신학적 사상과 형이상학적 사상은 잔존 유산으로 실증사상에 복속되어야 합리적으로 되는 것이다. 만일 그렇지 않고 실증적 과학적 단계에서도 상이한 신학적 사상과 형이상학적 사상이 '지도적 사상'이 되고 실증적 사상이 취약하면 '지적 무정부상태'(anarchie intelletuelle)가 되어 혁명 후의 프랑스처럼 혼란이 오게 되는 것이라고 꽁트는 생각하였다.

꽁트는 인류사회발전의 제3단계인 '과학적 산업적 단계'에서 사회 재조직을 주도적으로 담당해야 할 새로운 실증과학이 '사회학'이라고 본 것이었다.

17) Raymond Aron, *Les étapes de la pensée sociologique*, p.98 참조.

6. 사회발전 3단계의 '유기적' 시기와 '비판적' 시기

(1) 꽁트의 '유기적' 시기와 '비판적' 시기

꽁트는 인류사회·문명의 3단계는 다시 각 단계가 ① 유기적 시기(période organique, organic period)와 ② 비판적 시기(période critique, critical period)로 나누어진다고 관찰하고 이론화하였다.[18]

'유기적 시기'는 각 단계의 개략 전반기에 해당하는 시기로서 사회의 이론적(정신적) 측면과 실제적(실천적) 측면을 비롯하여 사회 여러 부문들이 유기적으로 잘 조직화되고 조화가 이루어진 조직적 시기(période organisée, organizational period)이다.

'비판적 시기'는 각 단계의 개략 후반기에 해당하는 시기로서 이론적(정신적) 측면과 실제적(실천적) 측면을 비롯하여 사회조직의 각 부문의 협동과 화합이 해체되고 정신적 지도집단의 비판을 선두로 하여 갈등과 비판이 활발하게 일어나는 해체적 시기(période désorganiséé, disorganized period)이다.

각 단계의 전반기에는 지도적 사상 및 이론과 지식에 실제적(실천적) 부문의 권력과 사회 성원들의 찬성 및 조화가 잘 이루어진다. 그러다가 과학적 지식의 진보에 따라 정신적 지도세력의 진보적 지식이 세속적 권력의 한계를 넘어서 세속적 권력과 불일치와 부조화가 현저하게 되면, 진보적 과학적 지식을 가진 정신적 지도세력의

18) A. Comte, *Système de politique positive*, vol.4, p.148 참조.

기존 사회체제와 기존질서에 대한 비판이 일어난다. 이 비판에 세속적 사회성원들의 찬성과 동조가 확대되어 격렬한 비판이 누적되면, 인류의 지식의 진보에 합치되는 신질서가 추구되어 다음 단계로 이행하게 된다고 꽁트는 설명하였다.[19]

(2) 꽁트의 학설과 생·시몽의 학설의 차이

꽁트의 이러한 3단계 법칙과 유기적 시기·비판적 시기의 학설에 대하여, 이것은 꽁트가 스승 생·시몽의 학설을 일부 차용한 것이라는 해석이 있다.[20]

생·시몽은 꽁트와 거의 같은 시기에 인류역사를 3시기로 구분할 필요가 있다는 견해를 간략하게 편린적으로 시사한 적이 있었다. 제1기는 서기3세기~4세기에 확립된 다신교 이데올로기와 노예제도에 기초한 사회질서 시기, 제2기는 서기11세기~12세기에 확립된 신학적 이데올로기와 봉건제도에 기초한 사회질서 시기, 제3기는 과학적 실증적 이데올로기와 신산업에 기초한 현대(생·시몽의 시대)이다. 또한 각 시대는 생물학적 성쇠와 유사하게 출현 후 유기적으로 조화롭게 진전되다가, 그 정상점을 지나면 정신적 권력의 세속적 권력에 대한 비판이 일어나서 기존 세속적 권력이 쇠약하게 되고 퇴폐화된다고 설명하였다. 생·시몽은 일관되게 '유기적 시기'와 '비

19) Lewis A. Coser, *Masters of Sociological Thought*, pp.7~8 참조.
20) Frank E. Manuel, *The New World of Henri Saint-Simon*, Harvard University Press, 1956, pp.221~236에서 '유기적 시기'와 '비판적 시기'를 설정하여 이러한 주장을 하고 있다.

판적 시기'만을 고정시켜 이론화하지는 않았지만 '유기적', '비판적' 이라는 형용사를 '종합적', '분석적', '퇴폐적' 등 유사한 형용사와 함께 가끔 사용하였다.

꽁트는 생·시몽의 제자이므로 위의 생·시몽의 학설들이 꽁트의 3단계 법칙과 '유기적 시기' '비판적 시기' 학설에 흡수되었음은 당연한 것이다.

그러나 자세히 관찰하면 생·시몽의 3시기 학설과 꽁트의 3단계 학설에 다음과 같이 약간의 차이와 꽁트의 뚜렷한 독창성이 있음을 주목할 필요가 있을 것이다.

(1) 생·시몽의 3시기설은 원시사회를 무시하고 그 대신 '고대'(3~4세기 중심)와 중세(11~12세기 중심)를 구분하여 2개 시기로 설정하였다.

이에 비해 꽁트는 원시사회·고대·중세를 하나로 묶어서 제1단계(신학적 군사적 단계)로 설정한 다음, 그 단계 안에서 다시 이를 3시기로 구분하여 ① 원시사회의 물신숭배(fétichisme) 시기, ② '다신교'의 시기, ③ '일신교'의 시기를 실제 사회와 연결하여 설명하였다. 꽁트는 원시사회를 매우 중시하여 인류사회의 기원을 밝히려고 탐구하였다.

(2) 생·시몽은 '중세'와 '고대'의 질적 차이를 강조하고, '중세'의 진보성을 강조하였다. 그는 '다신교'로부터 '일신교'로의 이행을 '철학적 혁명'이라고 상찬하면서 '고대'의 문명에 대한 '중세'의 우위성을 주장하였다.

이에 비해 꽁트는 비판(계몽)사상가들의 '중세'를 문명의 '일시적

후퇴'라고 본 견해를 따르지는 않았지만, 생·시몽처럼 상찬하지도 않고, '고대와 중세'를 실증주의적 관점에서 하나의 큰 단계로 묶어 보아 '지도적 사상'이 양자 모두 '신학적'이고 사회조직이 신분제도와 군사적 지배에 기초를 둔 점에서 동질적인 단계라고 해석하였다.

(3) 생·시몽은 계몽사상과 프랑스 대혁명을 그다지 높이 평가하지 않았으며, 따라서 독립된 시기를 설정하지 않고 중세 안에 범주화된 '중세의 비판시기'로 해석하였다. 그는 프랑스 대혁명은 중세 봉건제도를 공격하여 해체시킨 '위기의 사건'으로 해석하였다.

이에 비해 꽁트는 계몽(비판)사상과 프랑스 대혁명을 높이 평가하고, 이를 하나의 '독립된 단계' 즉 제2단계(형이상학적 법률적 단계)로 설정하였다. 그는 비록 실증주의적 관점에서 계몽사상의 형이상학적 비실증성을 비판하고, 프랑스 대혁명의 혁명 후 신사회건설 구상 결여를 비판했지만, 계몽사상과 프랑스 대혁명이 억압된 개인과 피압박 계급을 해방시키고 '실증'과 '과학'에 대한 모든 속박을 철폐하여 새로운 근대시민사회의 길을 열어준 것을 높이 상찬하였다.

(4) 생·시몽은 처음 '유기적' 시기와 '비판적' 시기를 순환론적으로 설명했다가 후에 진보론적으로 파악하면서도, 비판적 시기는 일종의 '퇴폐적'(décadent) 시기라는 생각을 갖고 있었다.

이에 비해 꽁트는 '비판적' 시기를 시종일관하여 '진보적'인 활동의 시기로 상찬하였다. 그는 계몽(비판)사상의 비실증성과 형이상학적 성격을 비판하면서도 계몽사상가들의 진보적 성격은 높이 평가하였다.

(5) 생·시몽은 그의 '3시기'설을 독립논문 또는 독립저작으로 정밀하게 체계화하지 못하고 다른 주제의 논문에서 편린적으로 구상을 피력하였다.

포이엘바하

이에 비해 꽁트는 그의 '3단계'설을 독립논문과 저작으로 정밀하게 체계화하고 이론화하였다.

그럼에도 불구하고 생·시몽과 꽁트의 견해가 거의 일치한 부분은 그들의 시대가 실증적·과학적 시대, 산입사회의 시작의 단계라는 점이었다. 생·시몽과 꽁트는 '실증주의의 두 메시아'였다.

리스트

꽁트의 사회발전의 3단계 법칙설은 즉각 당시 유럽 지성계에 경탄스럽게 받아들여져서, 그 후 큰 영향을 끼쳤다. 가장 큰 영향을 받아 그 후 자기의 단계설을 정립한 사상가로는 포이엘바하(Ludwig Andreas Feuerbach, 1804~1872)의 사회발전 단계설, 마르크스(Karl Heinrich Marx, 1818~1883)의 사회발전 단계설, 그리고 리스트(Friedrich List, 1789~1846)의 산업발전 단계설을 들 수 있다.

최근 엘리아스(Norbert Elias)는 꽁트를 '발전사회학의 시조'라고 높이 상찬하였다.

제8장

신학적 단계의 역사사회학

1. 물신숭배(fétichisme) 시대

꽁트에 의하면 인류사회의 진화의 법칙에서 신학적 단계의 최초의 신학적 철학은 물신숭배(fétichisme, fetishism)에서 시작되어, 다신교(polytheisme) 시대로, 다음에 일신교(monotheisme) 시대로 진화하였다. 따라서 물신숭배가 신학적 철학의 시작이고 기초이다.

그 역사사회학적 증거는, 유태인의 신정(神政, théocratie, theocracy)을 파생시킨, 이짚트의 신정 유적에서 볼 수 있다. 이짚트의 신정은 그 최성기에 성직자 위계제도(hiérarchie sacerdotale, sacerdotal hierarchy)의 여러 다른 계급들 가운데 3개의 종교시대가 규칙적으로 오래도록 공존했었다. 즉 그 최하계급에는 단순한 '물신숭배'가 있었고, 그 위에는 뚜렷한 '다신교'의 점유하는 자리였으며, 최상의 자리에는 소박한 '일신교'의 자리로 되어 있었다고 그는 설명하였다.[1]

꽁트는 이러한 진화론적 관점에서, 당시 일부 신학자들의 '다신교'와 '물신숭배'는 '일신교'에서 발원한 신앙의 타락한 형태이다라

1) A. Comte, *La sociologie*, p.144 참조.

는 주장을, 인간사회의 총체적 관찰에 반하고 지식발전의 법칙에 반하는 오류라고 비판하였다.

꽁트가 설명한 '물신숭배'시대의 특징을, 간단히 요약하면, 다음과 같이 지적할 수 있다.

(1) 물신숭배는 인간 밖의 모든 외계 물체가 인간과 유사한 '생명'에 의해 살아있는 것이라고 생각하는 경향이다. 이러한 생각이 인류의 신학적 시대를 열었다.

(2) 물신숭배는 일종의 개인 또는 가족 단위 또는 씨족 단위 또는 마을 단위의 신앙이다.[2] 그것은 물체가 무수히 많은 것과 같이 신앙의 대상도 무수히 많았다.

(3) 물신숭배에는 따라서 가족장, 씨족장 이외에 별도의 성직자 직책 또는 성직자집단이 필요하지 않았고 존재하지 않았다.

(4) 물신숭배의 최고 완성 단계는 '별[星辰] 숭배'(l'astrolâtrie, Astrolatry)의 상태이다.[3] 별들의 보편적 성격은 공동숭배의 대상이 되기에 적합한 것이다. 인류는 '별숭배'에서 보편적 초월성에 접근하게 되었다고 꽁트는 관찰하였다.

(5) 인류는 별·달·번개 등에 초자연적 권능을 부여하였다. 이에 따라 인간을 처벌할 수 있다고 생각된 이 권능과 소통할 수 있다고 하는 마술사(magicien), 예언자(devin), 마법사(sorcier) 등이 출현하였다. 그러나 그들의 최초의 종교적 정신과 지식은 감각에 사기술을 입힌 것이었으므로 인류의 과학적 지식의 시작에 저해적이었다.[4]

---

2) A. Comte, *La sociologie*, p.147 참조.
3) A. Comte, *La sociologie*, p.148 참조.

(6) 물신숭배는 정서적 생활이 지적 생활보다 압도적으로 우월한 점에 특징이 있었다. 인간의 지적 성능은 불가피하게 가리워져 있었다.

(7) 물신숭배의 미술에 대한 영향은 억압적이지 않았다. 우주만물이 모두 생명을 가졌다는 생각은 상상력의 확장에 유익하였다. 이것은 모든 미술을 포함한 예술의 시작을 결과하였다.

(8) 물신숭배 시기의 산업은 인간과 동물들의 조합(일부 동물의 가축화), 불의 사용, 도구의 사용, 화폐의 출현, 집단적 수렵 활동 등과 같은 것으로서, 문명의 무대를 준비하는 단계였다.[5]

(9) 물신숭배 시기에 인류는 '의복' 착용의 습관을 확립하였다. 꽁트에 의하면 "이것은 인간의 성격을 개선하기 위한 노력의 첫째의 증거"이다. 그는 도덕적 관점에서 의복 착용이 문명의 중요한 징후의 하나라고 설명하였다.

(10) 물신숭배 시기의 가장 큰 성과는 '농경생활'의 시작이라고 꽁트는 강조하였다. 농업생활의 시작은 인간의 물질생활을 크게 개선했을 뿐 아니라, 인류가 방랑생활을 종결하고 특정지역에 정착케 하였다. 인류가 한 지역에 정착해 살면서 조밀하게 되자 이에 상응하는 생산력 증대가 필요하게 되었고, 농업생산의 증대를 위한 노력을 하게 되었다. 농경생활의 시작과 농업생산 증대를 위한 노력은 인류에게 처음으로 과학적 지식을 깨달아 갖게 하기 시작하였다. 이것은 인류문명 진보에서 참으로 중요한 획기적 변화이다.[6]

---

4) A. Comte, *La sociologie*, pp.149~150 참조.
5) A. Comte, *La sociologie*, p.151 참조.

(11) 물신숭배 시기의 한 지역에의 정착과 농경생활의 시작은 인간의 출생지에의 정착을 관습화하여 상찬하고, 향토애를 최고도로 배양하였다.

(12) 물신숭배 시기의 작은 전쟁은 자기의 수호신, 피정복자의 고통에 수반하는 가정신과 부엌신을 중요하게 받들었고, 조상의 신성한 '무덤'을 만들고 지키는 관습을 만들게 하였다.

(13) 물신숭배와 농경민족의 정착생활은 그들의 생활이 천체의 큰 영향을 받음을 깨닫게 하였다. 이에 따라 인류는 천체와 기상에 대한 합리적 지식에 주목하게 되었다.

(14) 물신숭배 시기의 특정 동물(토템)과 식물숭배는 귀중한 동물과 식물의 보존에 공헌하였다. 물신숭배는 당시 실행할 수 있는 유일의 방법으로써 인류와 만물, 인류와 여러 동물들과의 관계에 규칙을 부여하는 고상한 제도(토템제도)를 창조하여 내었다.

물신숭배는 사회학적 원리에서 인간의 생활단위가 가족을 기초로 하여 공간적으로 더 넓은 부족, 민족, 도시, 국가로 확대되어가면서 보다 '보편적 신'이 필요하게 됨에 따라 '다신교'(polytheisme)로 이행하게 되었다.

물신숭배의 '신'과 다신교의 '신' 사이에는 큰 차이가 있다. 물신숭배의 '신'은 개개의 물체마다 들어 있는 무수한 개개의 물신(fétiche)이었는 데 비하여, 다신교의 '신'은 보다 보편적이고 보다 추

6) A. Comte, *La sociologie*, pp.153~154 참조.

상적인 신으로서, 개개의 물체의 주소에 살지 않고 다수의 개체를 포함한 현상을 관리하는 추상적 신이 된다는 것이다.

꽁트는 이를 비유하여 '물신숭배의 신'을 개개의 '수목'의 신인 데 비하여, '다신교의 신'은 수많은 수목들을 포함한 '삼림'의 신에 비유할 수 있다고 설명하였다.

그는 다신교의 추상적 신의 설정은 인간정신의 혁명적 변화라고 설명하면서, 물신숭배 시대의 신으로서 다신교 시대에도 그대로 보존되어 이행된 것은 '별숭배'뿐이고, 다른 물신숭배의 신들은 모두 사라져서 유제로만 남게 되었다고 관찰하였다.[7]

여기서는 꽁트의 '물신숭배' 연구를 매우 간단히 요약했지만, 《실증철학강의》 제5권에서 그는 독립된 장을 설정하여 매우 상세한 연구를 서술하였다.

꽁트의 물신숭배 시대와 다신교 시대 인류사회의 연구는 사회학의 창립시기부터 원시사회와 고대사회의 연구를 포함하여 창립되었음을 잘 증명하고 있으며, 스펜서와 레비-브륄 및 뒤르켐이 이를 계승하여 큰 업적을 내었다. 모르간(Lewis Henry Morgan, 1818~1881)도 그의 《고대사회》(*Ancient Society*, 1877) 등 연구가 꽁트의 영향을 받은 것이라고 시사하였다.

---

7) A. Comte, *La sociologie*, pp.156~160 참조.

2. 다신교(polytheisme) 시대

다신교의 시대에 들어오면 '신'은 물체에서 분리되어 처음으로 외계의 추상적 대상으로 된다. 다신교 시대의 정신세계와 사회상태의 특징을 꽁트는, 간단히 요약하면, 다음과 같이 지적하였다.

(1) 다신교 시대에 '신'은 물체에서 이탈하여, 모든 중요한 인물들이 '신'으로 되는 경향이 있었다. 그러나 다신교의 다수의 '신'은 인간의 일상생활에 밀접히 친족관계처럼 관련되어 있어서 친숙한 '신'으로 되었다. 따라서 인간의 정신생활은 종교적 정신으로 충만하게 되었다.

(2) 다신교는 다수의 신을 인정하고 '신'들 사이의 협조가 가능하기 때문에 배타성이 적었다. 새로운 신의 출현도 당연한 것으로 수용되었다. 이 점에서 배타성이 강하고 열광적 신앙을 강조하는 일신교와 대비된다.

(3) 다신교 사회에서는 모든 현상에 대해 밀접한 신학적 설명이 지배하므로, 이것은 과학적 정신의 발흥에 불리한 것으로 되었다. 그러나 '신'이 물체에서 분리되어 나갔으므로 생명 없는 물체들에 대한 자연법칙의 불변성의 원리에 공간과 지위가 주어지게 되었다.[8]

(4) 다신교는 그 철학사상들 사이에 원시적 연결성을 수립하여

8) A. Comte, *La sociologie*, pp.161~162 참조.

'철학적 사색'을 깨어나게 하였다. 비록 그 연결성이 공상적 성격의 것이라 할지라도 그것은 그 이후를 위해 귀중한 것이었다.

(5) 다신교는 '관찰'과 '추리'의 정신을 개발하였다. 물론 이것도 '공상적' 성격의 것이었지만, 이것이 집적되어 과학적 정신에 연결되었다. 케플러(Johannes Kepler)의 말을 빌리면, 망상적 점성술은 천문학적 관찰을 고취한 결과를 가져왔고, 희생동물의 간장, 심장, 폐의 검토에 의해 미래를 점치는 장복술(臟卜術)은 해부학의 대두에 자료를 제공하였다.[9]

(6) 다신교는 미술을 비롯하여, 시·음악·회화·조각·건축술 등 예술전반에 중요한 장르를 공급하고 민중적 기초를 공급하여 미학적 능력을 발전시키는 데 큰 기여를 하였다.[10]

(7) 다신교 시대의 사회의 큰 변동은 '전쟁'이 인간의 중요한 일로 되었다는 사실이다. 이에 따라 '군사'가 가장 중요한 일의 하나로 되었다. 기술은 군사적 목적으로 중시되고 장려되었다. 인류의 첫째의 도구는 이제는 농구가 아니라 '무기'가 되었다. 군사목적으로 기계가 발명되어 제조되었고, 공성술(攻城術)을 위하여 놀라운 기계가 발명되고 제작되었다. 수공업 부문의 최대 노력은 모두 '전쟁'에 관련된 것이었다. 전쟁생활의 확대는 사회계급들 가운데 수공업생활자 계급을 출현케 하고 승리케 하였다.

(8) 다신교 시대의 전쟁생활의 확대는 사회활동의 항상적 목적을 '정복'으로 만들었다. '정복'에 의하여 승리한 민족이 패전한 여러

9) A. Comte, *La sociologie*, pp.164~165 참조.
10) A. Comte, *La sociologie*, pp.166~170 참조.

민족들을 자기에게 복속시키는 것이 사회를 확대하는 유일의 방법이었다. 또한 승리한 민족은 정복당한 민족의 주민들의 군사활동을 억압하고, 그들 사이에 지속적 평화를 수립하면서 그들을 산업적 생활에 투입하기 시작하였다.[11]

탈레스

(9) 다신교 시대의 각종 '축제'(fêtes)와 봉신(奉神, apothéose) 행사는 여러 가지 예술을 발전시키고 국민의 단결을 강화했지만, 궁극적으로 모두 '전쟁'과 관련된 것이었으며, 전투적 원기를 고무시키기 위한 것이었다.

피타고라스

(10) 다신교 시대의 전쟁은 각 민족이 각각 자기의 '신'의 깃발을 들고 전개했다는 점에서 종교적 성격을 가졌다. 이 경우 다신교는 '정복의 정신'을 고취하는 데 활용되었을 뿐 아니라, 항복한 주민의 병합을 용이하게 하는 사회적 사명도 수행하였다. 항복한 민족들은 승리한 '신'들의 우월권을 인정한다는 조건으로 그들에게 가장 귀중한 자기 '신'의 종교적 신앙과 실행을 포기하지 않고 승리한 국민에게 병합될 수 있었다.

아르키메데스

11) A. Comte, *La sociologie*, pp.171~172 참조.

(11) 다신교 시대의 전쟁의 결과는 '노예제도'를 창출하였다. 노예제도는 전쟁을 원천으로 해서 나온 것이다. 전쟁에서 항복한 '포로'들을 살육하지 않고 권리없는 '노예'로 만들어 가사노동과 산업생산노동에 투입함으로써 노예제도가 시작되었다. 꽁트는 물신숭배는 포로 학살에, 다신교는 포로 노예화에, 일신교는 노예해방에 각각 적응했다고 지적하였다.[12]

(12) 다신교 시대의 정치조직에서는 두 개의 사회적 권능인 '정신적 권능'과 '물질적 권능'이 하나의 '동일 군장(君長)'(les mêmes chefs, the same chief)에게 집중되어 있었다. 무장(武將)이 국왕임과 동시에 교왕의 이중의 권능을 행사하였다. 다른 민족들에 대한 끊임없는 정복전쟁이 권능의 분화를 방해하였다. 다신교에서는 신의 숫자가 다수이기 때문에 성직자의 종류도 다수가 되어 분열되었으므로, 종교적 권능은 세속적 정치권력에 복종하는 것이 보통이었다.[13]

(13) 다신교 시대의 노예제도와 두 권능(정신적 권능과 물질적 권능)의 혼합은 도덕의 열

아리스토텔레스

히포크라테스

소크라테스

12) A. Comte, *La sociologie*, pp.173~174 참조.
13) A. Comte, *La sociologie*, p.175 참조.

필론

등을 결과하였다. 개인도덕은 노예의 주인에 대한 끊임없는 아첨의 위험에 빠져 자기통제력을 상실하기 쉬웠다. 가족도덕은 노예제도로 말미암아 방종을 용이하게 해서 가족관계가 타락하고, 일부일처제도를 만들기는 했으나 사실상 와해되다시피 되었다. 사회도덕은 불행한 노예에 대한 잔인한 관습의 지배로 말미암아 타락하고 도리어 광포한 감정이 발달하였다. 사회도덕에서 물신숭배가 인간의 출생지에의 정착을 상찬하여 향토애를 최고도로 고취한 데 비하여, 다신교는 이 원시적 애착을 억제하면서 이것을 가장 강렬한 애국심의 차원으로 향상시켰다. 한편 물신숭배 시대의 노인의 존경과 조상의 기념은 다신교에도 계승되었다.[14)]

(14) 다신교 시대에 미학은 크게 발전하였다. 다신교를 신정적(神政的) 다신교와 군정적 다신교로 나누어 볼 수 있다. 다시 신정적 다신교를 이짚트식과 그리스식으로 나누어 볼 수 있는데, 미학은 이미 신정적 다신교에서 크게 발전하였고, 군정적 다신교 시대에는 그것을 차용하였다.

(15) 과학적 정신의 발현은 '수학'의 성립에서 시작되었다. 가장 먼저 단순한 '산술'이 성립되었고, '기하학'이

측량술에서 탈출하여 성립되었다. 다신교시대의 수학은 소수의

14) A. Comte, *La sociologie*, pp.176~180 참조.

천재들에 의해 성립된 것이다. 특히 탈레스(Thales)의 직선형 이론, 피타고라스(Pythagoras)의 공중의 고찰에 의한 피타고라스 정리, 아르키메데스(Archimedes)의 입체균형설은 대수학과 기하학을 정립하여 과학적 정신의 싹을 틔웠다. 또한 히포크라테스(Hippocrates)의 생명의 연구, 아리스토텔레스(Aristoteles), 소크라테스(Socrates), 필론(Philon), 에피큐로스(Epikuros)를 비롯한 소수의 천재들은 자연법칙과 철학이 양립할 수 있음을 그리스 다신교 시대에 이미 가르쳐주었다. 로마의 지식의 진화는 그리스 문명의 아들이 되려고 열심히 학습하고 노력해서 이루어진 것이었다.[15]

에피큐로스

3. 일신교(monotheisme) 시대

꽁트는 일신교의 시대를 유럽에서는 카톨릭교의 시대라고 해석했으며, 지구의 다른 지역에 대해서는 자료를 읽지 못하여 설명을 삼가고, 유럽의 카톨릭교만을 설명한다고 한정하였다.

그는 카톨릭의 일신교 시대를 계몽(비판)철학자들이 '암흑의 시대'라고 본 사실에 반대하였다. 카톨릭의 일신교 시대는 전기(2세기~13세기)와 후기(14세기~18세기)로 나누어 보아야 한다고 그는 주

15) A. Comte, *La sociologie*, pp.182~193 참조.

장하였다. 그는 전기의 카톨릭교는 인류사회의 진보에 매우 큰 공헌을 했다고 보았다.[16] 그에 의하면 카톨릭교의 후기의 퇴폐를 전기까지 소급해 적용하는 것은 부정확한 것이다.

꽁트는 여기서 카톨릭의 전기만을 고찰하였고, 카톨릭의 후기는 다음 장의 형이상학의 비판운동에 옮겨서 다루고 설명하였다. 그는 전기 카톨릭교 시대의 특징을 간단히 요약하면, 다음과 같이 지적하였다.

(1) 카톨릭교는 정신적 권력(종교적 권력)과 물질적 권력(정치적 권력, 세속적 권력)을 분리하였다. 카톨릭교는 징치권력으로부터 독립하여 도덕적 권력을 수립하고, 도덕을 정치 속에 철저히 관통케 하여 세속정부를 복종시켰다. 이 정·교 분리의 조직은 종합적으로 카톨릭의 천재적 조직방식이라고 볼 수 있다.[17]

(2) 두 권력 분화의 전체이론은 정신적 권력은 '교육'에 관계하고, 물질적 권력(정치권력)은 '행동'에 관계하며, 두 권력은 이 사명을 수행하기 위해 상호 '자문'한다는 것이었다. 교육은 개인과 계급들에게 계속적 감화를 주는 일이므로 간접적으로 개인과 계급들의 행동까지를 자연히 감독하게 되어 매우 강력한 영향력을 갖게 되었다.[18]

(3) 카톨릭교의 도덕교육은 사회조직상 위로는 간접적으로 최상의 국왕으로부터 최하계급으로는 직접 민중에 이르기까지 실시되었

16) A. Comte, *La sociologie*, p.197 참조.
17) A. Comte, *La sociologie*, pp.194~196 참조.
18) A. Comte, *La sociologie*, p.197 참조.

다. 이 도덕교육은 민중에게는 일찍이 알지 못했던 향상과 존엄의 감성을 발달시켰고, 국왕은 민중에게 복종과 존경이 교육된다고 간주하여 협조가 진전되었다.

(4) 카톨릭교의 조직은 걸작이라고 꽁트는 평가하였다. 그에 의하면 카톨릭교의 성직자계급제도는 우월자가 열등자를 선택하는 제도(세속권력에서는 그 반대)를 택하면서, 정신적 최고위직인 교황은 '선거'방식을 채택한 곳에서 정치적 지혜가 잘 나타났다. 이것은 카톨릭교의 안정과 예비를 보장하고, 교황을 어떠한 국왕보다도 정신적으로 우월하게 보장하였다. 수도원 제도는 강력한 성직자교육을 실시해서 높은 지식을 가진 카톨릭교 변호자들을 배양했다. 성직자 그들의 역사연구는 매우 중시되었으며, 그들의 교회사연구는 역사연구에 채용되는 경우가 많았다.[19]

(5) 카톨릭교는 발생 이래 유럽의 주요 사건에 끌려들어가고 간섭했기 때문에, 교회의 역사는 사회적 측면에서 본 유럽사가 되었다. 국가를 넘어선 전유럽 및 세계 역사의 통일성의 관념은 카톨릭교의 역사가들에 의해 성립되고 발전된 면이 컸다. 이에 비해 세속귀족의 역사가들은 대부분 정치권력자 가문의 계보의 역사에 관심을 집중시킨 데 불과하였다.[20]

(6) 카톨릭교의 발달에 도움을 준 두 개의 도덕적 정치적 조건이 있다. 첫째는 '성직자의 독신제도'(l'institution du célibat ecclésiatique)이다. 이 제도는 성직자의 정신적 자유, 사회적 청렴과 혁신에 크게

19) A. Comte, *La sociologie*, pp.198~199 참조.
20) A. Comte, *La sociologie*, p.200 참조.

기여하였다. 둘째의 조건은 교황과 카톨릭의 정신적 권위의 독립을 보장하기에 충분할 정도의 세속적 영지(바티칸과 직령지)의 설치이다. 이 제도는 교황의 정신적 권능과 정치적 권력이 갈등할 때 정신적 권능의 독립을 보호했으며, 각 지역에서 세속적 권력과 충돌한 카톨릭 종교 단체의 성직자들의 피난처가 되어 그들을 보호하였다.[21]

(7) 카톨릭교는 지적·도덕적 '교육제도'를 조직하여 각 계급에게 교육을 실시함으로써 '사회혁신'에 크게 기여하였다. 다신교는 민중을 무지몽매한 상태에 누었는바, 비단 노예뿐만 아니라 자유인의 대다수도 규칙적 교육을 받지 못했었다. 카톨릭교는 각 계급의 모든 신도들에게 어릴 때부터 종교교육을 시작하여 전 생애에 걸쳐서 설교와 연습을 실시하였다. 민중용 '교리문답'은 민중교육의 소박하지만 걸작의 하나였다.

카톨릭이 민중의 발달을 질식시켰다고 하는 일부의 비난은 사실이 아니다. 카톨릭 성직자들은 자기들의 지식을 가능한 한 민중들에게 알기 쉽게 교육하였다. 이것이 성직자의 지배권 강화를 위한 것이었다는 것은 별개의 문제이다. 카톨릭 성직자들은 신학적 형이상학적 관념에 지도된 범위 안에서이지만 인간의 본성을 탐구하였다. 카톨릭 성직자들의 이러한 지식의 우월성은 그들의 정치세력을 조성하여 사회전반에서 정신적 권능의 기초가 되었다.[22]

(8) 게르만인의 로마제국 침략 이후 수립된 군사제도와 군사활동

21) A. Comte, *La sociologie*, pp.201~202 참조.
22) A. Comte, *La sociologie*, pp.203~204 참조.

의 가장 큰 변화는 '정복'의 목적이 '방어'의 목적으로 전환했다는 사실이다. 이것은 로마시대에 '정복'이 사실상 이미 완성과 한계에 이르러 '방어'로 전환할 필요가 절실했을 때 게르만인의 침입을 받아 항구화된 것뿐이며, 카톨릭교도 이 변화에 도움을 준 것이다. 공격과 정복에는 군사정치상의 중앙집중제가 적합했지만, 방어에는 분권적 분산적 제도가 적합할 수 있었다.

게르만인 침입 이전의 로마시대에 이미 지방 방어를 분담한 무장들은 자기의 재산처럼 부속시킨 무사들이 보호하는 영지를 만들면서 거의 독립된 권력을 수립하였다. 로마제국의 최성기 이후 각지의 대다수 총독들은 각자 지방에 거점을 설치하고 상속권을 확보하려고 노력하고 있었다. 이미 봉건제도의 초기형태는 로마제국 말기에 시작되고 있었다. 봉건제도가 게르만인의 침입의 결과로 수립되었다는 주장은 과장된 것이다.[23]

(9) 군사상태의 변화는 노예제도에도 변화를 초래하여 '노예'(esclave)가 '농노'(serve)로 전화되기 시작하였다. 로마제국은 노예매매 시장을 제국영토 밖으로 쫓아내었다. 정복전쟁의 중지와 그 후 노예매매의 금지는 노예제도(esclavage)를 농노제도(servage)로 전화시키는 결정적 계기가 되었다. 토지와 가족에 부속되었던 '노예'들은 모두 '농노'로 전화되었다.

(10) 로마제국 말기 무장들의 각 지방에서의 사적 영지 확보와 토지에 부착된 노예의 농노화는 봉건제도의 시작을 알리다가, 게르

---

23) A. Comte, *La sociologie*, pp.208~210 참조.

만인의 침입에 의해 로마의 중앙집권제 정치권력이 소멸되자 중세의 봉건제도가 돌이킬 수 없도록 확립되었다. 각지의 무장들은 크고 작은 자기의 영지를 확보하고 중앙정부에 충성을 약속한 보상 형식으로 확보한 영지를 공식적 분양지로 추인받아서, 과거의 '노예'를 '농노'로 전환시켜 투입해서 경작케 하고, 독립권력을 획득하여 자기 영지를 보호할 병사들을 양성하였다. 중세 봉건제도가 확립된 것이다.[24]

(11) 봉건제도는 세속적 단일 대권력을 몇 개의 위계적 소권력으로 분해시켜서 하급권력은 상급권력에 순차적으로 복종하되 지역적 소주권의 독립을 보장하는 조직이었다. 이러한 봉건조직의 성립은 독립의 본능과 봉사의 감정을 결합시키고 독립보호와 봉사의무를 상호 규정한 조직으로서, 중앙집권적 고대제국보다는 진보된 조직이었다. 봉건적 조직은 노예제도를 농노제도로 전환시켰다는 것만으로도 획기적 발전이라고 볼 수 있다. 일신교로서의 카톨릭은 이 전화에 도움을 주었다. 기사도는 이 분권적 봉건제도에서 질서를 유지하기 위한 것이었다.[25]

(12) 인류문명에서 중세 봉건제도의 가장 큰 기여는 인류의 군사생활(la vie militaire)을 산업생활(la vie industrielle)로 전화시킨 것이다. 야만인들까지도 유목적 무장생활을 정착적 농경생활로 전화시켰다. 인류는 군사적 '정복'이 아니라 산업적 '생산'이 사회 활동의 목적으로 전화된 것이다. 이러한 전화는 근대사회로 가는 단초(berceau)이

24) A. Comte, *La sociologie*, pp.210~211 참조.
25) A. Comte, *La sociologie*, pp.212~213 참조.

기도 하였다.[26)]

(13) 카톨릭교는 이러한 중세 봉건제도에서 전유럽에 걸친 '보편주의' '보편성'을 창도하였다. 카톨릭교는 수많은 기독교 국가들을 결합하여 교회의 지도 아래 하나의 정치적 가족을 만들려고 추구하였다. 그 결과는 유럽문명에 '보편주의'가 지배하는 단초가 되었다. 유럽 국가들 사이의 관계개선, 국제법의 완성, 전쟁에 붙인 인도주의적 제조건 등은 카톨릭교의 노력이 유럽 각 부분을 통일시킨 시기에 시작된 것이다.[27)]

(14) 카톨릭교는 중세 봉건시대에 유럽의 도덕의 개선에 큰 역할을 하였다. 카톨릭교는 가족도덕에 대해 고대가족의 가부장의 전제주의를 폐지하고 가부장의 권위만 신성화하였다. 부인을 가정생활 속에 폐쇄시키기는 했지만 남편과 밀접히 결합시켜, 일단 부인은 선택한 남편의 모든 사회적 이익뿐만 아니라 남편이 받는 존경도 공유하는 권리를 갖도록 하였다. 카톨릭교는 가족 성원 내부의 내밀한 관계를 철저화하고 상호의무의 감정을 개발하였다. 카톨릭교는 사회도덕에 대해서는 애향심을 대체하여 세계적 우애의 감정과 사회연대의 감정을 고취하였다.[28)]

(15) 중세의 지적 진화의 감속 원인을 게르만인의 침입에 돌리는 것은 과장된 것이다. 그 침입 수세기 이전 로마시대 말기에 이미 감속이 시작되었다. 중세의 11세기에는 카톨릭제도의 최고 성숙기에

26) A. Comte, *La sociologie*, p.214 참조.
27) A. Comte, *La sociologie*, p.220 참조.
28) A. Comte, *La sociologie*, pp.214~220 참조.

지적 진화는 가속도 현상이 나타났었다. 중세에 이탈리아가 철학·과학·미학 및 산업 방면에서 단연 탁월했던 것은 이 시대에 카톨릭교가 인간정신의 진보를 달성하는 데 도움을 주었다는 증거이다.[29]

(16) 카톨릭교는 중세시기에 교육제도를 조직하여 최하층 백성들에게까지 교육을 보급하였다. 카톨릭의 교육은 인간의 도덕적 성격을 개발하고, 각 개인에게 개인적 행동 및 집합적 행동에 대한 판단의 권리와 수단을 가르쳐 주었으며, 사회적 토론의 정신을 개발하는 데 도움을 주었다.[30]

(17) 일신교로서의 카톨릭교는 자연법칙을 다소 위험한 것으로 간주하기는 했지만 과학의 진보를 완전히 저지한 것은 아니었다. 일신교제도는 과학운동을 저지하면서도 오히려 다신교의 방해를 배제해줌으로써 과학을 장려한 측면도 있었다. 중세시기의 화학의 성립, 상고시대에 저지되었던 해부학의 중세시기의 진보, 수학과 천문학, 특히 대수학과 삼각법의 비약적 발전은 중세가 과학의 암흑시기가 아닌 증거이다.[31]

(18) 중세시기에 미학의 진보는 음악·건축의 진보에서 잘 표시된다. 음악예술은 악보의 채용, 화성법의 발전, 대형 오르간과 같은 악기의 발달이 특징적이었다. 건축의 진보는 훌륭한 종교적 건축물에서 잘 나타났다.[32]

(19) 중세시기의 산업부문의 개선은 무엇보다도 농노제도의 폐지

29) A. Comte, *La sociologie*, pp.220~221 참조.
30) A. Comte, *La sociologie*, p.222 참조.
31) A. Comte, *La sociologie*, p.223 참조.
32) A. Comte, *La sociologie*, pp.223~224 참조.

(l'abolition du servage)를 실현하여 농노를 해방시켜서 노동자들의 신분해방(l'émancipation personnelle des travailleurs)을 성취함과 동시에, 수차·풍차 등과 같은 기계를 발명하여 물리적 동력을 이용하기 시작했다는 사실에서 나타났다. 고대에는 노예제도가 기계사용의 장애물이었다. 중세에는 농노제도는 과도적 제도였고, 결국 농노도 금지하여 자유노동과 기계사용에 의한 산업과 생산이 추구되었다.[33)]

토마스 아퀴나스

로저 베이컨

알베르 르 그랑

(20) 중세시기에 카톨릭 조직은 투쟁의 경우 이외에는 형이상학적 철학의 발전도 허락하였다. 고대 그리스 철학에서 가장 진보적이라고 간주된 아리스토텔레스의 학설도 환영받아 토론되었다. 중세 봉건세계에서 성 토마스 아퀴나스(St. Thomas d'Aquin), 알베르 르 그랑(Albert le Grand), 로저 베이콘(Roger Bacon) 등의 찬란한 철학이 꽃피었는데, 중세를 암흑시대라고 간주하는 것은 부당한 것이다.[34)]

꽁트는 중세 일신교의 카톨릭 시기도 반드시 전기의 유기적 시기와 후기의 비판적 시기로 나누어 고찰해야 한다고 강조하였다. 그가 위에서 고찰한 것

33) A. Comte, *La sociologie*, p.224 참조.
34) A. Comte, *La sociologie*, pp.224~225 참조.

은 거의 모두가 전기의 유기적 시기의 카톨릭의 영향으로서 그 유기적 상태와 진보적 영향을 설명한 것이었다.

그는 카톨릭교의 지속기간을 고찰해보면 2세기~11세기까지 약 10세기 동안은 건설의 정진시기로서 사회에 크게 진보적 영향을 주었으며, 12세기~13세기의 약 2세기(교황 그레고리 7세부터 보니파스 8세까지) 동안은 유럽사회조직의 수뇌가 되었던 전성기였고, 그 후 14세기~18세기의 약 5세기 동안이 쇠퇴기로서 비판의 대상이 되었던 시기라고 보았다.[35)]

꽁트는 카톨릭이 유럽사회와 문명에 신보적 영향을 준 12세기 동안과 비판의 표적이 된 5세기 동안을 비교해 보아도 중세를 '암흑기'로 정의하는 것은 뒤의 부정철학의 영향을 받은 비실증적인 잘못된 견해라고 지적하였다.

꽁트가 중세를 전기와 후기로 나누어 전기의 진보적 유기적 성격을 분석하고 중세의 진보성을 설명한 견해는 그 후 학계에 상당한 영향을 끼쳤다. 앙리 피렌느(Henri Pirenne, 1862~1935)의 중세 연구도 그 예의 하나이다.[36)]

꽁트는 중세 가톨릭의 비판적 해체적 시기의 문제는 다음의 형이상학파, 계몽(비판)사상파의 역사사회학적 고찰의 앞부분에서 함께 설명하였다.

---

35) A. Comte, *La sociologie*, pp.226~228 참조.

36) Henri Pirenne, *Les ville du moyen âge: essai d'histoire économique et sociale*, 1927 참조.

제9장

형이상학적 단계의 역사사회학

1. 신학적 군사적 단계의 해체

꽁트는 신학적 군사적 단계의 해체의 기원, 즉 유럽 근대사회의 시작의 기원을 14세기 초에서 구하였다.[1] 13세기 말까지 중세 봉건제도의 긍정적 역할도 사실상 끝나고 14세기 초 도시의 발흥과 함께 봉건제의 문제점이 현저히 드러나기 시작하였다. 또한 정신세계에서도 교황 보니파스 8세의 절대지배권을 확립하려는 노력에 대하여 심각한 도전과 균열이 14세기 초에 나타나게 되었다. 꽁트는 '형이상학적 법률적 단계'에 이르기까지의 중세의 해체과정을, 간단히 요약하면, 다음과 같이 설명하였다.

(1) 13세기 말까지 세속적 정치적 권력과 정신적 카톨릭교 권력 사이의 불일치가 '신학적 군사적 단계' 사회의 해체의 첫째 원인이 되었다.[2] 봉건제도의 수장인 국왕의 군사적 정신은 권력의 통일을 지향하고, 일신교인 카톨릭은 이에 대항하여 정치 권력에 제한을 가하는 상호 균형에 의해 중세사회가 유지되었는데, 이 균형이 14세

1) A. Comte, *La sociologie*, pp.229~231 참조.
2) A. Comte, *La sociologie*, p.233 참조.

기에 깨어지기 시작한 것이다.

(2) 또한 두 권력의 중앙권력과 지방권력 사이의 관계에도 갈등과 불일치가 나타났다. 정신세계에서는 교황의 최고권과 각 국가들의 성직자들 관계에 해체의 맹아가 나타났다. 교황권이 과도한 중앙집권으로 나가자 각국의 교회와 국민들이 저항하여 독립하려는 노력이 대두하였다. 이것은 교리의 분열에 앞서서 카톨릭교가 각국의 독립교회들로 분해되어 내부적 일치가 분열되는 결과를 초래하였다.

(3) 세속적 정치권력에서도 국왕의 중앙권력과 봉건제후들의 지방권력 사이에 갈등과 대립이 일어났다. 중앙집권의 방향을 지향하는 국왕의 노력에 대항하여 지방의 봉건세력들은 불수불입권(不輸不入權)을 지키려고 저항하였다. 그러나 지방의 봉건세력들은 '십자군원정' 후 군사적 사명이 종료되었기 때문에, 봉건제도의 쇠락은 불가피하게 되어갔다.

(4) 세속적 봉건조직의 자발적 붕괴작용은 이미 13세기에 활발하게 일어났으나, 카톨릭의 권력이 위력을 갖고 있던 시기 동안은 그 결과가 나타나지 않았었다. 카톨릭의 정신적 권력의 붕괴가 진행되자 국왕의 중앙세력과 귀족의 지방세력의 균형은 근본적으로 깨어지고, 봉건제도는 완전한 붕괴의 방향으로 해체되어갔다. 15세기가 종료되기 이전에 지방의 귀족세력은 중앙의 국왕세력에 흡수되어 버렸다.[3)]

---

3) A. Comte, *La sociologie*, pp.240~241 참조.

(5) 봉건시대의 '십자군전쟁'과 각종 소전쟁은 외양상 군사적 사회조직의 쇠퇴와 모순된 현상으로 보이지만, 심층구조에서는 봉건제의 붕괴를 촉진시켰다. 봉건시대 전쟁의 전투들의 침략적 본질은 지배계급의 사회적 존경을 스스로 파괴시켰다. 봉건적 지배계급의 호전적 열정은 '실용성'을 잃어버린 것이었으며, 앞서 자기가 보호해오던 '문명'에 더욱 상반하는 것이었다. 성립기에 고대의 침략주의를 억압하여 평화적 균형 수립을 사명으로 한 봉건조직은 십자군원정과 그 이후 스스로 침략의 원칙을 수립하여 스스로 종말을 향해 나아갔다. 전 유럽에서 이 시기 중앙 권력이 상비군(常備軍) 제도를 설치한 것은 세속적 지배권의 분열과 봉건적 지방 귀족세력의 몰락을 상징하는 증거의 하나라고 볼 수 있다.[4]

(6) 한편 정신적 종교적 권력의 해체는 중앙권력(교황의 권력)에서 먼저 일어났다. 이것은 세속적 권력의 붕괴가 지방 귀족권력에서 먼저 일어난 것과는 반대 방향의 것이었다. 15세기가 끝날 무렵에는 종교적 권력은 세속적 권력에 흡수되어 그에 종속적으로 되었다. 15세기 말에는 세속적 권력과 종교적 권력이 모두 왕권을 중심으로 그 주위에 집중되었다.[5]

(7) 15세기 말~16세기 초 유럽의 중앙집권적 왕권 독재의 수립은 '절대국가'와 '절대왕권'의 시대를 열었다. 이제 지방분권적 봉건제도는 해체된 것이었다. 중세 봉건시대의 초기에는 단지 무장에 불과했던 왕은 16세기 초에는 '절대군주'가 되어 모든 권력을 장악

4) A. Comte, *La sociologie*, pp.241~242 참조.
5) A. Comte, *La sociologie*, pp.242~243 참조.

했지만 그 거대한 권리를 관리하고 실행할 능력을 상실한 상태였다. 이에 필요하게 된 것이 '단순한 봉행자'(simples agents) 대신에 '진실한 내각대신'(véritables ministres)이었다. 이에 절대군주는 '내각제도'를 설치하여 종래의 경쟁적 귀족세력을 내각대신들로 임명해서 수하에 종속시켰다.6)

(8) 절대군주는 명목상 군대지휘권을 가졌다 할지라도 실제로는 이를 내각의 군사담당 대신에게 위임하여 직접 관여하지 않게 되었다. 이에 내각권리의 발달에 따라 군무대신 직책이 전쟁에 관계없는 귀족이나 문관에게 주어지는 일이 잦아지고, 군국정신은 급속히 쇠퇴하게 되었다. 문관의 직권에 종속된 장군들은 아무리 탁월한 장군일지라도 오히려 의혹과 경계의 표적이 되고, 군인이 아닌 문관 대신의 결정에 따라 행동하도록 규제되었다. 이에 따라 전쟁도 '정복'이 목적이 아니라 모든 군사활동이 '상업적 이익'에 복종하는 것으로 변환되었다.7)

2. 종교개혁과 프로테스탄트의 영향

꽁트에 의하면, 최근 5세기 동안의 변혁기는 전혀 별개의 2시기로 구분할 수 있다. 제1기는 14~15세기의 시대로서, 이 시기는 비판운동(le movement critique)이 자발적이었고, 조직된 주의·주장 같은 것

6) A. Comte, *La sociologie*, pp.248~249 참조.
7) A. Comte, *La sociologie*, pp.249~251 참조.

은 전혀 가해지지 않았던 시기이다. 다른 제2기는 16~18세기의 3세기 동안의 시대로서 이 시기는 모든 사회사상이 '부정철학'(la philosophy négative)의 영향 아래 중세체제의 심각한 와해작용을 전개한 시기이다.[8]

루터

이 가운데서 제2기(16~18세기)의 3세기 동안의 혁명의 진행은 다시 이를 2시기로 나누어 볼 수 있다. 그 첫째는 여러 형태의 프로테스탄티즘(개신교)의 시기로서, 기독교 신학의 범위 안에서 '자유조사권'(le droit d'examen, the right of free inquiry)이 있다고 하면서 기독교의 이름 아래 토론정신이 카톨릭교의 위계조직을 파괴하는 데 전심한 시기이다. 이 경우에는 '부정철학'은 기독교를 '개혁'한다고 칭하면서 그 정치적 존재조건을 파괴하였다. 다른 하나는 17세기 중엽에 사실상 형성되어 18세기에 특유한 철학이 된 '이신론'(理神論, Deisme, 자연신론)으로서 '자유조사권'은 원칙적으로 무제한이라고 주장하면서 형이상학적 학설을 갖고 일신교를 파괴한 시기이다.[9]

꽁트는 이 가운데 먼저 프로테스탄티즘(개신교)의 종교개혁의 활동의 특징을 다음과 같은 요지로 설명하였다.

(1) 카톨릭교회가 국왕의 세속적 정치권력에 종속되자 카톨릭교회는 이전의 사회적 사명을 수행할 힘을 상실하고 국왕의 보좌역처

8) A. Comte, *La sociologie*, p.232 참조.
9) A. Comte, *La sociologie*, pp.236~237 참조.

칼뱅

럼 되어버렸다. 이에 수반하여 세속적 권력에 영향받은 교회와 성직자들의 부정부패와 비리도 만연하게 되었다. 카톨릭교의 수호를 위해 유일하게 '제수이트 협회'가 조직되어 헌신적으로 활동했으나, 인류의 진화에 적대적 정책을 취하고 비밀리에 개인해방을 유보시키는 등 수구정책을 취했으므로 결국 쇠락할 수밖에 없게 되었다. 이에 비해 마틴 루터(Martin Luther, 1483~1546)의 프로테스탄트 운동은 국왕에 예속된 교황의 권력으로부터 독립되어 있었기 때문에 서유럽사회의 새로운 정신적 세력으로 성장할 수 있었다. 루터의 운동은 카톨릭교의 위계조직을 최초로 분해시키기 시작했고 성직자의 독신생활과 참회를 폐지하는 등 규칙을 변동시키기 시작하였다.[10)]

(2) 카톨릭교는 16세기 이래 국왕에 예속되어 국왕의 여당이 된 결과 지식의 해방에 저항하고 이성의 발달에 적대적인 보수적 본능을 갖게 되었다. 꽁트에 의하면 종교는 대체로 야당 상태에서는 진보적 성격을 갖게 되고 여당이 되면 보수적 성격을 갖게 된다. 카톨릭은 국왕에 종속되어 보수적 성격을 갖게 된 데 비해서, 프로테스탄트는 국왕의 세속권 독재체제 수립에 저항하면서 장기간 이를 저지했으므로 자연히 진보적 성격을 갖게 되었다. 국왕과 이에 종속된 교회에 반감을 가진 기독교도들이 프로테스탄트의 학설에 따르

---

10) A. Comte, *La sociologie*, pp.243~244 참조.

것은 당연한 이치라고 할 수 있다.[11]

소생

(3) 프로테스탄트는 먼저 중세 지식의 붕괴, 다음에 중세사회의 와해를 준비하였다. 이 와해활동의 작용은 구체제 전반에 미치었다. '비판주의'의 성립과 발전은 직접적으로는 프로테스탄트에 기반을 둔 것은 아니었지만, 간접적으로는 프로테스탄트의 기초 위에 세워진 것이었다. 특히 프로테스탄트의 '자유조사권'의 학설은 무제한 토론의 학설로 발전되어 '비판주의'를 육성 강화하였다. 이 점에서도 '종교개혁'은 혁명적 형이상학 전체의 건설 기반이었고 불가결한 중개적 상황이 되었다고 할 수 있다.[12]

(4) 프로테스탄트의 카톨릭교 와해를 위한 비판은 규율(la discipline), 위계조직(la hierarchie), 교의(le dogme) 자체의 3가지에 집중되고 있었다. 또한 프로테스탄트의 카톨릭 비판은 3단계의 순서로 전개되었는데, 먼저 루터(Martin Luther, 1483~1546), 다음이 칼뱅(Jean Calvin, 1509~1564), 그 다음이 소생(Lelio Socin, 1525~1562, 이태리 이름 Lelió Sozzini 또는 Laelius Socinus)의 순서였다.[13]

(5) 루터주의(le luthéranisme)는 교의의 수정은 약간 가했으나, 성직자 위계조직은 존중했으며, 주로 카톨릭교회의 왕권에의 종속과 부정부패를 신랄하게 비판 공격하였다. 칼뱅주의(le calvinisme)는 카

11) A. Comte, *La sociologie*, pp.245~248 참조.
12) A. Comte, *La sociologie*, pp.252~253 참조.
13) A. Comte, *La sociologie*, p.256 참조.

톨릭교회의 통일 유지를 위해 필요한 성직자 위계조직을 파괴했고, 교의에 대해 광범위한 제2차적 수정을 가했다. 최후로 소생주의(le socinianisme)는 카톨릭교회의 규율과 성직자 위계조직의 해체를 완료했고, 다시 여기에 더하여 카톨릭교의 주요한 종교적 신조들을 파괴하였다. 이태리에서 발단한 소생주의가 그들의 다른 지역 선구자들 보다도 더 나아가 카톨릭교의 신학 교의의 붕괴를 추진하였다. 장로주의(le presbytérianisme)가 역사상 가장 순수한 소생주의의 전형이라고 꽁트는 설명하였다.[14]

(6) 꽁트에 의하면, 당시 교황과 카놀릭교는 절대군주의 정치권력에 예속된 후 정신적 정치적 독립을 상실한 상태에서, 정신적 도덕적 권위도 상실했으므로 외관상 약자에 대한 도덕적 교의마저도 설득력을 상실하였다. 뿐만 아니라 성직자 직책들을 유지하기 위해 세속적 정치적 권력자들의 '죄'를 '용서'했는데, 이 새로운 '노예적 영합'(le servile condenscendance)[15]은 처음에는 절대군주에게만 적용했다가 다음에는 모든 특권계급에게 적용하여 카톨릭교회는 절대군주의 보수적 통치의 굴욕적 기구로까지 타락하게 되었다고 그는 개탄하였다. 이러한 카톨릭교회의 상태에서 프로테스탄트교파의 정력적 활동은 이전과 같은 자연발생적인 것이 아니라 '개혁적 교리'(les doctrines réformatrices)[16]를 갖고 체계적으로 지도되었기 때문에 중세의 정신적 신학체계는 해체되기에 이르렀다고 그는 지적하였다.

14) A. Comte, *La sociologie*, pp.256~257 참조.
15) A. Comte, *La sociologie*, p.255 참조.
16) A. Comte, *La sociologie*, p.257 참조.

(7) 꽁트에 의하면, 프로테스탄트교의 사회적 정치적 역할은 프로테스탄트 혁명으로 3차례 나타났다. 최초의 혁명은 스페인의 억압적 굴레로부터 홀랜드(네덜란드)를 구출한 혁명이다. 이 혁명은 유럽의 최대 강국에 대한 일개 소국의 영웅적 투쟁을 프로테스탄트교의 이름으로 성공시켜 국민주권(la souverainité populaire)의 교의와 함께 민족 독립(l'independence nationale)의 교의의 정치적 학설을 탄생시켜 정립하였다.[17)]

크롬웰

(8) 둘째의 혁명은 프로테스탄트교의 이름으로 명예와 관련되어 수행된 사회적 정치적 혁명으로서의 영국 '크롬웰혁명'이다. 크롬웰혁명은 크롬웰(Oliver Cromwell, 1599~1658)의 탁월한 역량에 의해 사회의 미성숙 상태에서 지도되었기 때문에 유산되었지만, 사회혁신을 위한 보편적 사회운동의 방향을 설정해 주었다. 즉 크롬웰혁명은 신분의 '평등'의 교의를 보완해 주었다. 크롬웰의 영국 귀족의 특권 폐지를 위한 압박, 귀족원 금지 등과 같은 것은 이러한 교의 실천의 부차적 사건들이었다. 크롬웰혁명은 뒤의 프랑스 대혁명의 선행 징조에 해당하는 것이었다.

(9) 셋째의 혁명은 프로테스탄트교의 이름과 관련된 '미국혁명'이다. 미국혁명은 홀랜드혁명과 영국 크롬웰혁명의 연장과 결과로 일어난 것이라고 볼 수 있다. 미국혁명은 더 유리한 지역적 환경과

17) A. Comte, *La sociologie*, pp.257~258 참조.

사회적 환경의 조합 위에서 홀랜드혁명을 새로운 형식으로 발전시켜서 유럽 최대 강국인 영국에 대항하여 국민주권과 아메리카 독립을 추진했으며, 크롬웰혁명에서 계승한 프로테스탄트의 명예를 확대 발전시켜서, 결국 승리하였다.[18]

꽁트는 그러나 프로테스탄트교의 중세 구체제 비판과 카톨릭교에 대한 혐오는 비실증적 과장과 오류가 있기 때문에, 반드시 실증적으로 검증하여 명료한 실증이 있는 것들만을 취해야 한다고 주의하였다.

3. 형이상학적 부정철학, 계몽사상의 비판운동

꽁트에 의하면, 프로테스탄트교의 카톨릭교와 중세체제에 대한 비판운동을 계승한 것이 '부정적 형이상학'(métaphysique négative)이다.

에라스무스

꽁트는 뒤에 철학사·사상사에서 '계몽사상'(enlightenment thought)이라고 통칭하게 된 사상의 흐름을 당시 독자적으로 '부정적 형이상학' 또는 '부정철학'(philosophie négative)이라고 통칭하였다.

그는 중세 구체제와 카톨릭교를 부정 비판한 이들 사상의 특징은 하나의 계보가 아니라

18) A. Comte, *La sociologie*, pp.258~259 참조.

다수의 계보가 공통의 비판대상을 향하여 다종다양한 비판 공격을 가한 데 있다고 보았다. 꽁트가 든 형이상학적 부정철학·계몽사상의 중요한 몇 개 계보를 들면 다음과 같다.

카르다노

(1) 먼저 주목할 것은 16세기부터의 무종교적 무신론적 사상 경향의 대두이다. 에라스무스(Desiderius Erasmus, 1466~1536), 카르다노(Hieromino Cardano, 1501~1576), 라무스(Petrus Ramus, 1515~1572, 프랑스 이름 Pierre de la Ramée), 몽테뉴(Michel Eyquem de Montaigne, 1533~1592) 등이 대표적 사상가이다.[19]

라무스

(2) 다음 17세기에는 과학적 탐구의 결과로 비종교적 경향을 갖고 카톨릭교와 구체제를 비판한 사상이 대두하였다. 베이콘(Francis Bacon, 1561~1626), 데카르트(Réne Descartes, 1596~1650), 파스칼(Blaise Pascal, 1623~1662) 등이 대표적 사상가이다. 이들은 카톨릭교의 '갈리레오 박해사건'(la persécution de Galilée)을 경험한 이후 카톨릭교와 구체제에 대한 불신 이상의 저항심을 갖게 되었다고 꽁트는 설명하였다.[20]

(3) 비판적 형이상학은 보통 18세기에 일어난 것으로 알고 있지만, 사실은 그에 앞서 17세기에 종교개혁이 일어나서 비교적 지식의 자유가 획득된 나라들에서, 중세 스콜라철학의 강압 아래서도 유명

19) A. Comte, *La sociologie*, p.263 참조.
20) A. Comte, *La sociologie*, p.264 참조.

데카르트

홉스

한 대학 안에 만들어진 형이상학파에 의하여 형성된 것이었다. 그 대표적 3대 인물이 홉스(Thomas Hobbes, 1588~1679), 스피노자(Baruch Spinoza, 1632~1677), 베에르(Pierre Bayle, 1647~1706) 등이다. 홉스는 비종교적 분해법으로 형이상학적 정신의 새 길을 열었다. 스피노자는 데카르트주의에서 출발하여 많은 사람들의 해방에 결정적 영향을 끼쳤다. 베에르는 프랑스인이었지만 철학자로서는 홀란드에서 활동하였다.[21)]

이들의 공통의 큰 특징은 물질적 및 도덕적 현상을 설명함에 있어서, 고대의 초자연적인 '조물주'(Créateur) 간섭설 대신에 '자연'(Nature)이라고 하는 보편적 대실재에 통일되어 표현된 '형이상학적 실재'의 작동을 상정하여 그것을 대체했다는 점이다. 이것은 이 사상흐름의 유일한 진보적 특징이다. 그들은 '개인적 이익'의 학설을 탄생시키고, '이기주의 이론'을 만들었다. 정치적 관점에서 주목할 것은 그들은 세속적 정치적 권력에 대한 정신적 종교적 권능의 복종을 시인했고 절대군주의 독재를 시인했다는 사실이다.[22)]

(4) 프랑스에서는 17세기 이태리와 스페인 시인들의 전통을 계승

21) A. Comte, *La sociologie*, p.266 참조.
22) A. Comte, *La sociologie*, pp.266~268 참조.

하여, 18세기에 미학적 운동의 일환으로 '시(詩)운동'이 일어났다. 이 시운동은 종교적 규제가 해체되자마자 자유로운 지적 활동을 고취하는 정신해방을 추진하였다. 대표적 시인으로는 몰리에르(Molière, 1622~1673: 본명 Jean Baptiste Poquelin), 라 퐁텐느(Jean de La Fontaine, 1621~1695), 꼬르네이유(Pierre Corneille, 1606~1684), 라신느(Jean Baptiste Racine, 1639~1699), 브와로(Nicolas Boileau, 1636~1711) 등을 들 수 있다. 이들은 비판주의를 선전하는 데 큰 역할을 하였다.[23]

스피노자

몰리에르

(5) 비판철학은 처음에는 박사, 변호사 집단이 이론가의 선두에 섰었다. 그러나 다음에는 문학자들이 비판철학의 선동에는 선두에 서서 한 때 정치의 수뇌가 되어, 문학자 집단이 사회에 군림하는 시기가 있었다. 대학단체들도 세속적 권력의 독재에 대한 저항조직에 참가하였다. 대학교육은 처음에는 문학에 치중하여 학자를 배출했으나, 점차 과학·철학·시 등으로 분야가 확대되더니 지식을 천직으로 하는 다양한 지식인들을 배출하게 되었다. 각종 지식인 단체들이 결성되어 활동하면서 '이성'(理性)에 대한 '신앙'의 복종을 시인하는 작품들을 내놓았다. 이러한 지식인운동의 논쟁은 신학적 철학의

23) A. Comte, *La sociologie*, pp.268~269 참조.

쇠퇴를 결과하였다. 18세기 지식인들의 비판운동의 대표적 인물로서는 퐁트네르(Bernard de Bovier de Fontenelle, 1657~1757)를 주목할 필요가 있다.

몽테뉴

라신느

퐁텐느

(6) 비판주의 철학을 문학적으로 참신하게 해석하여 선전을 용이하게 한 사상으로는 볼테르(Voltaire, 1694~1778, 본명 François Marie Arouet)의 이신론(Deisme, 理神論, 자연신론)이 많은 추종자를 얻었다. 볼테르는 신(神)은 실재하지 않는 상상의 가공물이므로 이성을 가진 지성인들은 신앙하지 않아도 되지만, 종교는 가공적 '신'을 상정하여 대중에게 도덕교육을 실시해 왔으므로 사회에 유익한 것이기 때문에 '신'이 없으면 '신'을 창조해서라도 도덕교육을 위해 대중에게 종교정신을 배양해야 한다고 주장하였다. 이 자연주의적 이성론적 '이신론'(理神論)은 강력한 볼테르학파(l'école voltairienne)를 형성하여 종교적 원리의 이름으로 구종교를 파괴하는 데 큰 영향을 끼쳤다.[24]

(7) 18세기 비판철학 가운데는 '궤변주의'(sophisme)도 있었다. 엘

24) A. Comte, *La sociologie*, pp.270~271 참조.

베티우스(Claude Adrien Helvetius, 1715~1771)는 '평등'을 감각론에 의거하여 확대해서 개인의 '지능평등'까지 주장하였다. 이것은 홉스의 자극 아래 록크(John Locke, 1632~1704)가 정립한 인간 오성의 형이상학적 학설의 결과라고 볼 수 있다. 꽁트는 '평등'은 사회적 신분평등을 의미하는 것일 뿐이지 실증적으로 보면 개인유기체의 지능은 불평등한 것이므로 감각론에 의거한 지능평등론은 궤변에 불과하다고 비판하였다. 그러나 18세기 비판철학은 지능의 평등도 가정했다고 꽁트는 지적하였다.[25]

베에르

브와로

(8) 비판철학자 가운데는 실증적 방법에 의거한 건전한 철학운동을 시도한 걸출한 철학자들도 있었다. 다랑베르(Jean Le Rond D'Alenbert, 1717~1783), 몽테스키외(Charles Louis de Secondat Montesquieu, 1689~1755), 뷔퐁(George Louis Leclerc Buffon, 1707~1788) 등이 대표적 인물이다. 그들은 과학과 철학의 진보를 통한 인류의 정신적 사회적 진보의 과정에서 구체제는 반드시 해체되어 신체제를 수립해야 함을 체계적으로 설명하였다.[26]

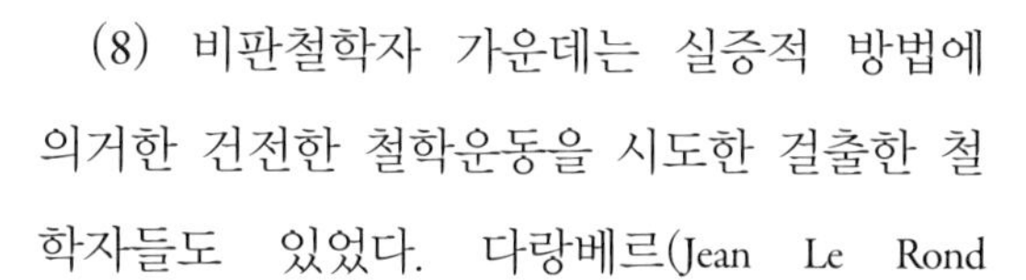

(9) 다수의 비판철학자들이 구종교체계의 와해에 집중하고 있던

25) A. Comte, *La sociologie*, pp.271~272 참조.
26) A. Comte, *La sociologie*, p.272 참조.

꼬르네이유

다랑베르

시기에, 세속적 정치권력의 와해를 주장하면서 프랑스혁명을 준비한 정치학파로서 룻소(Jean Jacque Rousseau, 1712~1778)가 매우 중요하다. 룻소의 학설은 이성에만 호소한 것이 아니라, 감정 전체에 호소하였다. 이것은 볼테르학파가 지식은 얕지만 지적 성능에 호소한 것과는 다른 경향이었다. 룻소는 종교상의 신앙비판에만 멈추지 않고 한편으로 절대군주의 세속적 독재를 유지하려는 홉스의 경향을 신랄하게 비판 공격하였다. 또한 룻소는 다른 한편으로 '자연상태' '자연인' '자연권'의 개념을 상정하고, 절대군주의 정치적 독재는 그 유지를 위해 고대보다도 더 복고적이며, 더 부패하고 더 타락한 정치라고 혹독하게 비판하였다. 그는 절대군주의 독재체제를 타도하고 국민주권에 의거한 공화정치의 수립을 강력하게 주창하였다. 룻소의 열렬한 자극으로 추종자들이 증가하여 프랑스 절대군주제는 큰 타격을 입었다.

룻소학파(l'ecole de Rousseau)는 구체제의 폐해를 반대하는 혁명은 무정부적 결과를 일시 가져올지라도 구체제보다는 나을 것이라고 용감하게 절대군주의 정치적 독재를 공격하였다.[27]

27) A. Comte, *La sociologie*, pp.272~273 참조.

(10) 18세기의 정신계를 지도한 형이상학적 부정철학의 대표적 학파는 '볼테르학파'와 '룻소학파'이다. 이 두 학파는 구체제 비판에는 목표를 함께 했지만, 사상적 내용은 판이하다. 볼테르 학파는 심원한 철학적 연구를 싫어하여 가벼운 점은 있지만 언제나 지적(toujours intelletuelle)이었다. 한편 룻소학파는 보다 추상적 관념에 열정(les passions)을 개재시켜 감정적인 종교적 본능에 호소하였다. 볼테르학파는 근대문명의 제요소에 본능적 애착을 갖고 인류진보의 사상과 모순이 없는 주장을 발표하였다. 한편 룻소학파는 '자연상태'를 이상화한 복고적 정신을 극단적으로 열광상태에 까지 밀고나가 전형적인 이상적 사회상태로서의 미개한 유토피아를 상정하였다.

뷔퐁

퐁트네르

볼테르학파는 국왕에 존경의 생각을 갖고 국왕독재에 대해서는 풍자 중심의 비판을 하였다. 한편 룻소학파는 절대군주의 세속적 정치적 권리의 파괴를 직접 추구하고, 정치적 권력과 도덕적 권능의 분열을 모두 배척하면서 막연한 '덕'(la vertu)을 중시하였다.

꽁트는 룻소학파의 형이상학적 부정철학이 프랑스혁명에 가장 큰 영향을 주었음을 인정하고 지적하면서도, 그의 '자연상태' '자연인' '자연법'의 개념이 인류의 미개한 원시사회를 이상화한 복고적

엘베티우스

신정적(theocratique, 神政的) 성격을 내포한 것으로서, 인류진보의 사상과 모순되는 결함을 갖고 있었다고 비판하였다.[28]

꽁트에 의하면 형이상학적 부정철학은 이상과 같은 각종 학파가 모든 방면에서 카톨릭교와 구체제를 집중적으로 비판 공격했으므로, 카톨릭교와 구체제 옹호론이 논쟁을 하면 할수록 붕괴와 해체에 직면하도록 대세가 진행되고 있었다고 설명하였다.

28) A. Comte, *La sociologie*, pp.274~277 참조.

제10장

프랑스혁명의 역사사회학

1. 프랑스혁명의 독자성

마침내 1789년 프랑스에서 시민들과 형이상학적 부정철학자들이 예상하던 혁명이 일어났다.

꽁트는 당시 프랑스혁명이 매우 가까운 시기의 대사건이어서 많은 사람들이 혁명의 사실들을 잘 알고 있으므로, 그에 대한 자신의 관점만을 간략하게 설명하는 데 그쳤다.

꽁트에 의하면 당시 구체제(ancien régime)의 신분제적 폭압과 무능무력과 부정부패를 청산하고 새로운 사회질서와 사회진보를 위해서는 혁명이 필요하였다.[1] 물론 유럽의 각국, 각 지역은 세속적 정치권력이 현저한 차이가 있었으므로, 모든 나라에서 반드시 혁명이 필요했다고 볼 수는 없고, 개혁을 수용하거나 추진하는 세속적 정치권력에 대해서는 군주정치를 입헌군주제 형태로 두는 것도 합리적 방법이었지만, 프랑스에서는 사정이 달랐다.

1) A. Comte, *La sociologie*, p.339 참조.

(1) 프랑스에서는 모든 면에서 '혁명'이 문제해결의 가장 중요한 과업이었다. 프랑스에서 귀족계급을 굴복시켜 구정치체제를 해체하는 일은 영국에서 왕권을 쇠퇴케 해서 잔존시킨 채 개혁을 단행하여 해체한 것보다 훨씬 더 큰 과업이었다. 프랑스 국민의 미학적 운동은 이태리에는 뒤졌지만 다른 국민보다는 훨씬 앞섰다. 프랑스에서 철학적 정신은 신학적 및 형이상학적 구조직으로부터 해방되어 있었고, 영국류의 경험론이나 독일류의 신비주의로부터 벗어난 훨씬 발전된 것이었다.

(2) 유럽의 대위기에 직면하여 일어난 혁명적 운동을 프랑스국민만의 특유한 것이라고 볼 수는 없을 것이다. 그러나 프랑스, 이탈리아, 스페인, 독일, 홀랜드, 영국이 순차적으로 수행한 혁명적 운동에 프랑스가 '선두'에 서서 과감하게 이를 수행한 사실에 프랑스의 주도성(initiative)이 있었다고 볼 수 있다.[2)]

(3) 프랑스에서 1세기 이전부터 주요 사상가들이 예상하던 '혁명'의 도래는 3개의 의미심장한 사건에 의해 예고되었다. 첫째는 제수이트교의 금지이다. 구조직과 카톨릭교 자체의 이 처분은 교황청의 재가를 얻은 것으로서, 퇴보적 정치가 가장 뿌리 깊게 박힌 나라에만 적용되었다. 어떠한 것도 프랑스 구체제의 몰락을 더 이상 지연시킬 수 없다는 사실을 구체제의 유일한 수호세력의 금지 조치가 잘 나타내 주었다. 더구나 이 사건은 부정철학의 어떠한 참가도 없이 구조직 자체가 스스로 실행했다는 사실에서 구체제의 퇴폐가 한

2) A. Comte, *La sociologie*, pp.339~340 참조.

층 더 명백히 보이는 것이다.[3]

(4) 둘째는 튀르고(Anne Robert Jacques Turgot, 1727~1781)의 내각이 시도한 합리적 개혁이 귀족과 카톨릭교회에 의해 저지당해 실패로 돌아간 것이다. 이 개혁의 실패는 한층 더 근본적인 '혁명'의 요구를 강화시켰다.[4]

(5) 셋째는 미국혁명의 자극이다. 프랑스 사람들은 프랑스의 혁명적 정신이 문명한 인류의 공통한 정신으로서 사회변혁을 가져올 것이라고 이해하고 있었는데, 미국혁명은 이를 명증한 것이었다.[5] 꽁트는 프랑스의 도덕과 형이상학적 부정철학(계몽사상)이 여러나라 국민들에게 철학적 해방의 맹아를 공급해 주었는데, 미국에서는 이 맹아를 다른 어느 나라보다도 많이 잘 가꾸어 미국혁명이 성공했다고 해석하였다.[6]

(6) 프랑스혁명은 처음부터 '완결된 혁명'(une revolution complète)의 수행을 목적으로 일어난 것이었다. 그러나 이 목적은 혁명의 한 유기적 부분이 되어야 할 합의된 '하나의 이론'(une 유기적 doctrine organique)의 결여 때문에 '완결'은 달성되지 못하였다. 거의 500여 년 간이나 구체제의 해체운동을 지도해 온 부정적 형이상학(métaphysique negative)은 혁명의 새로운 조직에 적용될 유일의 학설로 생각되었다. 수많은 유력한 사상가들이 비판적 원리의 발전에 몰두하였다. 그러나 그들의 영향 아래 수행된 조직개조의 시도는 사회적 권력들의 성

3) A. Comte, *Cours de philosophie positive*, vol.6, pp.349~350 참조.
4) A. Comte, *Cours de philosophie positive*, vol.6, pp.350~351 참조.
5) A. Comte, *La sociologie*, p.340 참조.
6) A. Comte, *Cours de philosophie positive*, vol.6, pp.351~352 참조.

격과 역할을 변경시키는 대신에, 단지 구권력을 분할하고, 제한하고, 전치(轉置)시켜서 모든 활동을 속박하는 것에 그치고 말았다.[7]

(7) 혁명의 시기에 형이상학적 정신은 사회를 개조할 적절한 원동력을 추동하지 않고, 헌법제정의 입헌적 시도의 계속 시행에 모든 개혁을 위임하고 말았다. 이러한 환상은 여러 가지 위험이 있음에도 불구하고 받아들여졌다. 비판사상은 새로운 사회의 건설을 위한 신조직의 기초를 설치하는 '실제적 작업'은 하지 않고, 가장 필요한 조건을 '주장'으로 표명하는 일만 되풀이 하였다.

(8) 비판적 학설의 승리는 형이상학자 및 법률가의 승리를 동반하였다. 혁명적 형이상학의 보급기에 지도세력은 본래의 학자집단의 손에서 문학자의 손으로 이동하였다. 마찬가지로 종래 재판관의 손에 있던 정치적 우세는 변호사에게로 이동하고, 재판관은 다시 특수한 직능으로 돌아갔다.[8] 주로 변호사들이 혁명을 지도하면서 화려한 언변에 비해 실질적 개혁은 충족되지 못하고 정쟁이 되풀이 되었다.

프랑스혁명의 진전과정은 이를 2개 시기, 즉 2대 국민의회의 지도 아래 있었던 준비적 시기(제1기)와 본질적 시기(제2기)로 나누어 볼 수 있다.

7) A. Comte, *La sociologie*, pp.340~341 참조.
8) A. Comte, *La sociologie*, p.341 참조.

2. 입헌의회(l'Assemblée constituante) 즉 국민의회(l'Assemblée nationale)의 시기

프랑스혁명이 일어날 당시 프랑스인 2,500만 명의 신분 구성을 보면, 왕족과 귀족이 약 14만 명, 성직자가 약 13만 명, 제3신분인 시민계급(수공업자, 수공업 노동자 포함)이 약 470만 명, 기타 약 2,000만 명이 농민이었다. 전국민의 약 1퍼센트 남짓한 귀족과 성직자가 전국 토지(삼림 포함)의 약 절반을 소유하고 있었다.

이러한 사회구조 속에서 루이 16세가 1789년 소집한 신분별 자문회의체인 '3신분회'에서 시민계급은 '헌법제정'을 요구하고, 1789년 6월 시민계급의 제3신분부를 스스로 '국민의회'(l'Assemblée nationale)라고 이름하여 공포하면서, '헌법'을 제정할 때까지는 '국민의회'를 해산하지 않겠다고 선언하고 가두행진을 감행하였다.

국왕 루이 16세는 헌법제정을 거부하고, 국민의회의 해산을 명령하였다. 국왕은 시위시민들에게 발포명령을 내렸으나 병사들이 불응하여 위기를 모면하였다. 권력의 위기를 느낀 국왕은 군대를 베르사이유에서 소집하여 쿠데타를 준비하였다. 국왕의 쿠데타 준비 소식에 놀란 빠리 시민들이 무기를 들고 1789년 7월 14일 정치범 수용의 중세감옥인 바스티유 감옥으로 진군하여 이 감옥을 점령함으로써 프랑스혁명이 자연발생적으로 시작되었다.

이후 빠리의 시정은 국민의회(입헌의회)가 주도하였다. 꽁트는 이 시기의 특징을 다음과 같이 지적하였다.

(1) 혁명의 초기에는 '혁신'의 필요를 느끼고 있었으나, 구체제의

여러 가지 제도의 지엽적 폐단을 개정하려는 것이었지 구체제의 본질인 군주제는 유지하려는 경향이 있었다. 이 점에서 이 시기는 다음 시기보다 더 환상을 갖고 있었으며, 도덕적 통치와 정치적 통치를 혼동하고 있었다고 볼 수 있다.

(2) 입헌적 형이상학(métaphysique constitutionelle)은 헌법을 제정해서 군주정치의 원리와 민중의 정치참가를 결합시키고, 카톨릭교의 조직과 정신으로부터의 해방을 이에 결합시키려고 몽상하였다. 이 학설은 구체제를 해체함에는 귀족정치권력만 타도하여 폐지하고 군주제는 남겨둔 채 약화시켜서 시민정치에 결합시키면 충분히 목직이 달성될 수 있다고 생각한 것이었다. 이것은 영국제도를 모방한 '입헌군주제'국가를 수립하려는 것이었다.[9]

(3) 국민의회(헌법의회)의 헌법위원회는 1789년 8월 26일 전문 17개조로 구성된 '인권 및 시민권의 선언'(Déclaration des droits de l'homme et du citoyen)을 제정 공포하였다. 이 '인권 및 시민권의 선언'은 봉건적 구체제의 특권을 폐지하고, 모든 국민의 보편적 인권과 시민권을 정립하여 근대 시민사회의 이념적 도덕적 사회적 정치적 규범을 정립하였다.

(4) 국민의회(입헌의회)는 이 '인권 및 시민권 선언'의 원칙에 기초하여, 1791년 9월 3일 '헌법'을 제정 공포하였다. 이 헌법은 시민을 ⓐ 능동적 시민과 ⓑ 수동적 시민으로 구분하고 참정권과 투표권을 '능동적 시민'에게만 주었다. 능동적 시민이란 "3일간의 노동

9) A. Comte, *La sociologie*, pp.341~342 참조.

임금에 해당하는 직접세를 납부하고, 일정한 주거를 갖고 있는 25세 이상의 남자"로 정의되었다. 능동적 시민에게는 의회의원 선거권, 국민병 가입권, 도시자치제 참가권이 허용되었다. 또한 50프랑 이상의 직접세를 납부하고 부동산을 소유한 남자는 의회의원의 피선거권이 허용되었다.

또한 이 헌법은 '입헌군주제'를 채택하여 군주를 상징적 국가원수로 유지토록하고, 군주에게 입헌의회가 채택한 법률을 다음 의회의 결정 때까지 연기시키는 거부권만을 허용하도록 하였다.

(5) 꽁트에 의하면, 그러나 입헌의회 지도자들의 이러한 '헌법제정'은 프랑스혁명의 목적을 오해해서 단지 영국제도를 모방하여 귀족정치 권력을 유지해보려고 시도한 잘못된 것이었다. 프랑스 국민의 성격은 빠리 시민들이 당당히 명시한 바와 같이 그들이 모두 공공연히 정치에 참가하는 것이었으므로, 이 '헌법'의 제한적 조치에 반대하였다.[10] 프랑스 국민들, 특히 빠리시민들이 원한 것은 영국식 '입헌군주제'가 아니라 프랑스식 보편적 참정과 개혁이었다.

(6) 국왕 루이16세는 '입헌군주제'에 만족치 아니하고 국외의 안전지대에 망명하여 프러시아, 오스트리아 군대를 끌고 들어와서 혁명을 분쇄시키려는 음모를 추진하였다. 그러나 국왕은 탈주 도중에 민중들에게 발견되어 빠리에 호송되었기 때문에, 국왕의 음모는 폭로되고 왕당파의 계획은 완전히 실패로 돌아갔다. 빠리 시민들은 국왕의 반역적 배신에 분노하여 국왕폐위를 요구하였다. 그러나 입

---

10) A. Comte, *La sociologie*, p.342 참조.

헌의회(국민의회)는 국왕에게 매우 관대하여 국왕 무죄를 선언하고 국왕폐위와 공화제 채택에 반대했으며, 시민들의 시위는 국민병을 동원하여 해산시켰다.

루이 16세

마리 앙트와네트

(7) 국왕 루이 16세의 왕비 마리 앙트와네트(Marie Antoinette)를 의장으로 하는 '오스트리아 위원회'는 외국과 내통하면서 외국의 무력간섭을 촉구하였다. 1792년 4월 19일 마침내 프러시아군이 프랑스 국내에 침입해 들어왔다. 이에 입법의회는 프러시아와 오스트리아에 선전을 포고하고, 전 시민의 무장을 허용하였다.

외국의 침입과 국왕 및 왕당파의 반역에 격노한 빠리시민들은 1792년 8월 10일 다시 봉기하여 시자치기관을 점령하고, 국왕이 있는 츄이루리궁을 점령하였다. 시민들은 왕정폐지와 국왕·왕비 처벌을 강력하게 요구하였다. 루이 16세는 가족과 함께 도망하여 입헌의회에 몸을 숨겼으나, 격노한 시민들의 압력에 굴복하여 입헌의회는 루이 16세와 그 가족들을 담블탑에 유폐시켰다.

사태를 감당할 수 없게 된 입헌의회는 해산되고, 새로운 선거법에 의해 1792년 '국민공회'(La Convention nationale)가 소집되었다.

3. 국민공회(La Convention nationale)의 시기

국민공회 의원 구성을 보면 745석 중에서 회의장의 우익에는 165석의 지롱드파(les girondins)의 좌석을 배정하고, 회의장의 좌익에는 자코뱅파(les jacobins)와 산악파(les montagnards)의 좌석을 배정했으며, 회의장의 중간에는 기타 중간파의 좌석을 배정하였다.

꽁트는 이 '국민공회'의 시기를 프랑스혁명의 본질적 시기인 제2기라고 구분하면서, 혁명적 변동이 사회적 요구에 더욱 정확하게 합치되었고, 당시 정세의 압력으로 말미암아 형이상학의 영향도 일부분 보충되어 혁명의 특징을 결정했다고 보았다.[11]

(1) 국민공회는 소집된 이튿날인 1792년 9월 21일 '왕정 폐지'를 선언하고, 또 이튿날인 9월 22일에는 '공화정'을 선언하였다. 프랑스에 제1공화국이 수립된 것이다. 국민공회는 국왕과 왕비를 재판에 회부하여, 1793년 1월 루이 16세를 처형하고, 이어서 8월 왕비도 처형하였다.

꽁트는 왕정폐지와 공화국의 수립을 사회적 재생의 불가결의 준

11) A. Comte, *La sociologie*, p.342 참조.

비라고 높이 평가하였다.[12)]

(2) 꽁트에 의하면, 프랑스가 공화정을 채택하지 않았으면 프랑스혁명의 성공이 어려웠을 것이다. 유럽의 군주국가 정부들은 프랑스혁명이 처음부터 모든 군주국가에게 위협이 되었기 때문에 프랑스혁명을 와해시키기 위해 프랑스 왕가가 음모를 기도하기 이전에 이와 관계없이 이미 연합하여 국제적 공격을 준비하고 있었다. 영국의 과두정치는 외견상 관계없는 듯이 보이면서도 실제는 수구적 동맹의 선두에 섰다. 유럽 군주국들 연합군의 프랑스에 대한 공격이 오히려 프랑스혁명 성공의 불가결의 조건인 프랑스국민들의 애국적 감정과 혁명정책에의 협동을 불러 일으키고 혁명을 수호하여 성공할 수 있게 하였다. 이것이 국민공회로 하여금 입헌의회 위에 서게 하는 정력과 도덕적 정당성의 원천이었다. 프랑스혁명의 성공에는 프랑스 국민들의 강렬한 애국주의가 있었다.[13)]

(3) 프랑스혁명 시기 공화국 임시정부의 과학적 식견도 주목할 필요가 있다. 그들은 프랑스의 미래에 과학의 중요성을 잘 알고 있었으며, 혁명의 와중에서도 여러 가지 과학적 시설들을 신설하였다. 예컨대 미래의 과학과 산업을 위한 유럽 최초의 이공과대학인 에꼴 폴리테크니크(l'ecole polytechnique)의 설립과 같은 것이 그것이다.[14)]

(4) 공화국 임시정부는 프랑스 국민들에게 동포감정을 불러 일으키고 하층계급에게 그들의 정치적 가치관을 의식적으로 고취하여

---

12) A. Comte, *La sociologie*, pp.342~343 참조.
13) A. Comte, *La sociologie*, p.343 참조.
14) A. Comte, *Cours de philosophie positive*, vol.6, pp.370~371 참조.

국민을 각성시켰다. 그들의 숭고한 노력과 국민들의 헌신적 보답에 의해 프랑스혁명이 유럽의 군주국 수구동맹 연합군의 침략으로부터 지켜진 것은 프랑스국민의 잊을 수 없는 일이 되었다.

(5) 프랑스혁명 시기 공화국 임시정부의 조직은 도덕적 통치와 정치적 통치를 분리하는 데 능숙하였다. 이 경향은 유명한 자발적 결사체인 자코뱅파(les Jacobins)의 행동에 잘 나타났다. 자코뱅파는 권력의 밖에 입지해서 한층 더 자기의 진로 전체를 이해하고, 임시정부의 정치적 통치에 명료한 지시를 주는 일을 목적으로 하였다. 이러한 경향은 프랑스에 새로운 정치제도(정당정치)를 수립하는 시도가 되었다.[15]

(6) 프랑스 혁명운동의 지도자들의 용기와, 그들을 도운 민중들의 상찬해야할 헌신적 용기는 '귀중한 진리'를 승리케 하였다. 당시 지도적 철학은 중대한 오류를 유도하였다. 이 철학은 혁명을 인류의 과거로부터의 진보의 경향에 결합시키지 않고 모든 것을 헌법의 회의 임의 행동에 위임하도록 유도하였다. 이 철학은 혁명 후의 신체제를 현대에 역행 모순되는 고대의 유형에서 차용하려 하였다. 극도의 흥분상태의 형세 속에서 이 철학은 업무를 이성(理性)에 맡기지 않고 정열에 호소하였다. 이 철학의 이러한 전도된 활동은 피할 수 없는 혼미를 가져오기도 했지만, 혁명운동의 결과는 찬미해야 할 성과를 낳기에 이르렀다.[16]

(7) 프랑스혁명에 대한 분열 작용은 지롱드파(les girandins)의 오만

15) A. Comte, *La sociologie*, pp.343~344 참조.
16) A. Comte, *Cours de philosophie positive*, vol.6, pp.373~386 참조.

당통

에베르

에서 나온 반대투쟁에서 기인한 것이 많았다. 그들은 정치적 무기력 때문에 마침내 간교한 책동까지 사용하기에 이르렀다. 외부 군주국가들의 침략으로 말미암아 프랑스국민들의 강력한 단결이 요구된 시기에 지롱드파는 프랑스를 부분적 공화국으로 분열시킬 것을 목적으로 왕당파와 결탁하여 '연방제'를 추진하였다. 프랑스 국민들과 혁명임시정부가 국민적 통일을 이루어 이들 위험한 요설가들의 정치적 분열을 제압한 것은 혁명의 큰 성과였다.[17]

(8) 꽁트는 국민공회 시기 자코뱅파의 주도 아래 수행된 혁명임시정부의 정책들을 높이 평가하였다. 공화정 수립, 1793년 6월의 신헌법(제2헌법), 신분제 유제의 완전 폐지, 봉건적 영주와 지주제의 무상 완전폐지, 3단계 교육제도(소학교, 중학교, 대학교) 수립, 미터법 채용과 도량형의 통일 등 혁명정부의 정책들이 중세적 구체제를 근저에서부터 해체시키고 새로운 시대를 연 획기적 개혁이라고 상찬하였다.

(9) 꽁트는 제2기의 프랑스혁명은 높이 평가하면서도 혁명을 사상적으로 지도한 형이상학은 높이 평가하지 않았다. 그는 혁명에

17) A. Comte, *La sociologie*, p.344 참조.

관여한 형이상학을 '볼테르파'와 '룻소파'로 나누어 보면서, 볼테르파는 정신해방을 구한다고 하면서 임시공화정부를 준비적인 것이라고 간주하고, 승리는 반대자를 무질서하게 절멸시킬 수 있다는 감정적 학설의 영향을 받아 당통(Georges Jacques Danton, 1759~1794)과 데무랭(Camille Desmoulins, 1760~1794)의 몰락에 관계하였다.

로베스피에르

생쥐스트

룻소학파는 소수 지도자들의 광신에도 불구하고 다수의 말류는 허식과 위선의 교훈만 말할 뿐 혁명 후의 개혁에는 정작 쓸모가 없었다. 프랑스혁명은 현대적 '산업'의 발전이 급선무였는데, 룻소학파는 시기도 모르고 노동자들에게 산업가들에 대항하여 산업을 파괴하라고 선동하였다. 이 때문에 혁명기간에 산업은 정체하였다. 룻소학파는 과학과 예술에 대해서도 진보가 아니라 신비적 복고를 설명하였다. 프랑스혁명을 유발시키는 데 도움을 준 혁명적 형이상학(룻소학파)은 정작 혁명이 수행되자 더 이상 쓸모가 없는 문명의 장애 사상이 되어 버렸음을 나타내었다.[18]

(10) 꽁트는 프랑스혁명에서 질서를 고려하지 않은 급진파(에베르파, Jacque René Hébert, 1757~1794)도 높이 평가하지 않았다. 질서를

18) A. Comte, *La sociologie*, pp.345~346 참조.

데물랭

파괴하면서 진보에 기여한다는 것은 당시 민중의 희망에 반하는 것이었으며, 결국 그러한 정치적 변동은 일시적 승리 후에 더 큰 퇴보를 가져온다고 보았다.[19)]

꽁트는 프랑스혁명이 중세적 구체제를 기본적으로는 근저에서 완전히 해체했으나 미결로 끝난 것은 국민공회가 더 강력한 권력을 갖지 못하고 점차 무력하게 되었기 때문이라고 보았다. 그는 프랑스혁명이 역사에서 보는 대로의 성과를 낸 것도 프랑스 국민들의 애국심과 국민공회 및 자코뱅파 지도하의 임시혁명정부의 헌신적 노력의 결과라고 설명하였다.

4. 나폴레옹 보나파르트 체제

꽁트는 나폴레옹 보나파르트가 프랑스혁명을 찬탈하여 좌절시킨 인물이라고 하여 그를 전혀 평가하지 않았다.

꽁트는 프랑스혁명이 보나파르트를 채용한 것은 유럽 군주국가들의 수구동맹 연합군의 프랑스 침략을 방어하기 위한 '방어전쟁'의 목적이었다. 그러나 보나파르트는 군대세력을 갖게 되자 '방어전쟁'을 넘어서서 유럽 각지에 '공격전쟁'을 자행하고, 결국 프랑스혁명

19) A. Comte, *La sociologie*, p.346 참조.

을 찬탈하여 집정관을 거쳐서 '황제'에까지 오르는 사태를 연출했다고 비판하였다. 그는 보나파르트에 대해서는 간단히 몇 가지 특징만을 설명하였다.[20]

(1) 보나파르트는 통속적으로 아는 바와 같은 정치적 천재가 아니었다. 만일 그가 정치적 천재였다면 공화파의 생각을 혐오하지 않았을 것이다. 그리하여 공화파를 지지해서 프랑스혁명을 더 성공케 하여 그 자신도 역사상 영광스러운 위치에 있었을 것이다.[21]

(2) 보나파르트는 반대로 '무제한한 야심'을 가진 군인에 불과하였다. 그가 프랑스혁명의 방어적 전쟁을 공격적 전쟁으로 바꾼 것은 군사적 통치를 피할 수 없게 만들려는 동기도 있었다.

나폴레옹

(3) 보나파르트는 역사와 진보와 시대정신을 모르는 군사만 아는 군인이었기 때문에 심지어 로마제국의 신학적 군정적 제도의 잔재

20) A. Comte, *Cours de philosophie positive*, vol.6, pp.386~409 참조.
21) A. Comte, *La sociologie*, p.347 참조.

를 절멸시키기는커녕 이를 상찬하여 집권 후에는 종교부흥까지 실행하는 진보의 역행정책을 실시하였다.[22]

(4) 보나파르트는 프랑스국민의 허영심을 이용하여 마치 로마제국 같은 프랑스제국을 건설하는 것 같은 외관을 보이면서, 귀족과 성직자계급을 부활시키고 프랑스혁명이 성취해 놓은 많은 부분을 훼손시켰다.

(5) 보나파르트의 퇴행정책은 '전쟁'의 기초 위에서 수행된 것이다. 그는 끊임없이 전쟁을 일으켜서 수십만 명의 프랑스 청년병사들과 수십만 명의 유럽인들을 살상시키면서 프랑스를 항상 전시상태에 두었다. 프랑스 국민들은 패전이 국가적 국민적 더 큰 굴욕을 가져올 것을 염려하여 보나파르트와 그의 퇴행정책을 저지하는데 혁명기와 같은 정력을 집중시킬 수가 없었다.

(6) 보나파르트의 국내정책은 비록 그가 '법전'을 편찬했다 할지라도 '압제'와 '독재'로 일관하였다. 그가 외국을 침략하였을 때 외국이 입은 혜택이 있다면 그것은 프랑스혁명 사상과 정책의 혜택이었고, 보나파르트의 영향은 침략과 압제뿐이었다. 그는 본질적으로 '로마제국'을 당시에 모방한 시대착오적 군인이었을 뿐이다.

(7) 보나파르트의 패배는 예견된 것이었고 불가피한 것이었다. 전쟁으로 혁명을 찬탈한 보나파르트는 전쟁으로 몰락하였다. 보나파르트 시대의 프랑스 국내의 비참과 압제는 말할 것도 없고, 국외에서 패전한 프랑스 군대의 치욕과 희생은 참으로 컸다. 뒤이어 들

22) Raymond Aron, *Les étapes de la pensée sociologique*, p.103 참조.

어온 것은 혁명이 붕괴시킨 구프랑스 왕가 일당이 귀국하여 또 다시 혁명 이전의 왕정복고를 실현한 것이다. 보나파르트는 혁명을 찬탈하고 왕정복고의 길만 닦아주었을 뿐이다.[23)]

프랑스 국민들은 '전쟁'과 '전제'를 완전히 그치고 '질서'와 '진보'가 동시에 성취되는 새로운 프랑스와 유럽을 간절히 기원하는데, 이제 피흘려 혁명을 하면서 세운 공화정은 보나파르트에 의해 사라지고 왕정복고가 되었으니 어찌할 것인가. 프랑스 국민들과 함께 청년 꽁트는 깊은 고민을 하면서 새로운 프랑스사회를 다시 새롭게 건설하기 위한 사회재조직의 원리를 발견하고 정립하는 연구작업에 전념하였다.

23) A. Comte, *La sociologie*, pp.348~351 참조.

제11장

실증적 단계의 역사사회학

1. 산업부문

꽁트는 형이상학 단계 이후 프랑스혁명에 의한 현대사회 성립부터를 실증주의 단계의 사회라고 보았다. 그의 3단계 법칙에 의하면 '과학적 산업적 단계'의 사회가 그것이다.

그는 인류문명과 인류사회의 실증적 과학적 단계의 형성과정의 '연속의 기원과 순서'(l'origine et l'ordre de succession de la série positive)[1]를 ① 산업적 또는 실제적 부문, ② 미학적 또는 시적 부문 ③ 과학적 또는 철학적 부문의 3부문에서 고찰하였다.[2] 우선 그의 실증적 과학적 단계의 형성과정의 산업부문의 설명은 다음과 같이 요약될 수 있다.

(1) 산업의 발전은 근대사회와 고대사회의 근본적 차이를 구성한다. 산업적 생활이 군사적 생활보다 우세하게 되는 것이 근대사회 성립의 징표이다. 산업은 기하학적 기술에 관련해 미적(美的) 진화를 촉진하고, 과학적 정신에도 실증성을 부여하는 특징이 있다.[3]

---

1) A. Comte, *La sociologie*, p.285.
2) A. Comte, *La sociologie*, pp.278~281 참조.

(2) 유럽에서 산업적 생활은 8세기~11세기 초까지는 준비기라고 할 수 있다. 11세기에 아랍인이 유럽에 관찰과학을 도입하였다.[4] 이것은 유럽의 과학부문에 획기적 변화의 기원이 되었다. 12세기와 13세기에는 서유럽 농촌에서 농노의 자유민으로의 해방이 도시와의 교류과정에서 서서히 진행되었다.[5]

(3) 유럽에서 개인의 해방과 산업의 발전이 시작된 것은 '도시'에서부터이다. 14세기 자치도시의 성립과 발전은 도시의 사람들을 자유롭게 만들었고, 도시의 산업인 수공업과 상업의 발전을 촉진하였다.[6] 도시산업의 보다 추상적 간접적 성격, 산업이 요구하는 보다 특별한 교육, 산업에 종사하는 사람들의 집중, 작업에 종사하는 사람들의 보다 용이한 일치, 작업이 요구하는 보다 큰 자유 등은 어느 곳보다도 도시에서 이른 시기에 개인적 자유 해방운동이 일어나게 하였다.[7]

(4) 도시에서 개인적 해방운동은 수공업보다 상업부문에서 먼저 일어났다. 중세에 이를 선도한 것은 도시 유태인 상인들이었다.[8] 이탈리아에서 프로렌스, 제노아, 피자, 특히 베니스 등과 같은 상업도시의 이른 시기 성립은 이를 실증한다. 이것은 다른 지역인 프랑드르나 한자 상업조합동맹 등에서도 증명된다.[9]

---

3) A. Comte, *La sociologie*, p.283 참조.
4) A. Comte, *Plan des travaux scientifiques*, p.109 참조.
5) A. Comte, *La sociologie*, pp.286~288 참조.
6) A. Comte, *Cours de philosophie positive*, vol.6, pp.47~52 참조.
7) A. Comte, *La sociologie*, p.288 참조.
8) A. Comte, *Cours de philosophie positive*, vol.6, pp.53~56 참조.
9) A. Comte, *La sociologie*, pp.288~289 참조.

(5) 자치도시에서 14세기부터 수공업과 자유로운 상업의 발전은 인류의 사회생활에 큰 변화를 가져왔다. 산업적 생활이 전쟁과 군사적 생활보다 중요하게 되고, 노동을 농노적 상태에서 해방시켰다. 이제는 사람들이 일상생활을 자기 자신의 이익과 함께 공동의 이익을 위하여 영위할 수 있게 되었다.[10]

(6) 산업의 발전은 귀족의 신분과 노동에 의해 얻은 부를 대립시켜, 결국 농촌에서도 농노제도를 폐지하고, 도시에서는 신분제도를 폐지시켜 나갔다. 성직자조직에서도 세습제가 폐지되고, 능력의 원칙에 의해 직책이 배정되었다. 세속적 생활에서도 신분이 아니라 능력이 중요시되었다.[11] 산업의 진화는 가장 포괄적으로 사회관계를 근본적으로 변화시켜 나갔으며, 다른 민족들과의 관계도 전쟁보다는 산업적 교류와 결합을 더 중시하도록 변화시켰다.[12]

(7) 최근 5세기 동안(14세기~18세기)의 산업발전은 3시기로 구분하여 볼 수 있다. 제1기는 14세기와 15세기의 2세기 동안이다. 이 시기에는 수공업과 상업의 산업적 발전에 따라 봉건제도와 카톨릭교의 해체가 진전되었다. 뒤이어 대두한 절대군주의 독재는 산업의 발전에 불리한 것은 아니었다. 런던, 암스테르담, 빠리 등과 같은 대도시에서는 산업적 조직이 도시 전체를 지배하였다.[13] 이 시기에는 나침반(la bussole), 철포(les armes à feu), 인쇄술(l'imprimerie)의 3대 주요 발명이 이루어졌다. 이 3대 발명은 과학발전의 성과이면서 동시에 과학

---

10) A. Comte, *La sociologie*, pp.290~291 참조.
11) A. Comte, *Cours de philosophie positive*, vol.6, pp.57~81 참조.
12) A. Comte, *La sociologie*, pp.292~293 참조.
13) A. Comte, *Cours de philosophie positive*, vol.6, pp.83~96 참조.

콜럼버스

바스코 다 가마

의 발전과 서적의 자유전파에 큰 공헌을 하였다. 이 3대 발명과 기술의 진보에 의거하여 마침내 콜럼버스(Christophorus Columbus, 1441~1506)와 가마(Vasco da Gama, 1469~1524)에 의한 지리상의 양대 발견이 이루어졌다.[14)]

(8) 제2기는 16세기 초부터 17세기 중엽까지의 시기인데, 절대군주의 독재체제 아래서 국가 간에 산업경쟁이 치열하게 전개된 시기(중상주의 시대)이다. 이 시기에는 왕실이나 귀족이 근대적 산업조직을 지배하는 절대군주의 정책으로 말미암아, 산업자치단체의 신조직이 귀족의 권력 아래 지배 편성되는 일이 많았다. 프랑스에서는 콜베르(Jean Bapstiste Colbert, 1619~1683) 정부가 프랑스 중상주의의 대표적 정부였다.[15)] 영국에서도 대도시와 항구마다 새로운 상업·수공업의 산업활동이 활발하였다.[16)]

(9) 제2기에 가장 중요한 변화는 산업의 정치적 조직이 해외 '식민체제'(le système colonial)를 설치하여, 경쟁적으로 육해군의 군사활동에 의한 식민지를 만들어 나간 것이다. 여기에 기괴한 것은 카톨

14) A. Comte, *La sociologie*, pp.294~299 참조.
15) A. Comte, *Cours de philosophie positive*, vol.6, pp.99~129 참조.
16) A. Comte, *La sociologie*, pp.294~299 참조.

릭과 프로테스탄트도 국가적 이기주의에 협조한 것이다. 홀랜드 등의 탐욕은 적도 부근의 군도들을 점령하여 풍부한 자원과 산물을 약취할 뿐 아니라, 원주민을 노예화하여 새로운 노예제도를 시작하였다. 홀랜드, 영국, 프랑스, 스페인, 포르투갈 등 5개국의 지배권력은 식민지 점령을 통하여 귀금속과 산업자원을 약취하였을 뿐 아니라 유럽 고대의 노예제도보다 더 위험하고 타락한 '노예제도'를 만들어 보급하였다.[17] 꽁트는 유럽 5대국이 아프리카, 남·북 아메리카, 아시아(인도) 여러 지역에 식민지를 만들고 새 노예제도까지 만드는 당시의 중상주의적 제국주의·식민주의를 신랄하게 비판하였다. 꽁트는 유럽 5개국의 식민지에 보급한 극히 위험한 '노예제도'와 이를 승인한 카톨릭의 타락과 프로테스탄트의 정신적 무질서 및 방임을 개탄하였다.[18]

콜베르

(10) 제3기는 17세기 후반부터 프랑스혁명이 일어난 18세기 말까지의 시기이다. 이 시기의 특징은 우선 이전시기에 연속하여 각국이 '식민지' 설치에 치열한 경쟁을 계속한 것이다. 그것은 상업적, 산업적 전쟁의 동기가 될 만큼 강렬한 것이었다. 산업적 활동을 지원하기 위해 군사적 정신이 활용되었다. 꽁트는 이 시기 유럽 5대 강국의 해외 식민지 설치와 침략적 정책을 신랄하게 비판하였다.[19]

17) A. Comte, *Cours de philosophie positive*, vol.6, pp.130~135 참조.
18) A. Comte, *La sociologie*, pp.300~304 참조.

그는 유럽 제국주의에 대한 선구적 비판자였다.

이 시기 근대산업의 조직은 이중의 진보가 성취되었다. 하나는 대금융회사의 설립에 의해 공공금융사업이 발전한 것이다. 다른 하나는 산업조직에 새로운 발명의 결과인 '증기기관'이 도입되어 공장제도에 의한 생산이 시작된 것이다. 이것은 과학과 산업의 관계의 완성이 이루어진 것이다.[20)]

이 시기의 두 개의 중요한 발명은 첫째가 '증기기관'(la macine à vapeur)이고 다음이 '경기구'(aérostats)이다. 이 두 발명의 산업과의 결합은 실증주의 단계의 미래의 획기적 산업발전을 예고하는 것이다.[21)]

2. 미학부문

꽁트는 문명의 한 측면으로서 미학적 예술적 부문을 언제나 매우 중시하여 고찰하였다. 그가 설명한 과학적 산업적 단계의 미학적 특징은 다음과 같이 요약될 수 있다.

(1) 미학적 능력은 인류사회가 충분히 안정된 상태에서만 나타나는 것이다. 이것은 신학적 군사적 단계에서나 과학적 실증적 단계

19) A. Comte, *Cours de philosophie positive*, vol.6, pp.136~143 참조.
20) A. Comte, *Cours de philosophie positive*, vol.6, pp.144~152 참조.
21) A. Comte, *La sociologie*, pp.305~307 참조.

에서나 공통의 원리이다.[22]

(2) 미학적 능력의 최초의 변화에서 주목할 것은 '근대어의 형성'(la formation des langue mordenes)이다. 유럽에서 라틴어가 폐지되어 사어(死語)가 되고 각 지역에서 근대어가 형성된 것은 새로운 미학적 진화를 나타낸 것이다.[23] 과학과 철학은 근대어의 형성에 거의 공헌하지 않았다. 이것은 민중의 습관이 '실생활'(la vie réelle)을 통해 만든 것이고, 각 지역 근대어로 문학 작품을 창작한 문학적 천재들이 참여하여 이룩한 성과이다.[24]

(3) 중세시기는 산업적 단계의 준비를 위한 과도기라고 볼 수 있다. 5세기 초부터 13세기 말까지의 중세기는 이를 또 3시기로 나누어 볼 수 있다.[25] 5세기부터 7세기까지의 제1기는 기초적 설정시기로서 후일의 미학운동의 본질적 맹아가 포함된 시기이다. 8세기부터 10세기까지의 제2기는 북방 다신교도의 침입에 대항한 방어전쟁에 성공한 카톨릭과 봉건조직의 비약시기이다. 11세기부터 13세기 말까지의 제3기는 봉건조직이 정점에 도달하여 영광을 누린 한편 새로운 사회적 요소의 맹아가 포함된 시기이다.[26]

(4) 산업적 단계에서는 이에 맞추어서 계속적으로 3과정이 진전되었다. 첫째는 노예제도가 폐지되고 농노제도로 대체되었다. 다음은 도시의 계급들이 해방되었다. 셋째는 농노제도가 전폐되고, 이에

---

22) A. Comte, *La sociologie*, p.308 참조.
23) A. Comte, *Cours de philosophie positive*, vol.6, pp.161~164 참조.
24) A. Comte, *La sociologie*, pp.309~310 참조.
25) A. Comte, *Cours de philosophie positive*, vol.6, pp.171~172 참조.
26) A. Comte, *La sociologie*, pp.311~312 참조.

단테

페트라르카

보카치오

수반하여 여러 도시들에서 최초의 산업운동이 일어났다.[27] 미술에서는 첫째로 미학적 능력의 작용을 일신하려는 목적을 가진 새로운 사회적 분위기가 형성되었다. 다음에는 이들의 능력들이 근대어 형성에 적용되었다. 셋째는 당시의 문명의 성격에 따라 이러한 능력들의 발전이 실현되었다.[28]

(5) 근대어 형성 후 유럽의 여러 지역에서 산업발전에 동반한 미학적 진화는 사람들의 지적 성능에 보다 보편적이고 보다 공평한 활동력을 제공해 주었다. 미학적 정신은 퇴화된 것이 아니라 도리어 확장되고 완성되었다.[29] 이 시기의 미학적 진화는 카톨릭교 및 봉건조직의 해체에 의하여 분열된 유럽의 여러 국민들의 관계를 다시 결합시키는 데 매우 좋은 영향을 끼쳤다.[30]

(6) 15세기 이후의 미학적 운동은 첫째 과정에서는 자발적이었고, 둘째 과정에서는 정부의 다소 조직적인 장려와 고취를 받은 것이었으며, 셋째 과정에서는 정치에 혼입된 것이

27) A. Comte, *Cours de philosophie positive*, vol.6, pp.173~182 참조.
28) A. Comte, *La sociologie*, pp.312~313 참조.
29) A. Comte, *Cours de philosophie positive*, vol.6, pp.183~190 참조.
30) A. Comte, *La sociologie*, pp.314~315 참조.

었다.[31] 첫째 과정의 미학적 진화는 이탈리아에서 단테(Alighieri Dante, 1265~1321)와 페트라르카(Francesco Petrarca, 1304~1374)의 명작을 남기면서 발전한 이후 전 서유럽에 보급되었다. 보카치오(Giovanni Boccaccio, 1313~1375)도 큰 공헌을 하였다.[32]

셰익스피어

(7) 둘째 과정에서는 예술을 정부가 도처에서 장려하였다. 이태리에서는 예술전문학교가 설치되었고, 프랑스에도 영향을 미쳤다.[33] 영국에서는 엘리자베스 여왕이나 크롬웰 정부가 귀족정치를 제압하고 일시적 승리를 하지 않았다면 셰익스피어(William Shakespeare, 1564~1616)나 밀튼(John Milton, 1608~1674) 같은 훌륭한 천재도 위대한 업적을 충분히 남기지 못했을 것이다.[34] 스페인의 세르반테스(Saavedra Cervantes, 1547~1616), 프랑스의 몰리에르(Molière; 본명 Jean Baptiste Poquelin, 1622~1673)의 작품들도 이 시기의 위대한 업적이었다.[35]

밀턴

세르반테스

31) A. Comte, *Cours de philosophie positive*, vol.6, pp.191~200 참조.
32) A. Comte, *La sociologie*, pp.316~317 참조.
33) A. Comte, *Cours de philosophie positive*, vol.6, pp.200~213 참조.
34) A. Comte, *La sociologie*, pp.316~317 참조.
35) A. Comte, *La sociologie*, pp.318~320 참조.

르사지

필딩

(8) 셋째 과정에서는 미학적 운동은 정치에 참여하여 맹렬한 비판운동을 시작하였다. 이탈리아, 스페인, 프랑스, 영국 등에서 예술가들은 카톨릭교와 봉건적 조직에 대한 비판과 공격에 서로 협력하였다.[36] 프랑스의 르사지(Alain René LeSage, 1668~1747), 영국의 필딩(Henry Fielding, 1707~1754)은 이 운동에서 걸작을 남겼다. 이 시기에 볼테르(Voltaire, 1694~1778)를 수뇌로 한 비판적 예술운동이 비판철학의 선전활동을 전개한 사실은 앞서 설명한 바와 같다.[37]

3. 과학부문

꽁트는 미학부문에 이어서 실증정신의 성장과 관련된 과학부문의 프랑스혁명 발발 직전까지의 기원과 계속 성장을 서술하였다. 꽁트의 설명은 다음과 같이 요약할 수 있다.[38]

36) A. Comte, *Cours de philosophie positive*, vol.6, pp.214~222 참조.
37) A. Comte, *La sociologie*, pp.321~322 참조.
38) A. Comte, *Cours de philosophie positive*, vol.6, pp.223~343 참조.

(1) 과학부문 진화의 기원을 보면, 중세 카톨릭교는 사색적 활동을 최고도로 격려하고, 재능에 의거한 성직자 계급제도를 수립해서, 지적 생활에 커다란 편의를 제공함으로써 초기 과학의 발달에 도움을 주었다. 카톨릭의 카드리비움(Quadrivium; 산술, 음악, 기하, 천문학의 4과목 교육) 고등교육 체계는 수학과 천문학의 연구를 발달시켰다.[39]

케플러

(2) 스콜라학파의 군림은 형이상학적 정신의 시대를 형성하였다. 그리스 및 아라비아의 지식의 적극적 공부는 화학의 창조를 결과한 과학운동의 기원이 되었다. 스콜라학파의 '자연'이라고 하는 통일된 보편적 실체의 정립은 여러 가지 지식들 사이에 일정한 과학적 논리의 조화를 확립하였다. 이 조화 확립의 대표자가 로저 베이콘(Roger Bacon, 1214~1294, 영국인)이다.[40]

코페르니쿠스

(3) 점성학(l'astrologie, 占星學)과 연금술(l'alchimie, 鍊金術)은 17세기 이래 일종의 미신과 마술에 불과한 것으로 멸시되어 왔다. 점성학은 천체의 영향을 과장했으나, 천체현상이 불변의 법칙에 종속됨을

티코 브라헤

39) A. Comte, *La sociologie*, p.323 참조.
40) A. Comte, *Cours de philosophie positive*, vol.6, pp.237~242 참조.

갈릴레오

휴이젠스

라이프니츠

중시하였다. 연금술은 광물의 변질에 대한 공상을 했으나, 역시 광물도 자연법칙에 복종하여 변질될 수 있음을 전제하였다.41) 이 점에서는 점성학과 연금술도 고대와 중세의 과학적 운동 가운데 하나로 간주해야 할 것이다.42)

(4) 근대의 과학적 진화는 3시기로 나누어 검토할 필요가 있다. 제1기에서는 과학의 걸음은 자발적이었다. 정부나 귀족의 어떠한 장려나 간섭도 없이, 점성술가나 연금술가 이외에는 과학에 큰 관심을 갖고 실험을 한 보고가 없다. 이러한 시대에는 과학적 대진보가 일어날 수 없었다. 기하학에서 삼각법과 대수학의 약간의 발전이 있었을 뿐이다. 천문학에서는 도해법 대신에 계산법이 사용되기 시작했고, 동시에 각도 및 표시선의 관찰에 약간 전진이 있었을 뿐이다.43)

(5) 과학의 진보에 가장 중대한 시기는 제2기이다. 이때부터 유럽 각국이 과학을 보호하고 장려하기 시작하였다. 이 시대에는 소수의 과학적 천재에 대한 찬미가 특징적이었다. 이

41) A. Comte, *Cours de philosophie positive*, vol.6, pp.243~248 참조.
42) A. Comte, *La sociologie*, pp.323~324 참조.
43) A. Comte, *Cours de philosophie positive*, vol.6, pp.249~260 참조.

시기에는 서로 다른 두 종류의 진보가 성취되었다. 첫째는 수학 및 천문학의 새로운 발견들로 구성된 과학적 실증적 진보이다. 둘째는 과학자들에 의한 새로운 철학적 진보이다.[44)]첫째의 진보를 대표하는 것이 케플러(Johannes Kepler, 1571~1630)의 천재적 노작이다. 케플러의 연구는 코페르니쿠스(Nicholas Copernicus, 1473~1543)의 발견 및 티코 브라헤(Tycho Brache, 1546~1601)를 계승하여 '천체기하학'(la géometrie céleste)의 체계를 수립하였다. 케플러의 방대한 노작은 '천체운행학'의 창조를 준비하였다. 그의 체계는 갈리레오(Galileo Galilei, 1564~1642, 이태리인)가 창설하고 휴이젠스(Christian Huyghens, 1629~1695, 홀랜드인)가 보충한 '수학적 운동설'의 구성을 매개로 해서 뉴톤(Isaac Newton, 1642~1727, 영국인)의 발견에까지 이르고 있다. 이들 노작의 두 단계의 사이에는 데카르트(René Descartes, 1596~1650, 프랑스인)가 수행한 수학혁명이 역사적 순서로서 그 사이에 개재한다. 그리하여 그 혁명은 라이프닛츠(Gottfried Wilhelm Leibniz, 1646~1716, 독일인)의 '해석'상

윌리엄 하비

마크로린

끌래로

44) A. Comte, *Cours de philosophie positive*, vol.6, pp.261~266 참조.

베르누이

라그란지

라플라스

의 발견에까지 이르는 것이다.45)

(6) 코페르니쿠스와 케플러의 천문학상의 발견과 티코 브라헤의 천문학 및 수학 상의 발견은 '과학적 정신'을 확립시켜 불가피하게 당시 지도적 철학인 신학의 비과학성과 논쟁하지 않을 수 없게 만들었다. 과학은 신학뿐만 아니라 형이상학과도 논쟁하지 않으면 안 되었다.46) 이 과정에서 잔혹한 박해를 받은 대표적 경우가 라무스(Petrus Ramus, 1515~1572, 프랑스인)와 갈리레오(Galileo Galilei, 1564~1642)이다. 제2기의 과학적 진보는 수학과 천문학의 대진보에 의해 성취된 것이 특징이다. 이 기간의 최후의 3분의 1은 '중량'에 대한 갈리레오의 학설이 특징이었고, 갈리레오의 이 학설이 이른바 '물리학'의 기원이 되었다.47)

(7) 제2기에 '생물학'도 성립되기 시작하였다. 하비(William Harvey, 1578~1657, 영국인)가 혈액의 순환과 번식에 관한 이론을 정립하고, 데카르트가 동물들의 자동성에 대한 가설을 정립하여 생물학의 길을 열었다. 당시 정치계

45) A. Comte, *La sociologie*, pp.325~326 참조.
46) A. Comte, *Cours de philosophie positive*, vol.6, pp.267~274 참조.
47) A. Comte, *La sociologie*, p.326 참조.

에서는 국민적 차별이 심했던 시기였음에도 불구하고 과학계에서는 전 유럽이 국민적 차별을 극복하였다. 아카데미(학술원)제도는 과학적 정신의 세계주의적 경향을 명증하였다. 프랑스를 비롯한 유럽 각국의 아카데미는 외국회원의 입회를 허가하는 관습을 만들었다. 프랑스에서는 외국의 천재는 언제나 친절한 환영을 받았다.48)

오일러

(8) 제3기에 오면 과학운동 가운데 수학은 두 단계의 진보를 성취하였다. 첫째 단계는 뉴톤(Isaac Newton, 1642~1727)이 세운 법칙에서 유래한 것으로서, 합리적 '역학'에 관한 몇 가지 학설이 출현하였다. 둘째 단계는 라이프닛츠(Gottfried Wilhelm Leibniz, 1646~1716)의 해석법에서 유래한 것으로서, 수학적 분해법의 발달이 성취되었다.49) 첫째 단계에서는 막크로린(Colin Machlaurin, 1698~1746, 영국인)과 끌래로(Alexis Claude Clairaut, 1713~1765, 프랑스인)가 유동체 균형에 대한 일반이론을 정립하였다. 그 사이에 다니엘 베르누이(Daniel Bernouilli, 1700~1782, 스웨덴인)는 간조·만조의 이론을

조셉 블랙

벤자민 프랭클린

48) A. Comte, *La sociologie*, p.327 참조.
49) A. Comte, *Cours de philosophie positive*, vol.6, pp.275~282 참조.

꾸롱

제임스 브래들리

슈탈

정립하였다. 다랑베르(Jean Le Rond D'Alembert, 1717~1783, 프랑스인)와 오일러(Leonard Euler, 1707~1783, 스위스인)는 지구자전운동의 이론을 정립해서 고체의 동력학을 보완하였다. 이와 동시에 첫째 단계에서는 이미 다니엘 베르누이가 구상한 수력학의 분해법이 성립되었고, 다음에 라그란지(Joseph Louis Comte Largrange, 1736~1813, 프랑스인)와 라플라스(Pierre Simon Marquis de Laplace, 1749~1827, 프랑스인)는 동요의 이론을 완성하였다. 둘째 단계에서는 오일러(Leonard Euler)가 수학적 해석법을 확장해서 기하학과 기계학의 배열을 발전시키기 위해 온 생애를 바쳤다. 뉴톤의 학설은 영국에서보다 프랑스, 독일, 이태리에서 발전되었다.[50)]

(9) 제3기에 열과 전기의 이론이 정립되어 중량과 빛의 이론과 함께 전체 물리학이 보충되었다. 열의 이론은 상태변화에 대한 블랙(Joseph Black, 1728~1799, 영국인)의 발견에 의해 공상적 실재론과 상상적 유동론에서 벗어나오게 되었다. 전기의 이론은 프랭클린(Benjamin Franklin, 1706~1790, 미국인)의 저작에 의해 일반인에게 해설되었고,

50) A. Comte, *La sociologie*, p.328 참조.

꾸롱(Charles August de Coulomb, 1736~1806, 프랑스인)의 탐구에 의해 합리화되었다. 천문학은 브래들리(James Bradley, 1693~1762, 영국인)의 빛의 행차(行差)와 항성의 위치연구에 의해 크게 발전되었다.[51]

뵈르하베

(10) 제3기에 진정한 의미의 '화학'이 성립되었다.[52] 슈탈(Georg Ernst Stahl, 1659~1734, 독일인)의 선구적 사상과, 뵈르하베(Herrman Boerhaave, 1668~1738, 홀랜드인)의 실험을 계승하여, 베르만(Torbern Olof Bergmann, 1735~1784, 스웨덴인)과 쉐레(Karl Wilhelm Scheele, 1742~1786, 스웨덴인)의 연구에 의해 화학은 합리적 과학연구로 전진하였다. 프리스트리(Joseph Priestley, 1733~1804, 영국인)와 카벤디쉬(Henry Cavendish, 1731~1810, 영국인)의 경험에 기초하여, 라브와지에(Antonie Laurent Lavoisier, 1743~1794, 프랑스인)가 수행한 연구노작들은 화학이라는 학문을 확립하였다.[53]

베르만

쉐레

(11) 제3기에 '생물학'도 성립되었다. 생물의 분류법, 해부학, 생리학 등에서 뛰어난 업

51) A. Comte, *La sociologie*, pp.328~329 참조.
52) A. Comte, *Cours de philosophie positive*, vol.6, pp.283~284 참조.
53) A. Comte, *La sociologie*, p.329 참조.

프리스트리

라부와지에

쥐시에

적이 나왔다.[54] 첫째로 분류법에서는 베르나르 드 쥐시외(Bernard de Jussieu, 1699~1777, 프랑스인)에 뒤이어 린네(Carl von Linné, 1707~1778, 스웨덴인)의 노작들이 나왔다. 둘째로 해부학에서는 도반튼(Louis Jean Marie Daubenton, 1716~1799)의 비교분해법과 비크다지르(Vicq-d'Azyr)의 종합적 견해가 제시되었다. 셋째로 생리학에서는 스팔란자니(Lazzaro Spallanzani, 1729~1799, 이탈리아인)의 정교한 실험을 추종하여 수행한 할러(Albrecht von Haller, 1708~1777, 스웨덴인)의 연구가 나왔다. 이와 동시에 뷔퐁(George Louis Leclerc Buffon, 1707~1788, 프랑스인)의 생물학의 백과전서적 《박물지》와 죠르주 르로와(Charles George LeRoy, 1723~1789) 및 샤를르 보네(Charles Bonnet, 1720~1793)의 설명은 생물학의 성립에 도움을 주었다.[55]

(12) 실증적 자연과학의 발전에 수반하여 일반 철학에도 실증적 변화가 일어나기 시작하였다. '신'(le Dieu)의 옛 개념이 '자연'(la Nature)이라고 하는 새로운 개념의 본체를 만나

54) A. Comte, *Cours de philosophie positive*, vol.6, pp.285~288 참조.
55) A. Comte, *La sociologie*, p.329 참조.

게 되었다. '신'의 신학적 원칙과 '자연'의 실증적 원칙 사이의 조화 또는 대립을 중심으로 형이상학적 철학이 성립 발전하게 되었다.[56] 영국의 베이콘(Francis Bacon)과 프랑스의 데카르트(René Descartes)가 이 문제에 직접 대결하였다.[57]

린네

제3기의 형이상학에서 주목할 것은 '진보'의 관념이 나오기 시작했다는 점이다. 파스칼(Blaise Pascal, 1623~1662, 프랑스인)은 수학사에 충동되어 '진보'의 관념을 제시하였다. 퐁트네르(Bernard Le Bovier de Fontenelle, 1657~1757, 프랑스인)는 과학의 진화에 의거하여 '진보'의 방향의 이론을 제시하였다. 튀르고(Turgot)는 사회경제의 진보이론을 구상하였다. 콩도르세(Condorcet)는 튀르고의 구상을 기초로 하여 인간 정신의 진보의 이론을 구상하였다.[58]

스팔란자니

(13) 과학과 기술의 진보는 '기계'를 사용하는 산업체제를 만들기 시작함으로써 인류사회에 새로운 시대를 열기 시작하였다. 기계 기술의 진보와 기계 기술의 사용은 우리의 조상들

할러

56) A. Comte, *Cours de philosophie positive*, vol.6, pp.294~305 참조.
57) A. Comte, *La sociologie*, pp.330~333 참조.
58) A. Comte, *La sociologie*, pp.334~335 참조.

르로아

보네

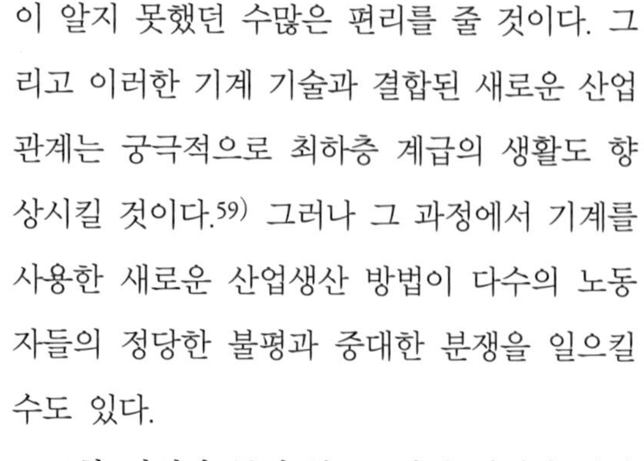

이 알지 못했던 수많은 편리를 줄 것이다. 그리고 이러한 기계 기술과 결합된 새로운 산업 관계는 궁극적으로 최하층 계급의 생활도 향상시킬 것이다.59) 그러나 그 과정에서 기계를 사용한 새로운 산업생산 방법이 다수의 노동자들의 정당한 불평과 중대한 분쟁을 일으킬 수도 있다.

또한 기업가 등의 부르죠아적 지배가 봉건 영주의 지배를 대신하려고 해서 분쟁이 일어날 수도 있다. 이제 기업가와 노동자의 우애적 접근에 의한 양호한 도덕적 생존이 과제가 될 것이다. 지금 산업의 사회적 진화가 실증적 과학의 발전과 함께 새 시대를 열어가고 있다고 꽁트는 강조하였다.60)

4. 실증적 방법의 결론적 총관

꽁트는 자기 시대에 인류사회가 과학적 산업적 단계에 도달하고, 과학적 정신과 연구방법이 실증주의적 단계에 도달한 특징을《실증철학강의》의 마지막 부분에서 다시 한 번 더 돌아보고, 실증적 방

59) A. Comte, *Cours de philosophie positive*, vol.6, pp.321~343 참조.
60) A. Comte, *La sociologie*, pp.336~338 참조.

법의 진화과정을 다음과 같은 요지로 총관하였다.[61]

(1) 실증과학은 앞서 설명한 바와 같이 수학·천문학·물리학·화학·생물학·사회학의 순서와 위계로 성립되었다. 여기에 실증성의 본원을 이룬 것은 수학이다. 과학의 논리는 수학에서 최초로 출현하였다.[62] 그 후 실증과학은 보다 복잡한 연구로 확대되어 왔다. 그리하여 가장 복잡한 현상의 실증적 과학적 연구를 담당하는 학문이 사회학이다. 수학적 정신에 대하여 사회학적 정신이 우월한 것은 실증적 방법의 진화과정을 고찰하면 명료하게 된다.[63]

(2) 천문학과 물리학의 무기물에 대한 연구는 '신' 대신에 '자연'과 '자연법칙'을 발견하였다. 이에 자연철학이 나타나기 시작하였다. 이것은 수학적 정신이 결여하고 있는 '철학'을 불충분하지만 보충하기 시작하였다.[64] 천문학과 물리학에서 가장 우월한 실증적 방법은 '관찰'(la observation)이다.[65] 객관적 실체인 무기물에 대한 관찰과 추리는 과학의 실증적 방법을 크게 발전시켰다.[66]

(3) 실증과학으로 성립된 물리학과 화학은 이어서 '실험'(la experimentation)의 방법을 건설하여 발전시켰다. 무기물에 대한 실증과학의 실험적 방법의 발전은 과학적 정신과 과학적 방법의 정밀성을 크게 발전시켰으며, 자연계에 수많은 법칙을 발견케 하고, 법칙들 사이의 연락을 확대하였다.[67] 법칙의 정립과 연구의 진전은 무

61) A. Comte, *Cours de philosophie positive*, vol.6, pp.645~785 참조.
62) A. Comte, *Cours de philosophie positive*, vol.6, pp.649~661 참조.
63) A. Comte, *La sociologie*, pp.408~412 참조.
64) A. Comte, *Cours de philosophie positive*, vol.6, pp.671~678 참조.
65) A. Comte, *Cours de philosophie positive*, vol.6, p.767 참조.
66) A. Comte, *La sociologie*, pp.413~415 참조.

기물의 정적 상태와 동적 상태의 '예견'을 가능케 하였다. 이에 인간은 무기물에 대한 변용과 지배의 가능성을 갖게 되었다.[68]

(4) 생물학이 실증과학의 연구를 무생물계 연구로부터 생물계 연구로 연구영역을 확대하자, 실증적 방법에는 새롭게 '비교'(la comparison)의 방법이 첨가되었다.[69] 비교방법은 관찰방법이 확대된 것이지만, 기본적으로는 생물학의 '분류법'이 발전시킨 것이다. 이것은 처음에는 '종'(種)의 연구에 응용된 것이었지만, 다른 부문의 연구에도 응용할 수 있는 우수한 방법임이 실증되었다. '비교'방법의 건설과 발전은 실증적 방법을 크게 발전시켰다.[70]

(5) 실증과학으로서 '사회학'의 성립과 동시에 사회학은 독특한 실증적 방법으로서 '역사적 방법'(la méthode historique)을 건설하여 첨가시켰다. 사회학은 '인류'사회를 연구하기 위해 탄생한 새로운 학문이며, 사회현상은 매우 복잡하고, 유기적 생명체인 인간이 만드는 현상이기 때문에, 무기물 연구의 실증적 방법으로서는 다 연구되지 않는다. 사회현상 연구는 반드시 그 정적 동적 연락관계와 계통관계를 연구하는 방법인 '역사적 방법'을 적용해야 모두 연구될 수 있다.[71] 사회학의 '역사적 방법'의 건설과 응용은 실증적 방법의 진화의 완성이라고 볼 수 있다.[72]

(6) 사회학의 방법은 실증적 방법이 건설한 '관찰', '실험', '비교',

---

67) A. Comte, *Cours de philosophie positive*, vol.6, pp.773~776 참조.
68) A. Comte, *La sociologie*, pp.416~439 참조.
69) A. Comte, *Cours de philosophie positive*, vol.6, pp.777~778 참조.
70) A. Comte, *La sociologie*, pp.439~440 참조.
71) A. Comte, *Cours de philosophie positive*, vol.6, pp.779~782 참조.
72) A. Comte, *La sociologie*, pp.441~442 참조.

'역사적 방법'을 모두 응용한다.[73] 사회학적 방법의 우월성과 사회학적 정신의 우월성은 우선 사회학적 방법이 모든 실증적 방법을 모두 응용하고 있다는 사실에 기초하고 있다. 사회학은 '역사적 방법'을 독특한 방법으로 응용하기 때문에 '과학'에만 머물지 않고 과학과 예술의 교량이 된다. 사회학만이 미학과 예술을 포함하여 인류문명을 과학적으로 연구할 수 있다.[74]

(7) 사회학은 실증적 방법의 정학적 부분과 동학적 부분을 '질서'와 '진보'의 이론으로 연구하여 다시 이를 총체적으로 결합시킨다. 사회학적 방법과 사회학적 정신은 이 과정에서 구철학의 '절대론'의 가정을 버리고 '상대주의'의 과학적 논리적 입장을 견지한다. 사회학은 사회의 질서와 진보에 대하여 반드시 객관적 합리적 관찰(실험·비교 포함)을 행하며, 반드시 사회학의 고유한 방법인 '역사적 방법'을 응용하여 연구한다. 사회학은 가능한 한 사색과 실행을 결합시키고 실증과학과 도덕과학을 결합시킨다.[75]

5. 실증적 학설의 준비적 노력의 특징

꽁트는 결론적으로 실증적 방법을 총관한 후, 미진한 설명 부분이 있다고 생각하여 여기에 다시 몇 가지 설명을 첨가하였다.

---

73) A. Comte, *Cours de philosophie positive*, vol.6, pp.783~784 참조.
74) A. Comte, *La sociologie*, pp.412~416 참조.
75) A. Comte, *La sociologie*, pp.415~435 참조.

(1) 실증적 방법은 최근 3세기 동안에 수학·천문학·물리학·화학의 무기물 연구에서 크게 발전하여, 실증적 학설이 확고하게 정립되었다. 이 부문들에서 발견된 법칙들은 수학적 양식으로 전체를 표시할 수 있게 되었다.[76)]

비샤

(2) 실증적 연구가 무기적 연구로부터 생물학적 연구로 이동하게 되자, 대상의 존재양식은 매우 넓게 확대되었다. 생물학 연구와 물리·화학 연구의 갈등은 비샤(Marie François Xavier Bichat, 1771~1802, 프랑스인)의 불후의 업적에 의해 '생리학'과 '해부학'의 조합이 성취됨으로써 해결되었다.[77)] 생리학의 사상은 생물학적 철학의 근저가 되는 구별인 식물적 생활과 동물적 생활 사이에 세워진 구별에 기초하고 있다. 이 구별에 의거하여 식물의 현상에 대해서는 물리·화학의 주장이 용허되지만, 동물의 이중적 현상에 대해서는 무기론적 이론의 적용이 한계가 있음이 명백하게 되었다.[78)]

(3) 해부학의 사상은 '조직'이론을 정립했는바, 물리·화학에서의 분자이론과 같은 역할을 하게 되었다. 해부학의 '조직'이론은 식물과 동물의 두 양식을 근본적으로 구별하면서 통합하여 단순한 것에서 복잡한 것으로 순차적으로 유기체를 고찰할 수 있게 했고, 무엇

76) A. Comte, *La sociologie*, pp.443~449 참조.
77) A. Comte, *Cours de philosophie positive*, vol.6, pp.817~820 참조.
78) A. Comte, *La sociologie*, pp.450~451 참조.

보다도 생물의 '계통'을 밝힐 수 있게 하였다.[79] 생물학적 철학의 성립은 무엇보다도 '동물계통'(la hiérarchie animale)의 설정과 관련된 것이었다. 해부학과 생리학은 '분류'(classment)와 '계통'(hiérarchie)의 과학적 실증적 방법을 건설하여 발전시켰다.[80]

(4) 생물학은 그 하단에서는 식물의 생활 연구에서 물리·화학 등 무기적 과학의 연구방법에 접속하고, 그 최상단에서는 지적 도덕적 생활을 하는 인간·인류의 사회생활 연구에서 사회학적 연구방법과 접속하게 된다. 이 점에서 생물학의 완성은 사회학의 참가 없이는 충분히 성립될 수 없는 것이라고 말할 수 있다.[81]

(5) 사회학과 생리학은 그럼에도 불구하고 전혀 다른 것이다. 양자를 동일시하는 것은 불가능하다. 논리적으로 말하면 사회학의 방법이 생물학 특유의 방법인 '비교방법'을 사용하는 것은 동일하지만, 사회학은 생리학에는 없는 '역사적 방법'을 사용하는 데서 판이하다.[82] 사회학은 개인생활에 관한 법칙에서 사회진보의 법칙에 이르기까지 진보의 각 단계는 바로 직전 단계의 연속에 의해 계기적으로 진화한 것임을 밝힌다. 그러나 생물학은 개인적 생활과 사회적 생활의 중간에 있는 초급 동물의 단체생활을 밝힐 수 있을 뿐이다.[83]

(6) 사회학과 생물학의 차이는 조직의 동학적 관찰에서도 분명하

79) A. Comte, *Cours de philosophie positive*, vol.6, pp.821~823 참조.
80) A. Comte, *La sociologie*, pp.452~453 참조.
81) A. Comte, *La sociologie*, p.453 참조.
82) A. Comte, *Cours de philosophie positive*, vol.6, p.827 참조.
83) A. Comte, *La sociologie*, pp.453~454 참조.

게 드러난다. 사회학의 '조직'은, 동학적으로 보면, 조화의 법칙을 진보의 계기적 법칙 가운데 포함하여 고찰한다. 이것은 생물학의 조직이 본질적으로 조화의 법칙에 종속된 것과는 판이한 것이다. 사회학은 인간을 최고의 지적 능력을 가진 최고급 동물로 간주하는 것이 아니라, 동물과는 집단 생활양식에서 확연히 구분되는 '인류'(l'humanité)로 보는 것이다. 이것은 사회학이 동학에서 인류문명과 인간사회의 진보(진화)의 법칙을 구명할 때 반드시 '역사적 방법'을 사용하는 데서 명확히 알 수 있다고 꽁트는 강조해서 지적하였다.[84] '역사적 방법'은 사회학 특유의 방법이며, 생물학에는 본질적으로 존재하지 않는 방법이다. 도리어 사회학의 종합성은 생물학을 포섭하는 것이며, 사회학적 정신은 모든 실증과학정신을 대표하는 것이다.[85]

(7) 사회학은 이제야 성립되어 아직 발전의 초기단계에 있지만 인간사회연구의 실증과학의 종합적 정신을 갖고 있어서 다른 실증과학에는 없는 '의무'의 감정과 '도덕'의 관념을 갖고 있다. 다른 실증과학에는 존재하지 않는 '도덕'의 관념이 사회학의 종합적 정신에는 확립되어 있다.[86] 사회학은 인간과 인류문명 및 인류사회의 진보에 대한 과학적 연구에서도 인간의 정서적 성능에 대한 지적 성능의 증대, 이기적 본능에 대한 이타적 동정적 본능의 지배의 증대의 경향을 과학적으로 설명한다. 그리하여 다른 동물에는 없는 인

84) A. Comte, *Cours de philosophie positive*, vol.6, pp.828~832 참조.
85) A. Comte, *La sociologie*, pp.454~455 참조.
86) A. Comte, *Cours de philosophie positive*, vol.6, pp.837~838 참조.

류사회의 '도덕적 지배'(la domination de la morale)를 종국적으로 연구한다. 사회학은 최고의 실증적 과학으로서 사회연대와 계속적 사회발전을 질서와 진보의 원리로 발견하여 진정한 우주적 조화의 관점과 관념에서 정립하고 연구하는 것이다.[87]

6. 실증철학과 사회학의 종국의 작용

꽁트는 방대한 《실증철학강의》를 끝맺으면서 그래도 미진하다고 생각했는지, 실증철학과 사회학의 종국의 작용에 대하여 다음과 같은 요지의 설명을 다시 첨가하였다.

(1) 과학의 견지에서 볼 때 실증철학에 의거하여 사회학적 정신이 우세하게 되면 각 과학들은 각각 독립적 발전을 성취하면서도 상호 협력이 잘 이루어질 것이라고 꽁트는 주장하였다.[88] 왜냐하면 사회학은 종합사회학으로서 각 과학의 독립과 위엄을 존중 증대시키면서 상호 조화와 협력을 강조하는 학문적 원리를 갖고 있기 때문이다.[89]

(2) 사회학은 도덕적 원리를 실증적 과학적으로 정립하여 새로운 '실증적 도덕'을 선양할 것이다.[90] 프랑스혁명은 과거의 도덕적 원리 대신에 개인주의와 이기주의를 충동하였다. 혁명 후 도덕이 근

87) A. Comte, *La sociologie*, pp.455~456 참조.
88) A. Comte, *Cours de philosophie positive*, vol.6, pp.845~856 참조.
89) A. Comte, *La sociologie*, pp.457~459 참조.
90) A. Comte, *Cours de philosophie positive*, vol.6, pp.857~858 참조.

저에서 박약하게 된 것이 사실이다. 사회학은 새로운 실증적 도덕의 원리를 '개인도덕', '가족도덕', '사회도덕'의 3차원에서 정립하여 사회연대를 형성 강화하는 데 크게 기여할 것이다.[91]

(3) 사회학의 성립은 특히 새로이 대두하는 협동조합과 조합조직에 관한 사회적 도덕의 관념을 공고히 하는 데 기여할 것이다.[92] 과학적 산업적 단계의 사회에서는 신학적 종교적 도덕이 약화되는 경향이 있으므로, 사회학과 실증철학이 실증적 도덕으로서의 새로운 사회도덕의 원리를 정립하여 공급하고 교육하는 것은 인류의 진보에 매우 적합하고 필수적인 일일 것이다. 인간의 도덕적 감정에 기초한 순수한 인도주의적 사회도덕의 형성과 발전은 사회학의 궁극적 작용의 하나가 될 것이다.[93]

(4) 실증철학과 사회학의 성립은 정치적 측면에서도 큰 진보를 가져올 것이다. 종래 고대·중세의 인류의 진보는 도덕을 종교적 도덕으로서 개인도덕과 가족도덕에 집중시켰고, 사회도덕은 정치에서 독립되어, 정치는 도덕과 관계없이 전개되었다. 그러나 인류사회가 과학적 산업적 단계에 도달한 이후에는 개인적 조직보다 집단적 조직이 중시되었고, 사회도덕이 매우 중요하게 되었다. 그러므로 도덕은 정치와 분리될 수 없게 되었다.[94] 정치는 근저에서 공공의 이익을 위하여 존재하는 것이며 여론에 따라 방향이 결정되는 것이기 때문에, 이제는 정치가 유럽과 백인들뿐 아니라 '인류 전체'를 위하

91) A. Comte, *La sociologie*, pp.460~461 참조.
92) A. Comte, *Cours de philosophie positive*, vol.6, pp.859~862 참조.
93) A. Comte, *La sociologie*, pp.462~463 참조.
94) A. Comte, *Cours de philosophie positive*, vol.6, pp.863~868 참조.

여 확대되어야 할 것이다. 그리하여 정치는 종교적 공동단체보다도 한층 더 완전하고 한층 더 광대하며 한층 더 안정된 지적 도덕적 공동체를 만드는 방향으로 전개될 것이다.[95)]

(5) 사회학의 성립은 미학과 예술의 발전에도 기여할 것이다. 인류역사에서 예술의 발달에 가장 적합한 환경은 고대 다신교 조직 아래서 조성되었었다. 중세 카톨릭의 일신교 아래에서는 '신'이 지배하였고, 형이상학적 단계에서는 '자연'이 이를 대체하여 지배하였다. 이것은 미학과 예술이 꽃피기에는 부적합한 환경이었다. 실증철학과 사회학이 성립된 시기 이후에는 모든 사상이 자발적으로 '인류'(l'humanité)를 향하여 집중되고 있다.[96)] 만일 '인류'라는 관념이 세력을 얻게 되면 방대한 미학적 적성은 어떠한 인위적 방해도 물리치고 미학과 예술을 꽃피울 것이다.[97)]

(6) 사회학의 동학적 관점에서 보면, 인간은 대담한 지혜를 갖고 자연의 조직을 끊임없이 자신을 위해 개변시켜 왔고, 쓸모없는 우려에서 벗어나서, 모든 공포를 물리치고, 자기의 지적능력에 의해 발견한 실증적 법칙 이외의 어떠한 제한도 인정하지 않는 자연조직의 최고의 주인이다. 이러한 사회학적 인간관이야말로 시(詩)의 마르지 않는 위대한 원천일 것이다.[98)]

자연에 대한 인간의 작용은 아직 매우 불완전해서 근대에 이르기까지 충분히 발휘되지 않았다. 앞으로 미학과 예술이 고대의 시가

95) A. Comte, *La sociologie*, pp.464~466 참조.
96) A. Comte, *Cours de philosophie positive*, vol.6, p.880 참조.
97) A. Comte, *La sociologie*, pp.467~468 참조.
98) A. Comte, *Cours de philosophie positive*, vol.6, pp.876~885 참조.

와 예술의 모방에서 탈피하고, 중세의 '신'과 형이상학 시대의 '자연' 예찬에서 벗어나서, 자연을 지배하는데 승리한 인간의 사회성을 실천한, '인류'를 위해 헌신한, 그러한 인간에 대한 미학과 예술이 다채롭게 개화하게 될 것이다. 사회학의 성립은 이러한 미학적 예술적 혁신의 기초가 될 것이다.[99]

꽁트는 '사회학'의 성립이 인류사회의 행복한 미래에 큰 기여를 하게 될 것임을 확신하면서 그의 《실증철학강의》를 여기서 끝내고 있다.[100]

---

99) A. Comte, *La sociologie*, pp.469~470 참조.
100) A. Comte, *Cours de philosophie positive,* vol.6, pp.885~895 참조.

오귀스트 꽁트 연보

연도	꽁트 연보	각종 참고사항
1798	1월 19일 프랑스 남부 에로주의 몽빼리에시에서 카톨릭교도 왕당파 집안에 출생. 아버지는 몽빼리에 시청 세무과 경리공무원이었고, 어머니는 독실한 카톨릭 신도.	프랑스혁명 진행 9년째. 자코뱅파 선거에서 승리. 빠리 산업박람회 개최. 프랑스 나폴레옹군, 로마, 헬베티아, 알렉산드리아 점령. 프랑스 아르키르만 해전에서 영국에 패배.
1807 ~1814	몽빼리에 중고등학교(리세)에서 기숙학생으로 수학. 학교성적이 우수하고 특히 수학에 탁월하여 수학교사(앙꽁트르)의 총애를 받음. 수학교사가 병환으로 사임하자 다음 교사부임 때까지 수학대리교사로 가르침. 카톨릭교에서 떠나 자유주의와 프랑스혁명 사상에 경도됨.	나폴레옹 쿠데타로 집정관 정부 수립(1799). 나폴레옹 종신대통령이 됨(1802). '나폴레옹법전' 공포(1804). 나폴레옹 황제로 추대됨(1804). 나폴레옹 대륙봉쇄령 공포(1806).
1814 ~1816	빠리의 에꼴 폴리테크니크(l'École polytechnique, 이공대학)에 남부지구 1등으로 합격. 학교성적 우수. 계몽사상·프랑스혁명·미국독립혁명에 관한 서적 탐독. 반(反)왕당파와 공화주의 사상 동조. 1816년 4월 구	나폴레옹 러시아 원정. 퇴각(1812). 연합군에게 빠리 점령당함(1814.3). 나폴레옹 퇴위(1814.5). 루이18세 즉위, 왕정복구(1814.5). 나폴레옹 유배지 엘바도 탈출, 빠리 입성(1815.3). 나폴레옹군 워터루 전투에서 패

	두시험 거부에 참가했다가 동료 15명과 함께 퇴학당함. 왕당파정부는 에꼴 폴리테크니크 일시 폐교. 꽁트는 귀향했다가 3개월을 지낸 후 상경하여 수학 사강사로 생활. 미국에 에꼴 폴리테크니크 분교 설치 때 수학교수의 약속을 받고 영어 공부 등 준비.	전, 퇴위, '백일천하' 끝남(1815.6). 제2차 왕정복고(1815.6). 루이 18세 의회해산, 선거에서 왕당파 후퇴, 입헌왕당파 진출(1816.10)
1817	왕당파 정부 1월에 에꼴 폴리테크니크 재개교 허가. 퇴학생들 심사후 복교도 허가. 꽁트는 심사신청서 제출하지 않고 영구히 중퇴생이 됨. 3월 왕당파 정부 에꼴 폴리테크니크 미국 분교설치 취소. 8월 꽁트는 생·시몽의 비서가 됨. 생·시몽으로부터 실증주의 사상 섭취. 생·시몽이 극빈에 처해서 3개월 후 월급 지불할 수 없게 되어도, 생·시몽의 조수로 1824년까지 무보수 협력. 꽁트 다시 수학사강사로 생계 유지.	프랑스 제한선거법 제정. 각지에서 식량폭동 빈발(1817). 한국 정약용 《경세유표》 지음. 김정희 북한산 신라 진흥왕순수비 발견.
1818 ~1821	생·시몽의 《산업》(*L'Industrie*), 《정치》(*La politique*), 《조직자》(*L'Organisateur*), 《산업체제론》(*System industriel*) 등의 집필에 조수로 협력. 꽁트는 소논문 〈지난 근대전체의 소고〉(Sommaire appréciation de lénsemble du passé moderne)를 1820년 《조직자》에 수록.	한국 정약용 《목민심서》 완성(1818). 프랑스 출판물 검열제 부활. 나폴레옹 유배지 센트헤레나에서 죽음(1821.5). 칠레, 스페인으로부터 독립(1818). 콜롬비아 공화국 수립(1819).
1822	《사회재조직을 위하여 필요한 과학적 작업계획》(*Plan de*	프랑스 출판물 사전 검열제 강화(1822.3). 프랑스 스페인과 전

	travaux scientifique nécessaires pour reorganiser a société)을 집필 간행. 초판은 꽁트의 단독 이름으로 100부 간행. 재판 1,100부는 1,000부를 '생·시몽의 제자 오귀스트 꽁트'의 이름으로, 100부는 '오귀스트 꽁트'의 단독 이름으로 간행. 인류문명과 인간사회의 진보를 ① 신학적 군사적 단계 ② 형이상학적 법률적 단계 ③ 과학적 산업적 단계로 설정한 3단계 법칙 정립. 학계의 주목을 받음.	쟁(1823.4) 한국 정약용《흠흠신서》지음. 브라질, 포르투갈로부터 독립.
1824	생·시몽의 저서《산업자의 교리문답》(*Cathechisme des industriels*) 안에 꽁트의《사회 재조직을 위하여 필요한 과학적 작업계획》을 꽁트의 허락없이 생·시몽이 삽입한 일을 계기로 꽁트와 생·시몽 결별. 꽁트는 카로린느 마쌩(Caroline Massin)이라는 매춘행위의 경력을 가진 여성이 수학을 가르쳐 달라고 아파트에 찾아오자 경력을 모른 채 동거생활 시작.	프랑스 선거에서 왕당파 압승(1824.2). 루이 18세 죽음(1824.9). 샤를르 10세 즉위(1824~1830). 독일 베토벤 '교향곡 제9번(합창)' 작곡. 멕시코 공화국 수립. 한국 유희(柳僖)《언문지》등 지음.
1825	꽁트는 마쌩과 정식으로 결혼. 수학사강사와 잡지 게재 논문 원고료로 생계 유지. 두 논문〈과학과 학자에 대한 철학적 고찰〉(Considération sur les sciences et les savants)과〈정신적 권력에 대한 고찰〉(Considération sur le pouvoir spirituel)을 생·시몽의 잡지《생산자》(Le producteur)에 게재.	프랑스 10억 프랑법 제정, 망명 귀족에 대한 손해 보상(1825). 영국 최초의 자본주의 공황. 볼리비아 공화국 수립. 영국 세계 최초의 철도개통(스톡턴~달링턴)

1826	꽁트 그의 아파트에서 4월 1일부터 모두 72회로 계획된《실증철학강의》 개강. 수강에는 저명한 대학자들인 아라고(Arago), 푸리에(Fourier), 뽀아송(Poisson), 브랑빌(Blanville), 뒤느와에(Dunoyer), 훔볼트(Humbolt) 등과 다수의 지식인들 참석 성황 이룸. 제1·2·3회의 강의 성공적으로 실행 후 꽁트는 신경쇠약으로 쓰러짐. 강의 중단. 에스키롤 병원에 입원. 부인 마쌩 최초로 가출 후 귀가.	프랑스 철도부설 시작. 영국 런던대학 창립. 독일《게르마니아 사료집성》 간행시작. 러시아 이란과 싸움, 카스피해 진출, 그리스 독립전쟁에 개입하여 오스만투르크와 아케르만 조약 체결.
1827 ~1828	'심한 정신쇠약' '우울증'이라는 진난을 받고 퇴원하여 집에서 요양중, 1827년 4월에 절망하여 자살하려고 세느강에 투신. 지나가던 근위대 장교가 강물에 뛰어들어 구출. 1827년 여름 귀향하여 요양. 1828년 후반부터 건강회복 시작.	프랑스 알제리아 원정개시(1827). 독일 베토벤 죽음(1827). 영국 성냥제조(1827). 우르과이 독립(1828.8)
1829	1월 4일부터 《실증철학강의》 재개설. 저명 학자들 출석하여 강의 다시 성공적 재개. 그러나 건강 유의하여 강의 일자 간격 조정. 이후 60회에 걸쳐 12년간 꾸준히 강의 계속.	오스만투르크 그리스 독립승인. 청국 외국과의 통상금지. 프랑스 극우파 폴리냐크 내각 성립.
1830	7월《실증철학강의》 제1권을 책으로 간행. 이후 강의가 한 책 분량이 되면 책으로 간행, 제2권 1835년에, 제3권 1838년에, 제4권 1839년에, 제5권 1841년에, 제6권 1842년에 간행됨. 12월 빠리 시민을 위한 '대중 천문학 강의'(Cours d'astronomie populaire)를 시작함.	프랑스 알제리 점령(6월). 프랑스 7월혁명 일어남, 임시정부 수립, 샤를르 10세 퇴위(8월). 루이필립 즉위(8월). 벨지움 독립선언(10월) 에콰도르 공화국 성립. 콜롬비아가 에콰도르, 베네주엘라, 콜롬비아로 분립.

1831 ~1833	1831년 에꼴 폴리테크니크의 해석학(수학)교수를 신청했다가 거절당함. 1832년 에꼴 폴리테크니크의 해석학 및 역학의 복습교사로 지명됨. 1833년 기조(Guizot)에게 꼴레즈 드 프랑스(collége de France)에 과학사 강의 개설과 담당교수 신청했다가 거절당함. 에꼴 폴리테크니크에 기하학 교수 신청했다가 공화주의적 견해를 가졌다는 이유로 역시 거절당함.	청국 영국상인의 아편수입 엄금(1831). 이탈리아 마찌니 청년이탈리아당 조직(1831). 폴란드 러시아에 병탄(1832). 한국, 영국상선 애머스트호 황해도 몽금 앞에 나타나 통상요구(1832). 독일 관세동맹 체결(1833).
1835	《실증철학강의》 제2권 간행	
1836	에꼴 폴리테크니크에 수학교수 나비에(Navier)의 강의를 대강해주던 꽁트는 그의 유고로 인한 빈 교수직을 신청했으나 거절당함. 에꼴 폴리테크니크의 입학시험관에 지명됨.	한국 정약용 죽음. 최한기《기측체의》 지음. 프랑스 루이 나폴레옹 반란 실패.
1839	공개강의 제47강〈사회과학 성립을 위한 잠정적 중요 시도의 음미〉에서 '사회학'(sociologie)의 학명을 처음으로 창조하여 사용. 《실증철학강의》 제4권에서 역시 '사회학'(sociologie)의 학명을 처음 사용하여 간행해서, 1822년 이래 사용하던 '사회물리학'(physique sociale)을 대체함. 이것은 벨지움의 사회통계학자 케틀레(A. Quetelet)가 꽁트의 '사회물리학'의 학명을 사회통계학의 개념으로 바꾸어 1835년 먼저 책을 내어버렸기 때문에, 분개해서 학명을 새로 창조한 것임.	청국 임칙서 영국의 아편 2만 상자 몰수하여 소각. 한국 앵베르 주교 정하상 등 다수 천주교도 처형. 프랑스 노동쟁의 각지에서 빈발. 국회의원 선거 정부여당 패배. 미국 노예폐지론자 자유당 결성.

1840	에꼴 폴리테크니크의 은사 뽀아쏭(Poisson)의 별세로 꽁트는 공석의 해석학(수학) 교수직에 응모했으나 거부당함.	영국·청 아편전쟁 발발.
1841	《실증철학강의》 제5권 간행. 11월부터 밀(John Stuart Mill)과 서신교환으로 학문적 교제 시작.	엘살바도르 독립. 영국 아일랜드 자치법안 통과.
1842	《실증철학강의》 제6권 간행. 기성학계의 신학적 형이상학적 학풍을 신랄하게 비판한 유명한 제6권의 '개인적 서문'(Préface personnel)의 집필일자는 1842년 7월 17일~19일사로 되어 있음. 《실증철학강의》 12년만에 완간. 부인 마쌩과 영구히 결별(위자료 지불)	영국·청 남경조약 체결. 미국·캐나다 국경 확정. 파라과이 독립.
1843	《분석기하학 기초이론》간행. 에꼴 폴리테크니크 입학시험관의 재임명에서 탈락. 꽁트는 분개하여 재심을 요청했으나, 대학 위원들의 시기와 꽁트의 기성학계 비판에 대한 반발로 재심에서도 탈락. 재심기간 1년간 이 직책 유지. 그 이후 생계유지 더욱 어려워짐.	청국 상해 등 항구 개방. 인도 노예제 폐지.
1844	대중천문학 강의의 서론 부분을 2월에 《실증정신론》으로 간행. 9월에 실증정신론을 서론으로 포함한《대중천문학의 철학적 고찰》 간행. 꽁트는 생계유지 위기에 빠짐. 죤 스튜어트 밀이 영국에서 꽁트 지원 위한 모금운동. 제자 리트레(Littré)	그리스 입헌정체 채택. 홀랜드왕 일본에 개국을 권고. 프랑스 모로코와 개전. 도미니카 공화국 성립. 한국 김정호 오대주도(五大洲圖) 그림.

	가 《민족》(Le National)지에 꽁트의 실증철학 홍보 논문 발표. 10월 에꼴 폴리테크니크의 후배 겸 제자 마리(Maximillian Marie)의 집에서 클로틸드 드 보(Clothild de Vaux)부인을 만나 두 사람 사랑에 빠짐.	
1845	꽁트와 드 보 부인 연애서신 교환(꽁트 사후 《오귀스트 꽁트의 미발표 서한집》으로 간행) 꽁트는 이 해를 "우리 생애 비할 수 없는 최고의 해"(L'année sans pareille)라고 표현. 꽁트는 "애정의 울타리를 벗어나는 것은 무익 무효하다"(impuissante pour sequi dépasse les limites de l'affection)고 철학에서의 '사랑'의 중요성을 선언.	한국 영국군함 서너랜더호 제주도와 전라도 서남해안 측량하고 돌아감. 일본, 미국 선박 우라가에 옴. 청국 상해에 최초의 영국 조계 승인.
1846	4월 5일 클로틸드 드 보 부인 사망. 꽁트가 임종함.	미국·멕시코 전쟁.
1847	꽁트는 빠리 시민들에게 '인류의 진화에 대한 공개 강의'(Cours public sur l'evolution de l'Humanité)를 실시하여 '인류교'(la religion de l'Humanité)의 창설 시사.	한국 프랑스 군함 고군산도에 옴.
1848	2월 혁명이 일어나자 '비폭력' '무혈'방법을 주장하고 '폭력' '유혈'을 염려. 2월에 '전 서유럽 민중의 실증주의 교육을 위한 자유협회'(L'Association libre pour l'instruction positive du peuple de tout l'Occident positivist)를 조직했다가, 명칭을	프랑스 2월혁명 발발, 임시정부 수립, 공화제 선포(제2공화국). 영국 밀의 《정치경제학 원리》 간행. 미국·멕시코 전쟁 종결, 멕시코로부터 텍사스·뉴멕시코·캘리포니아 할양받음.

	3월에 '실증주의 협회'(Société positiviste)로 바꿈. 18년간 계속한 대중천문학 공개 강의 종결. 《실증주의 총론》(*Discours sur l'ensemble du positivisme*) 간행. 제자 리트레(Littré)가 꽁트의 재정궁핍을 해결하기 위해 '실증주의 보조금' 서명 모금운동을 하여 성공.	
1849	《실증주의 달력》(*Calendrier positiviste*) 간행 배포.	일본 홀랜드인이 처음으로 종두법 전함.
1851	에꼴 폴리테크니크의 복습교사직에서 해임됨. 6월《실증정치체계》(Système de politique positive) 제1권 간행. 인류교 창설 공식 선언. 12월에 제자 리트레가 꽁트의 정치적 입장과 인류교 종교운동에 반대하여 실증주의 협회 탈퇴.	프랑스 루이 나폴레옹이 쿠데타로 10년 임기의 대통령에 취임. 청국 홍수전 태평천국난 일으킴.
1852	5월에 《실증정치체계》 제2권 간행. 9월에《실증주의자 교리문답》(*Catéchisme positiviste*) 간행.	프랑스 루이 나폴레옹이 국민투표에 의해 황제 등극(나폴레옹 3세).
1853	8월에 《실증정치체계》 제3권 간행. 영국에서 마르티노(Harriet Martineau)에 의해 그간 꽁트의 원고 교열을 받으며 영역한 《실증철학강의》(전6권)의 영어요약 번역본《오귀스트 꽁트의 실증철학》(*The Positive Philosophy of Auguste Comte*) 전3권 출간.	일본 미국 페리제독의 군함이 우라가에 도착 통상 요구. 크림전쟁 발발(~1856).
1854	8월에 《실증정치체계》 제4권 간행. 이 책의 부록으로 꽁트가	한국 함경도에 외국선박 도착.

	청년시절 생·시몽 비서 시대에 쓴 논문들을 모아 '일반 권말부록'(Appendice général)라는 이름으로 책 끝에 붙임.	
1855	8월에 《보수주의자에 호소함》(*Appel aux conservateurs*) 간행. 유언장 작성.	한국 영국 군함 호네트호 독도 측량. 프랑스 군함 비르지니호 동해안 측량
1856	《주관적 종합》(*Synthèse subjective*) 4권 계획으로 집필 시작. 제1권 간행.	청국 애로우사건 발생, 영국군 중국광동 포격. 영국 리빙스톤 아프리카 횡단.
1857	9월 5일 빠리 무슈 드 프린스가(rue monsieur-le-prince) 10번지 자택에서 제자들의 임종에 싸여 별세. 빠리의 뻬르 라셰즈(Père-Lachaise) 공동묘지에 묻힘.	한국 최한기 《지구전요》(地球典要) 저술. 영국·프랑스 연합군 광동점령. 인도 세포이 항쟁 일어남(~1858)

주요 참고문헌

(오귀스트 꽁트의 사회학 창설과 그의 사회학이론 및 역사사회학에 대한 앞으로의 연구자를 위해 주요 참고문헌을 뽑아 정리해 둔다.)

이상백, 《이상백저작집》 제3권 중 논문 〈질서와 진보〉 및 〈과학적 정신과 적극적 태도〉, 서울, 을유문화사, 1978.

Alain(본명 Emile Chartier), *Idées*, Paris, Hartmann, 1932.

Alengry, Frank, *Essai historique et critique sur la sociologie chez Auguste Comte*, Paris, Alcan, 1900.

Andresk, Stanislav, *The Essential Comte*, New York, Haper and Row, 1974.

Arbousse-Bastide, Paul; *Auguste Comte*, Paris, Presses universitaire de France, 1968.

Arnaud, Pierre, *La pensée d'Auguste Comte*, Paris, Bordas, 1969.

Arnaud, Pierre, *Le "Nouveau Dieu"; Préliminaires à la politique positive*, Paris, Vrin, 1973.

Arnaud, Pierre, *Sociologie de Comte*, Paris, Presses universitaire de France, 1969.

Aron, Raymond, *Les étapes de la pensée sociologique*, Gallimard, Paris, 1967.

Barnes(Harry Elmer) and Becker(Howard), *Social Thought from Lore to Science*(2vols), Washington, Harren Press, 1952.

Bourdeau, Michel, *Auguste Comte et l'Idée de science de l'homme*, Paris,

Harmattan, 2002.
Bridges, John Henry, *Illustrations of Positivism*, London, Watt, 1915.
Bridges, John Henry, *The Unity of Comte's Life and Doctrine*, London, Watt, 1866.
Carlyle, Thomas, *The French Revolution*, Everyman's Library Edition, 1961.
Chiappini, L., *Les idées politiques d'Aguste Comte*, Paris, Jouve et cie, 1913.
Clapham, J. H., *Economic Development of France and Germany, 1815~1914*, Cambridge University Press, 1966.
Clark, Terry Nicholas, *Prophets and Patrons: The French University and the Emergence of the Social Sciences*, Harvard University Press, 1973.
Comte, Auguste, *Appel aux conservateurs*, Paris, 1855.
Comte, Auguste, *Calendrier positiviste, ou Système général de commémoration publique, Paris, 1849.*
Comte, Auguste, *Catéchisme positiviste, ou Sommaire exposition de la a religion universelle*, Paris, 1852.
Comte, Auguste, *Correspondance Inédités D'Auguste Comte*, Paris, 1903.
Comte, Auguste, *Cour de philosophie positive*, 6tomes, Paris, 1830~1842.
Comte, Auguste, *Discour sur l'ensenble du positivisme, Paris, 1848.*
Comte, Auguste, *Discours sur l'esprit positif*, Paris, 1844.
Comte, Auguste, *Lettres d'Auguste Comte à M. Valat, 1815~1844*, Paris, 1870.
Comte, Auguste, *Lettres d'Auguste Comte au doctoeur Robinet*, Paris, 1926.
Comte, Auguste, *Lettres inédites de John Stuart Mill à Auguste Comte, publiées avec les résponses de Comte, 1841~1846*, Paris, 1899.
Comte, Auguste, *Oeuvres d'Auguste Comte*, 12tomes, Paris, Edition Anthopos, 1968~1971.
Comte, Auguste, *Opuscules de philosophie sociale, 1819~1828*, Paris, 1883.

Comte, Auguste, *Plan des travaux scientifique nécessaires pour réorganiser la société*, Paris, 1822.

Comte, Auguste, *Synthèse subjective, ou Système universel des conceptions propres à l'état normal de l'Humanite*, Paris, 1856.

Comte, Auguste, *Système de politique positive, ou Traité de sociologie instituant la Religion de l'Humanité*, 4tomes, Paris, 1851~1854.

Comte, Auguste, *Testament d'Aguste Comte, avec les documents qui s'y rapportant, pièces justicatives, pièces quotidiennes, confessions annelles, correspondance avec Mme de Vaux, 1798~1857*, Paris, Fonds typographique de l'Exécution testa mentaire d'Auguste Comte, 1896.(2 éd.)

Comte, Auguste, *Traité philosophique d'astronomie populaire, ou Exposition systématique de toutes les notions de philosophie astronomie, soit scientifique, soit logique, qui doivent devenir universellenment familières*, Paris, 1822.

Coser, Lewis A., *Masters of Sociological Thought*, New York, Harcourt Brace Jovanovich, Inc., 1977.

Cression, André, *Auguste Comte; sa vie, son œvre, avec un exposé de son philosophie*, Paris, Presses universitaire de France, 1941.

Defourny, D., *La sociologie positive*, Paris, 1902.

Delvolvé, Jean, *Réflexions sur la pensée comtienne*, Paris, Félix Alcan, 1932.

Dumas, Georges, *Psychologie de deux messies positivistes, Saint-Simon et Auguste Comte*, Paris, Félix Alcan, 1905.

Durkheim, Emile, *Socialism and Saint-Simon*, London, Routledge and Kegan Paul, 1958.

Fletcher, Ronald, *Auguste Comte and Making of Sociology*(7th Comte Memorial Lecture), London, Athlon Press, 1966.

Fletcher, Ronald, *The Making of Sociology 1, Beginnings and Foundations*, London, Nelson, 1971.

Frick, J. P., *Auguste Comte, ou La République positive*, Presses universitaire Nancy, 1990.

Funch-Heinritz, W., *Auguste Comte*, Opladen, Westdeutcher Verlag, 1998.

Gane, Mike, *Auguste Comte*, London, New York, Routledge and paul, 2006.

Giddens, Anthony, *In Defense of Sociology*, Cambridge, Mass., Polity Press, 1996.

Gouhier, Henrie, *La vie d'Auguste Comte*, Paris, Vrin, 1956.

Gouhier, Henry, *La jeunesse d'Auguste Comte*(3tomes), Paris, Vrin, 1933~1941.

Gould, F. J., *Auguste Comte*, London, Watts, 1920.

Grange, Juliette, *La philosophie d'Aguste Comte; science, politique, religions*, Paris, Presses universitaire de France, 1996.

Gruber, R. P., *Auguste Comte, jondateur du positivisme*, Paris, Lethielleux, 1892.

Gurvitch, G., *Auguste Comte, Karl Marx et Herbert Spencer*, Paris, C.D.U., 1957.

Halbwachs, M., *Statique et Dynamique chez Auguste Comte*, Paris, C.D.U., 1943.

Hampson, Norman, *A Social History of the French Revolution*, University of Toronto Press, 1982.

Harrington, A., *Modern Social Theory*, csun. edu, 2005.

Hobsbawm, Eric J., *The Age of Revolution, 1789~1848*, New American Library, A Mentor Book, 1962.

Joliber, Bernard, *Auguste Comte; l'éducation positive*, Paris, L'Harmattan, 2004.

Karsenti, B., *Politique de l'esprit; Auguste Comte et la naissance de la science sociale*, Hermann, 2006.

Knowles, L. C., *Economic Development in the Ninteenth Century*, London, Routledge and Kegan Paul, 1958.

Kon, Igor S.(ed.), *A History of Classical Sociology*, Moscow, Progress Publishers, 1989.

Kremer-Marietti, Angele, *Auguste Comte et la theorie de positivisme*, Paris, Séghers, 1970.

Kremer-Marietti, Angele, *La science sociale*, Paris, Gallimard, 1972.

Lacroix, Jean, *La sociologie d'Auguste Comte*, Paris, Presses universitaire de France, 1956.

Lepenies, Wolf, *Auguste Comte*; München, Carl Hanser Verlag, 2010.

Leroy, M., *Histoire des idées sociales en France*, Paris, Gallimard, 1950.

Lévy-Bruhl, Lucien, *La philosophie d'Auguste Comte*, Paris, Félix Alcan, 1900.

Lewes, G. H., *Comte's Philosophy of the Sciences*, London, H.G.Bohn, 1904.

Littré, Emile, *Auguste Comte et la philosophie positive*, Paris, 1863.

Manuel, Frank E., *The New World of Henry Saint-Simon*, Harvard University Press, 1956.

Marcuse, Alexander, *Die Geschichtsphilosophie Auguste Comtes*, Stuttgart, Druck der Union deutshe Veriagsgesellscaft, 1932.

Martineau, Harriet, *The Positive Philosophy of Auguste Comte*(3vols), Chapman, 1853.

Marvin, F. S., *Comte-The Founder of Sociology*, London, Chapman and Hall, 1936.

Mill, John Stuart, *Auguste Comte and Positivism*, Ann Arbor, University of Michigan Press, 1961.

Muglioni, Jacques, *Auguste Comte; un philosophie pour notre temps*, Paris, Ed.Kimé, 1995.

Nisbet, Robert, *The Sociological Tradition*, Basic Books, 1966, Heinemann, 1967.

Parsons, Talcott, *Essays in Sociological Theory*, New York, Free Press, 1949.

Pickering, Mary, *Auguste Comte; An intellectual biography*, Cambridge University Press, 1993.

Raison, T.(ed.), *The Founding Fathers of Social Sciences*, Pelican Books, 1969.

Reader, L. C., *John Stuart Mill and the Religion of Humanity*, University of Toronto Press, 2002.

Rigorage, Émile, *La sociologie par Auguste Comte*, Paris, Félix Alcan, 1897.

Robinet, Dr.(Jean François Eugène, 1826~1899), *Notice sur l'œvre et la vie d'Aguste Comte*, Paris, société positiviste, 1891.

Rutten, Ch., *Essai sur la morale d'Auguste Comte*, Paris, société d'edition "Les Belle Lettres", 1972.

Sermin, André, *Auguste Comte*, Paris, Albatros, 1993.

Simpson, G., *Auguste Comte, Sire of Sociology*, New York, Crowell, 1969.

Sorokin, E., *Auguste Comte*, Paris, Vrin, 1924.

Standley, Aline Reilein, *Auguste Comte*, Boston, Twayne Publishers, 1981.

Style, Jane M., *Auguste Comte*, London, Kegan Paul, 1928.

Thomson, Kenneth, *Auguste Comte; the Foundation of Sociology*, London, Nelson, 1976.

Timashef, Nicholas S., *Sociological Theory; Its Nature and Growth*, New York, Random House, 1957.

Waentig, Heinrich, *Auguste Comte und seine Bedeutung für die socialwissenschaft*, Leipzig, Dunck & Humbolt, 1894.

Wernick, Andrew, *Auguste Comte and the Religion of Humanity*, Cambridge University Press, 2001.

Whittaker, F., *Comte and Mill*, Constable, 1908.

Zeitlin, Irving M., *Ideology and the Development of Sociological Theory*, Prentice Hall, 1968.

찾아보기

(ㅇ)